大变革时代

【美】弗雷德里克·刘易斯·艾伦 _著

秦传安 _译

江苏人民出版社

图书在版编目（CIP）数据

大变革时代 /（美）弗雷德里克·刘易斯·艾伦著；
秦传安译. -- 南京：江苏人民出版社，2019.8
书名原文：The Big Change
ISBN 978-7-214-23171-0

Ⅰ. ①大… Ⅱ. ①弗… ②秦… Ⅲ. ①美国—历史—
20世纪 Ⅳ. ① K712.5

中国版本图书馆 CIP 数据核字（2018）第 299077 号

书　　　名	大变革时代
著　　　者	【美】弗雷德里克·刘易斯·艾伦
译　　　者	秦传安
责 任 编 辑	石　路
装 帧 设 计	末末美书
版 式 设 计	张文艺
出 版 发 行	江苏人民出版社
出版社地址	南京市湖南路1号A楼，邮编：210009
出版社网址	http://www.jspph.com
印　　　刷	天津光之彩印刷有限公司
开　　　本	710毫米 ×1000毫米 1/16
印　　　张	20.5
字　　　数	295千字
版　　　次	2019年8月第1版　2019年8月第1次印刷
标 准 书 号	ISBN 978-7-214-23171-0
定　　　价	58.00元

总　序

　　毫无疑问，弗雷德里克·刘易斯·艾伦是研究美国20世纪前半叶历史中读者最众且文笔独好的不多的几个史学家之一。就一个非科班出身的历史学家而言，这绝对是莫大的成就：与得到众多读者的畅快阅读相比，还有什么比这个更能令作者心怀感动呢？这大概也正是美国众多大学愿意将其著作列为学生指定阅读读物的原因吧。

　　艾伦一生著述颇多，但其最重要、影响最深远者，莫过于读者在这儿看到的《美利坚帝国成长三部曲》。他用翔实的资料、优美的语言，为我们展现了一个伟大国家从传统步入现代、从偏居美洲一隅上升为具有全球影响力之世界强国的全过程。对中国而言，大约可以从中借鉴良多。

　　作为本系列的第一部《大繁荣时代》，可以称之为美国的20世纪20年代简史。史虽简，但影响却无比深远。当1919年美国《时尚》杂志预言"今后的流行趋势可能是裙子越来越短"之后，我们显然看到了个性解放、民主兴起、社会主义运动蓬勃发展，以及妇女权益伸张的影子。事实上，这段美国全面繁荣的历史进程可以为我们今天回首审视我国改革开放40年的发展变化提供某些借鉴。同样是对原有封闭藩篱的打破，同样是社会思想多元化和创新精神的展现，同样是经济迅猛发展、人民生活水平和社会产品的极大丰富……或许，这会令每个历史参与者感到惶惑甚至不安，仿若原本平静的水面被掷入一粒石子，涟漪蔚然，动荡却有趣；或如日暮炊烟的小山村铺进了第一条柏油路，探视村外已是每个人内心按捺不住的骚动。

所以，每个阅读这本书的人都会猛然发现，原来那些现在已经成为生活必然的组成部分，早已在那时种下了种子，并萌发出小芽：比如，令老年人深恶痛绝的"闪婚"；比如，令国民趋之若鹜的国外旅行；比如，青年人的早恋、中年人的婚外情；比如，让北京、上海等城市居民抱怨的交通拥堵；再比如，泳装选美、高尔夫、网球、拳击……谁能设想，所有这一切竟然都在八九十年前的美国轮番上演过呢？

而本系列的第二部《大撕裂时代》，则为我们描述了一个充满痛苦和绝望的时代。不知道是否算是巧合，那个时代竟然像梦一般在21世纪的今天开始重演。在那个当头一棒的年代，道琼斯指数暴跌达90%；曾经牛气冲天的大企业的股票纷纷缩水；数以万计的人们顷刻间财富蒸发、穷困潦倒；超过5000万人从此失去工作；数以十万计的企业纷纷破产……我们不知道今天的人们是不是可以从中得到某些启示、某些借鉴？现时代的知名人物，像格林斯潘、恩道尔已经在预言：我们将面临一次百年一遇的大危机，甚至远胜于20世纪20年代那次绝望的萧条。对此，我们只能盼望，希望下次的危机不会似过去那样。

本系列的第三部《大变革时代》，则跨越历史，给出了美国通过20世纪前半叶的发展和转型，最终成为具有全球影响力的国家的全景。我们完全可以说，假如19世纪，令全球中心从东方转向西方(主要是欧洲)，那么，20世纪前半叶则实现了世界中心从欧洲向美国的转移。经过第一次和第二次世界大战的洗礼，老欧洲已经日暮寒秋，逐渐地退出了主导全球的舞台，而美国则如新星，冉冉升起。除去主导思想的改变，我们应该更容易看到全球经济实力的消长。经过50年的发展，美国经济从万花筒般的大繁荣时代，经历大衰退时代的痛苦转折，经济发展逐渐平稳上升，社会格局也逐渐趋于稳定。在这50年间，美国人均收入从不足500美元，增加到1600美元；汽车拥有量从13000多辆暴增至4400万辆；地铁建设也迅猛发展，城市化进程日渐完成。在社会层面，民众权利得到基本保证，社会保险已经广泛普及，童工已经被禁止，黑人和妇女也从法律角度得到了公民的全部权利，为底层利益呼吁的社会主义运动也给保守思想注入了新的活力。

正是思想、社会和科技等各个领域的广泛变革，为美国的最终崛起奠定了广泛而坚实的基础。对此，艾伦认为，"美国大发现"的本质就是：如果你把有利的条件带给广大的底层民众，他们就会抓住机遇，并成为负责任的公民。

在这里，我不能对全书做出更好的描述，亲自阅读肯定能使你更好地理解那个时代。虽然作者的部分观点有其历史局限性，但假如我们能够超越历史的局限，从历史的演进中，找到一些对自己、对本国可以借鉴、可以警示的东西，则本书也就达到了它的历史使命。

秦传安

推荐序

20多年来，弗雷德里克·刘易斯·艾伦的著作一直属于美国大学指定阅读书中最受欢迎的作品。这些书对老师来说，既是一种挑战，也是一种恩惠。说是挑战，是因为它们激发我们提出这样一个问题：在美国历史上的很多阶段，为什么找不出更多在教学上有类似价值的书；说是恩惠，是因为它们使得近代史的教学变得更加令人愉快。

很多学生上大学的时候已经被他们先前的历史课搞得兴味索然，对所谓的"纯"历史不免有些怀疑，这种纯历史常常带有纯古物研究的味道。在最好的状态下，他们已经开始对自己时代的问题感兴趣——战争与和平问题，财富的分配与使用问题，种族关系问题，等等。他们对那些明显切身相关的事情很好奇——那些跟习俗与道德、性与婚姻、事业与休闲有关的事情。他们在自己的功课中所寻找的东西是关联感。不管他们学什么，他们都希望提供生活的线索。他们的兴趣，有时候是如此实用，如此急迫，以至于实在太容易满足于似是而非的答案。这种兴趣常常被一种珍稀之物所冲淡，这就是托尔斯坦·凡勃伦所说的"无用的好奇心"，是为了兴趣本身而追根究底、而认识了解所带来的乐趣。

不过，还有这样一些学生，他们对人类事务真正的好奇心，缓和了他们对古物研究的不耐烦，对这些学生来说，艾伦先生的书有着几乎是经久不衰的吸引力，它们具体而生动，跟过去有着坚实的联系感。我相信，在这方面，《大变革时代》在通俗性和有益性上将会胜过《万物之灵》《大繁荣时代》和《大撕裂时代》，因为，它的年代范围更宽阔，它阐释现代美国生活基本趋势的劲头更加雄心勃勃。

从年代学上说，《大变革时代》始于世纪之交；但从心理学上说，它是从我们民族生活中的某些方面开始的，这些方面，学生们随时随地都能注意到，而且必定会牵涉到。同样重要的是，学生们将会认识到国家预算的规模及意义的变化，认识到从大宅邸时代到大消费时代生活方式所发生的变化，认识到现代大规模生产、大众传媒和广告的重要性，正如他们从柯立芝政府或珍珠港袭击中学到的那样。最重要的是，他们开始获得一种透视感，并唤醒了他们心中的疑问：过去50年的大发展，究竟是以何种方式造就了他们自己的问题。然而，对于《大变革时代》在我们的历史课程中的使用，我所寄予的希望比这还要多。我希望，这部作品引人入胜的品质，它的直接，它的有趣，将会诱使很多学生从现代时期开始——本书已经把现代时期处理成了一种更强有力的对更遥远的地点和时间的终极关联性的感知——进一步向后追溯，并走出教室，走出粉笔灰，走向更广泛的兴趣：对人的研究。

理查德·霍夫施塔特

（美国哥伦比亚大学历史学家）

作者序

　　本书试图勾画20世纪前50年美国所发生的某些重大变革。

　　任何人，只要选择这样一个主题，就会有一幅巨大的画布摆放在他的面前，有许许多多的图景可以画上去。你可以仿照老式历史教科书的样子，集中描绘美国的政治嬗变，从麦金莱到杜鲁门。你可以凸显美国1900年在外交事务上的立场与半个世纪之后我们颇为吃力地扮演的那种笨重角色之间的差异。你可以集中描绘美国的艺术、音乐、文学或文化，或者索性把这些全都囊括其中；或着眼于医学和公共卫生领域所取得的几乎令人难以置信的发展；或聚焦于科学和技术的进步。你可以专注于清教主义的式微，家庭纽带的松懈，父母权威的衰减，离婚率的上升，女性在经济、社会和政治上所获得的解放。你可以主要处理美国人关于人性和神性的思想所发生的变化，组织化宗教在声望上的长期衰落，战争和关于战争的谣言导致我们生活其中的那种忧惧交加的心境，以及在一个充满令人绝望的不确定性的世界上对内心安宁的热切探寻。

　　要不然的话，你也可以把主要注意力集中于美国人生活的品格和质量由于某种原因所发生的改变，你可能会把这一原因称为我们经济制度的民主化，或者说是资本主义向民主目的所作的调整，集中于工业和商业活动令人难以置信的扩张，结合一连串五花八门的政治、社会和经济的力量，是如何改变了美国人的生活标准，随之而改变的，还有普通美国人的思考方式，以及他作为一个公民的身份。

我选择这后一种主题作为本书的核心主题，因为，在我看来，它是重中之重。毕竟，这是20世纪上半叶的美国故事。而且，我的这一选择还有另一个理由：我相信，我试图描写的这些变革，迄今为止尚没有得到非常广泛的理解。

国外没有理解这些变革，这一点已经被再三证明。比方说，当维辛斯基、葛罗米柯或马里克严厉指责美国，说到"华尔街门下走狗"时，他们所指责的其实是1900年的美国（虽说有点言过其实），而不是今天的美国。如果说，他们所说的那些话在欧洲很多非共产主义者当中留下了一些印象的话，那至少在部分程度上是因为很多欧洲人所接受的关于美国的观念早就过时了，还因为他们（以及其他欧洲人）都知道商业和商人在美国的重要性，于是想当然地认为他们今天跟一两代人之前并无二致，而且行为也跟欧洲的商业和商人并无不同。普通欧洲人内心挥之不去的对美国的想象，令人悲哀地与今天真实的美国风马牛不相及。

而且，不仅如此，美国商业制度及美国人生活中所发生的变革甚至也不被国内大多数人所理解。我们自己的观念往往也严重过时，尤其是当我们参与争论的时候。一家大公司的董事长决定代表"自由企业"说几句话，你突然意识到，他心目中"自由企业"的形象，看上去更像是旧时的乡村小店，而不是他实际上管理的那个分散各地、互相协调的庞大机构。劳工领袖为了鼓励先锋并袭扰来自背后的敌人，决定公开向管理层和股东发难，指责他们"贪图利润"，唤醒那些"身陷困境的工人"，他还从抽屉里扯出了一张陈旧不堪的蜡纸，那多半是1920年左右刻写的。我们所有人，当我们听到诸如"美国的生活方式"这样的短语时，我们心目中浮现出来的，很可能是我们儿时成长于其中的那个美国的某些方面。我们的岁数越大，我们内心的这幅精神图景也就越发阴差阳错，不知今夕是何年。因此，勾画一下自这些幻象形成以来所发生的某些变革，或许是有益的吧。

我打算讲的这个故事，其中有一些深重的阴影。有些阴影今天依然黑暗。这故事显然不是一个抵达天堂的故事。我们甚至不能肯定，我们是否已经学会了如何避免经济灾难，更别说是军事灾难了。然而大体上，我认为，这是一个振奋人心的故事。在这个焦虑的时代，我们至少能从回忆中得到一丝满足，回想起有些人一直留恋的美好往昔其实并不那么美好；回想起我们生活在一个进步的时代——尽管有悲观主义者的悲叹哀鸣；回想起我们生活在一个充满希望的时代——尽管国际的天空上乌云翻滚，风雨欲来。

弗雷德里克·刘易斯·艾伦

1952年2月24日

目录
contents

The Big Change

第一部

旧秩序

第1章

新世纪的开端

1

1900年1月1日一大早,范科特兰公园是纽约人溜冰的好去处,天刚刚开始下起了雪,但严寒并没有冷却人们的热情。昨天夜里,他们聚集在下百老汇,庆祝20世纪的开始,或者说是庆祝19世纪最后一年的开始:关于此事的恰当解释,人们观点不一,不过对于集会的规模和热闹倒是并无异议。电车里挤满了人,三一教堂前面的百老汇大街几乎水泄不通,华尔街上密集的人群一直挤到了财政部大楼的台阶上,锡喇叭巨大的嘈杂声,时不时地被鞭炮的声音所打断。这是个好年头,另一个好年头正在到来。

《纽约时报》(New York Times)在1月1日的头版社论中奏响了乐观的基调:"1899年是奇迹的一年,名副其实的annus mirabilis(拉丁文:奇迹之年)。"并宣布:"如果我们尚未确信最高纪录的荣耀不久必定会传递给1900年的话,那么我们就很容易把刚刚过去的12个月说成是最好的年头……在这个新年的开端,前景一片光明。"

在远离闹市的住宅区,在他那幢位于麦迪逊大道与第36街拐角上的褐砂石豪宅的桃花心木镶板藏书室里,全世界最大银行的老板、整个美国商界最强有力的人物约翰·皮尔庞特·摩根,在旧的一年行将结束的时候,独自一人坐在那里玩单人纸牌游戏。在接下来的12个月里,摩根将在一次欧洲之行中大量购买油画以及珍本图书和手稿,将命人在他的宅邸旁边建造一间临时舞厅,以招待出席女儿婚礼的2,500名宾客,还将与安德鲁·卡内基——爱眨巴眼睛的小个子钢铁大亨,他1900年的个人收入将高达2,300万美元,而且还不用交所得税——商议组建美国钢铁公司的事儿,这家公司将是有史以来全世界最大的钢铁公司。眼下,当摩根排列面前的纸牌的时候,他预见不到所有这一切。我们不妨用他未来的女婿和满怀深情的传记作者的话,来描写

4

公园里溜冰
的纽约人

1899年12月31日的那个晚上：

  摩根先生的宅邸刚好就在他所希望的、适合他的生活方式的地方。摩根夫人气色很好，夫妇俩让他们未婚的女儿路易莎和安妮跟自己住在一起。他已婚的儿女和孙辈全都健康而幸福，他自己的身体也很棒。他的朋友们都住在附近。他的社交圈子里都是一些跟他同类型的人，他所接触的银行家和商人，大部分都拥有同样的道德标准，以及他本人所持有的观点。纽约依然是一座友好的、邻里般的城市，一个生活惬意的地方……午夜，当钟声和号角宣告新的一年开始的时候，他以一个年轻人的渴望，期待着这个即将开始的新世纪所带来的巨大可能。

  当然，另有数以十万计的这样的纽约人：对他们来说，这座城市很难说是"一个生活惬意的地方"。在下东城，你所看到的是贫困、污秽、悲惨，其程度在我们今天看来似乎是难以置信的。在美国其他很多城市和工业城镇，移民家庭生活在温饱线之下，甚至更糟；因为，在一个美国的普通工薪阶层一年所得都不到500美元的时代，大多数刚到美国的新来者所挣的钱远远少得多。范怀克·布鲁克斯总结了厄普顿·辛克莱几年之后对芝加哥牲畜围场区的波兰人、立陶宛人和斯洛伐克人的生活状态所作的无可辩驳的揭露：

> 欧洲的暴政使他们变得无知而懦弱，而美国的冷漠，只会将他们彻底摧毁，他们被房产经纪人、政治老板……和那些拒绝承认他们的权利的法官们所欺骗。没人知道、也没人关心他们幼小的孩子何时被溺死在他们肮脏小屋周围的臭水坑里，他们的女儿何时被迫出卖自己的肉体，他们的儿子何时因为雇主没有提供安全设施而落入沸腾的大桶。

"没人知道，也没人关心"——为什么？因为这是一个自满的时代。自从袭击19世纪90年代的大萧条结束以来，抗议美国贫富悬殊的声音已经越来越微弱。民粹主义已经寿终正寝；"自由白银"运动所激起的轰动也已渐次消弭；曾经愤怒的大平原各州的农民，如今都生活得相当不错，以至于1899年一位旅行者评论道："堪萨斯和内布拉斯加的每间谷仓都被粉刷一新。"此时，即将出现的那群被西奥多·罗斯福在一次怒火爆发时给贴上了"扒粪者"标签的新闻记者们，尚未发

J. P. 摩根

表他们对美国人生活中的阴暗面所作的不屈不挠的调查研究。美国的小说创作，就像美国的新闻业一样，正经历老安布罗斯·比尔斯所说的"一个柔软而蓬松的时期"；德莱塞的《嘉丽妹妹》(*Sister Carrie*)出版于1900年，几乎没什么人关注，接下来便因为太肮脏或太色情而被下架收回。最好的杂志和上流社会人士很少操心平民百姓的厄运，倒是颇为关注绅士淑女们的幸运，关注社交聚会的铺张排场，关注如何促进一种适合精英阶层的优雅而得体的文化。如果说，摩根的传记作者的文字当中——正如他在描写这位伟大银行家的满足时所表现出来的那样——有一种清晰可辨的自鸣得意的微弱音调的话，那也

只不过是那些出身名门、天生优越者凝视光明未来时的普遍姿态的典型特征而已。

摩根自信地期待着一个稳定和常识的时代，在这样一个时代，像马克·汉纳这样的政治领袖将会看到：愚蠢的平等主义观念在政府里根本吃不开，政府里负责掌控美国事务的人，不是政治家，而是像他本人这样的银行家，是值得尊敬的、拥有财富和判断力的人，就像他在自己最喜爱的俱乐部里所见到的那些人。

特雷霍特市郊外，有一幢天花板很高、共有8间房的房子，在楼上的一间卧室里，一位高个、瘦弱、秃顶的印第安纳州人，凝望着窗外的铁轨，做着一个完全不同的未来之梦。尤金·V. 德布斯从前

尤金·V. 德布斯

是个机车司炉工。他曾领导过1894年的普尔曼罢工，后来进监狱服刑，在牢房里，他狼吞虎咽地阅读了大量马克思主义的著作，成了一个狂热的社会主义者。他此刻的最大希望是把社会民主党1900年的政纲具体化，作为该党的候选人，德布斯将会获得微不足道的96,000张选票。不过，这只是个开始；倘若德布斯当时知道这一点的话，那么到1912年，他一定会有将近100万追随者。德布斯是个友善而仁慈的人，对逻辑的掌握不是很靠谱，他强烈地认识到了移民工人们令人绝望的困境，他确信自己知道一个(也是唯一一个)答案，可以应对他们的悲惨境遇。他的竞选政纲呼吁铁路、电报、公共事业和煤矿的公有制，以及——有点更加遥不可及——生产资料的公有制和普遍分配。德布斯认为，只需这一招，就会终结当时的工业恐怖和不公平。

摩根和德布斯要是能够预见到接下来的半个世纪会给国家带来什么，他们想必都会不知所措：各种不同的、常常还是彼此敌对的力量的联合，将会如何产生一个这样的美国，它不仅完全不同于1900年的美国，而且也完全不同于他们各自心目中所想象的那个美国；在这样

一个美国，令人叹为观止的生产力将跟这个世界曾目睹过的最广泛的繁荣结合起来。

要理解这场即将发生的大变革的广度和特性，我们就必须首先回到1900年，看看我们的周围——场景，生活条件，以及人。

首先，是场景。

2

假设有一台准确的时间机器能把你带回到1900年一座美国城镇的主街，不妨用你现在的眼睛看看你的周围，你的第一声惊呼多半会是："瞧，到处都是马！"

因为在1900年，登记在册的汽车只有13,824辆（不妨与1950年的4,400万辆做个比较）。汽车的确很少见，除非是在大城市和富裕的旅游胜地。因为在1900年，人人都把汽车看作是阔人的玩具——不仅仅是阔人，而且是有点喜欢冒险和运动的阔人：是那些喜欢拿一台不可捉摸的、随时都可能让他们一命呜呼的机器来冒险的人。城市之外的地方几乎没有铺平的公路，当然也没有修车厂或加油站什么的；每一个驾驶汽车的人都必须自任机修工。美国大概有一半的男人和女人从未见过汽车。1899年，当威廉·艾伦·怀特在堪萨斯州的恩波里亚城组织一次街头展览会的时候——事实证明，这是一次最令人兴奋的街头展览会——参展的汽车居然是通过铁路从芝加哥运来的；那是汽车第一次横渡密苏里河。

但马却随处可见，它们拉着四轮马车、二马轻便马车、双轮轻便马车、出租马车、送货马车，从城市的大街上辚辚驶过，并在乡下那些没有拖拉机的农场拉着收割机。

车马生活的景象、声音和感觉，是美国普遍经验的组成部分：马蹄的嘚嘚声；铁质轮箍从砾石路面上驶过时的剧烈颠簸；下坡路段使

8

用刹车时所发出的摩擦声；马打喷嚏时不得不屏住呼吸；堆积在马车的轮箍和木质轮辐上的沙土；车轮滚动时所溅起的水瀑；野草丛生的乡村车路上留下了三道——而不是两道——车辙，中间那道是马蹄踩踏留下的足迹；马匹为减轻重负而挣脱马车并走上陡峭的山岗，是对男子汉的特殊考验；对于经验不足的人来说，更严峻的考验是驾驭一匹一眼就能认出新手的老马。在北方的寒冬时节，雪橇铃铛的叮咚声随处可闻。在夏天的傍晚，难以计数的美国城镇绿树成荫的街道两旁，一家人坐在自家的前廊里，注视着镇上最精美的马车从门前驶过，那是一次骄傲的晚间短途出游。而鉴赏家们则热切地等待一睹银行家的快速小跑的那对骏马，或者是那位热爱运动的律师2点40分的遛马。城市生活最华丽的景象之一便是消防马车的出行，由三匹飞奔的骏马拉着，沿着城市的街道疾驰而过，清脆的铃声一路叮当作响。

　　我们今天很难理解，那些分布非常广泛的社群，当他们的运输完全依靠铁路和马车的时候——当电话依然十分罕见、无线电根本不存

马车时代的
美国（纽约
第五大道）

在的时候，他们究竟是如何从一个地方到另一个地方。一座不在铁路沿线的小镇确实很偏僻。一个住在距离县城5英里之外的农民，总是把周六下午套上马车、领着家人进城购物看作了不得的大事。（他的孙子心血来潮花上10分钟就能进城一趟，并把这看得稀松平常。）到10英里开外的地方走亲访友，很可能是一整天的远征，因为你必须给马匹休息和进食的时间。一点也不奇怪，每个地区，每座城镇，每家农场，比在后来的岁月里更加依赖它自己的资源——它自己的产品、社会联系、娱乐消遣。因为就旅行和交通而言，美国确实是一个幅员辽阔的国家。

此外，同样不足为奇的是，大多数美国人可能比他们的子孙后代更少被那种令人恐惧的不安全感所尾随，这种不安全感来自各种超出其个人认知的力量对他们的挤压——经济的、政治的、国际的。他们生活在熟悉的人们和熟悉的事物当中——个人和家庭，以及老乡，大抵跟他们属于同一种类型，持有他们可以理解的想法。一个人的成功或失败，比起后来那些年，似乎更有可能取决于他自己视野之内的力量和事件。跟儿孙们比起来，他更少感觉到他的命运——事实上还有他的性命——可能有赖于华盛顿、柏林或莫斯科为了某些对他的经验来说全然陌生的理由所作出的某个决定。他透过家用马车所看到的那个世界，可能未必友好，但至少，其中大多数东西看上去是可以理解的。

3

你的第二声惊呼——如果你发现自己正站在1900年一条主街的人行道上的话——多半是："瞧，这些裙子！"

因为小镇上每个已经长大成人的女人都会穿一件实际上是在扫大街的衣服；事实上，几乎是时不时地在扫着大街，磨损并弄脏裙子的褶边——如果裙子的主人没学会保持它干净的话。从衬衫的高领直到地面，1900年的女人完全被包裹在一堆布料中。（当然，对这个"封套"还是有一些不甚恰当的限制。时尚女性的晚礼服可以像20世纪50年代的电视明星一样低颈露肩。但它还有拖在后面的裙裾，在跳舞的时候她必须尽最大可能保持裙裾提起。）即便是乡村的穿着，事实上即便是打高尔夫或网球的衣着，裙子也必须有两到三英寸拖到地面上，而一顶帽子——通常是一顶硬水手帽——几乎是强制性地必须要戴的。今天，从1900年的相册里抽出一张照片，你的第一印象想必是：即便是在海边或在山里，所有女人也都会穿着城里的衣服。

20世纪之初的女性装束

在任何季节，一个女人都要从里到外一层层包裹起来——衬衣、衬裤、胸衣、胸衣外面的背心、一条或多条衬裙。那年头的胸衣简直是一间可怕的人身监狱，在鲸须的帮助下，竭尽全力把女性的形体扭曲成一个沙漏形。这身行头总是由两部分组成，由胸衣开始的惩罚得到了紧身马甲的强化，马甲被绷得紧紧的，以完成沙漏的效果。胸部被尽可能压成一个单一的结构，正确的姿势要求从这片隆起的高地向下，造成一种"后斜前直"的效果；画时装样片的艺术家们把穿着入时的女人描绘成几乎是在向前倾倒——也不管未被压制住的后部的平衡效果——以努力实现完美的姿态。

至于男人，按照今天的标准来看，他们的衣服也是中规中矩、僵硬刻板。衣领又高又硬。场面上的人，即使是在日常的西服套装——三颗扣子的外套，必不可少的马甲，以及有些狭窄的裤子——里面，也很可能穿着一件袖口僵硬、胸襟多半也很僵硬的衬衫。如果他是个

银行家，或者是个有经理身份的商人，他多半会穿一件双排扣常礼服去上班，戴一顶缎面大礼帽——而不是一顶不那么正式的圆顶礼帽——除非是在5月15日~9月15日之间，在这段时间里，习惯规定要戴一顶硬草帽(或者，对有钱人来说，多半是一顶巴拿马草帽)。不戴帽子出门——除非是在开阔的露天场所——对穿着考究的男人来说是不可想象的。要是天气闷热难耐的话，他可能会脱下外套，而且，在一些不拘小节的办公室里——比方说报社的编辑部——他通常会这么干。但他的马甲一定不能脱掉(考虑到他穿在身上的那种衬衫，这个规则倒也并非没有美学价值)。"shirt sleeves"①这句短语，作为这一习俗的遗存，至今留在我们的语言里。

在乡下，他可能会穿一件蓝色的斜纹哔叽外套，一条白色法兰绒(或者更经济一些的白帆布)长裤，要么就——在合适的环境下——穿一件粗花呢外套，一条马裤。但是，当一个男人回到城里的时候，或者当一个农民穿上外套去逛县城的时候，他就必须穿上严格的三件套，衬衫有着浆硬的衣领和袖口——即使是头顶7月的骄阳。

这些一点也马虎不得的装束(无论男女)，反映了关于两性关系的主流信条。理想的女人是包裹得严严实实的女士，不仅仅是包裹在丝绸和棉布里，而且还包裹在清白与得体中；而理想的男人，无论他是正人君子，还是浪荡哥儿，都要合乎道德地把如此柔弱的尤物的身体和名誉保护起来，再托付给他去照料。如果是个未婚的姑娘，任何时候，只要她斗胆外出参与城里的夜间娱乐，都必须有女伴陪同。如果她是一位富家千金，就可能由一位女仆取代女伴的位置。在这样的环境下，指望谁来保护女仆的贞洁呢，这一点，一直不是十分清楚。埃莉诺·罗斯福曾经在自传中记录了她的娱乐消遣，当时，她(大约20岁)觉得，她的朋友鲍勃·弗格森跟她家走得足够近乎，可以让他在画家贝·埃米特的画室里的夜间派对结束的时候送自己回家。"不然的话，我总是不得不让一位女仆等我——那是我爷爷定下的规矩之一。"关于这条当时依然统治着纽约社交圈的铁律，詹姆斯·W.杰勒德补充了他的证词。"即使当我已经30岁的时候"，杰勒德在晚年写

---

① 译者注：字面意思是"衬衫袖子"，引申意为"随便的，不拘泥的"。

道，"如果我邀请一位姑娘单独和我一起吃饭，我准会被踢倒在她面前的台阶上。要是我胆敢请她喝杯鸡尾酒的话，我将会因为自己的粗鄙鲁莽和厚颜无耻而被赶出社交圈子。"不消说，一个女人绝对不能让人看到自己出现在一间酒吧里——甚或是在吸烟车厢里。

当然，女伴主要是城里的规矩。在一些小地方，尤其是阿勒格尼山脉以西，以及在乡下度假的城里人当中，规矩要宽松得多。正如亨利·塞德尔·坎比所言，那里有这样一种趋势正在发展：

男孩、女孩在他们十几岁、二十岁出头的年龄可以自由交往，这样的自由，现代世界史上的其他地方多半从未有过。我们彼此互相信任。整个夏天，我们一直在阿迪朗达克森林一起爬山，一起睡小木屋，女孩在这边，男孩在那边，整天成双结对行走在偏僻而艰难的小路上，冬天则到偏远的池塘去滑冰，春天里整夜坐在洒满月光的特拉华山岗上，恋爱或者失恋，从未有过性的苦闷，尽管处在连续不断的恋爱刺激中，但这种刺激是从爱情的更粗俗的成分中升华而来的。

但是，在这些伙伴关系中，你几乎可以说，想象中的女伴自始至终一直在场。起作用的实际上是一种荣誉制度：这些男孩女孩都清楚

地知道，人们期待他们互相之间举止得体，只有在很少的情况下，他们做不到这一点。正如坎比先生所言："男孩们到别的地方去寻找他们在友谊中得不到的东西和平等互敬的爱情。他们出入游乐场或夜色迷离的街道，寻找那些能够坦率地任人追求自己身体魅力的女孩。'Chippy'是称呼她们的行话。"但在别的方面，男孩们总是更愿意考虑本阶层的"正派"姑娘，并且奉行这样的法则：接吻几乎等同于求婚。

把女士保护起来的观念，在一个20.4%的女性人口都在为生计而工作的国家，当然很难维持下去。生活中的这个不幸事实，导致当时的道德家们陷入深深的忧虑。如果上班族女性的人数稳步增长的话，道德家们便会认为，她们是不幸的经济境况的牺牲品，是她们的穷鬼父亲没有能力养活她们，她们因此不得不跟那些粗鄙的商人们接触，他们希望，但愿这种接触不会玷污她们的纯洁。如果那些毫无"优势"的女人数以百万计地在商店和工厂里打工——工资低至每周6~8美元，大约相当于1950年的18~25美元——这必将迫使她们面对一些可怕的诱惑。欧·亨利最感人的一篇短篇小说就描写了一个贫穷的女店员，她把基钦纳将军的相片摆在自己的房间里，作为心目中白马王子的化身，而一个名叫皮吉的品格低下的男人在追求她，总有一天他会有办法把她搞到手，因为她那点微薄的薪水让她食不果腹。①

还有数不清的女仆。但在城里，她们大多是移民血统，或是有色人种，因此有人认为，她们几乎没有希望有更好的命运。而且，无论如何，她们很少有空闲的时间，因此反倒不会被引诱。在乡下小镇上，女仆很可能是农家姑娘，不久将嫁给一个店员或铁路公司的职员，并开始操持家务，有希望依然保持着她的清白。（顺便说一下，除了在南方之外，只有在少数富人当中才会把她们称作仆人；不管她们的身份多么卑微，美国人对民主观念的尊重迫使人们不得不把她们称作"小姑娘"，或者，在不那么老于世故的圈子里被称作"帮手"。）

如果不幸的家境迫使一个"有良好教养"的年轻女性为生计而工作的话，中小学老师、音乐教师或受过专业训练的护士被认为是可以接

①译者注：见欧·亨利的短篇小说《没有完的故事》。

受的职业。如果有天赋的话，她甚至可以成为作家、艺术家、歌手，甚或是歌剧演员。有人走上了舞台，不过要冒着降低社会地位的风险，因为女演员大多被认为"行为不检点"。(在讨论女性的经济地位和机遇的时候，人们总是反复谈到女性职业对其性道德的影响。)有一些开拓者，不顾各种反对，以火一般的热情投身于其他职业——比方说医生；但只有在一个不同寻常的社区里，她们这样做才不被认为是没有女人味儿的乱弹琴，要反对她们的决定，一个最有说服力的论据是：一个着手挣钱的女孩是自私的，这会给她老爸带来不必要的困窘，因

在20世纪之初，矜持被认为是女性的美德

为有些人可能认为，他没本事养活自己的女儿。人们普遍同意，一个女孩子所能做的最好的——也是最安全的——事情，就是老老实实呆在家里，帮着老妈忙里忙外，并等待一个"如意郎君"。

后弗洛伊德时代的人可能会想，这样一套礼俗没准会产生一代性格内向的神经病患者。但我想坎比先生是对的，在《信心的时代》(The Age of Confidence)一书中，他认为，基本上不会出现这样的后果。倘若沉默寡言和矜持压抑的规则损害了很多人的生活，那么，这样的生活对大多数人来说，未见得就比生活在坦诚率真和相对性自由的法则下难过多少。但这样的生活还是有它不幸的方面。围绕着性功能的缄默(除了男人们在吸烟室里的闲谈之外)是如此铁板一块，以至于大多数美国女人都是稀里糊涂地走进婚姻——而且对婚姻将会涉及什么常常抱有恐惧的观念。有可能——即便不是很有可能——对大多数女人来说，年复一年，性生活一直是件令人反感的必做之事，仅仅是因为男人有兽性本能必须满足(免得他们去跟坏女人胡来)，因为生儿育女是一个人的权利和责任，她们才不得不勉为其难。

有一点倒是真的，离婚率已经在上升。1900年，结婚和离婚的比例是12.7比1，相比之下，在战后反常的1946年是2.6比1，而在更常态的1949年是4.2比1。但是，即使是1900年的数字，也并没有让人产生很阴暗的想法，而在普通美国人的社群当中，对离婚就是抱着这样的

刻板的年代
也有浪漫
（20世纪之
初的情侣）

想法。一桩婚姻，可能对双方来说都是一场噩梦，但必须把这场梦继续做下去：这是公众舆论的判决。

结果，在任何规模的一座美国城镇里，你几乎都可以找出一对这样的中老年夫妇，他们许多年来几乎不和对方说话，他们互相之间的敌意是如此之深，但他们却继续生活在同一片屋顶之下，在同一张餐桌上吃饭，共同生儿育女，甚至，多半还同床共枕——并且内心抱有这样一种坚定的信念：他们正行走在唯一的美德之路上。

4

回到1900年的美国，走不了多远你就会注意到，居然有那么多小城镇。因为在那一年，美国大陆的人口大约刚好只有50年后的一半——略少于7,600万，相比之下，1950年是略多于1.5亿。尽管你会发现一些开阔地，那里眼下有一些村庄，一些日后会发展为城镇的村庄，但对比最为惊人的，还得是在城市和它们的郊区。尤其是在西海岸和德克萨斯州的城市里。比方说吧，你会发现，洛杉矶是一座发展迅速的小城市，人口只有102,489——大约是1950年的十九分之一。1899年的旅行指南说，在过去10年的时间里，"它的土砖房已几乎完全让位于砖石建造的商用楼，以及很有艺术品位的木质房。"你会发现，休斯顿是一座侏儒城市，只有44,633个居民，相比之下，1950年的人口是这个数字的13倍；另一座侏儒城市达拉斯只有42,638人，而它1950年的人口十倍于此。

不仅西部的人烟稀少会让你想到东部的人口究竟有多少——在那年头，东部是美国工业和美国文化机构的重心；而且，即使在东部的城市里，你也看不到现代城市生活中很多稀松平常的特征。比方说摩天大楼：全美国最高的建筑是纽约市公园街的埃文斯辛迪加大楼，共29层，其尖塔使它的极限高度达到了382英尺。然而探访纽约的游客尚没有注意到那"著名的以天空为背景的轮廓"。而在其他城市，10~12层的建筑就算是了不得的奇迹了。

很少有用电照明的街灯。在几乎任何一座美国城市里，黄昏时分最常见的一幕，是城市点灯人扛着他的梯子出现在街头，他把梯子靠在街灯柱上，爬上去点亮煤气街灯。迄今为止，尚没有照明广告。对于未来熨斗大厦所在地(位于第五大道、百老汇和第23街)上那块亨氏公司的巨大广告牌，纽约人大概会惊叹不已，这是一块50英尺的广告

埃文斯大楼

牌，上面有一颗巨大的泡菜，由绿色的灯泡所组成，白色的灯泡拼成HEINZ(亨氏)，其下闪烁着诸如"57个品种"这样的广告语；但这只是一幅开拓性的奇观：此时，百老汇还没有成为"不夜街"。

至于城市公共交通，全美国只有一条已经完工的地铁，那就是波士顿的一条很短的地铁，尽管纽约将在1900年破土动工，修建另一条地铁。就算纽约和芝加哥已经有了它们那雷鸣般隆隆作响的高架铁路(纽约正在把它的铁路线电气化，而此前是由蒸汽机驱动的)，但美国大多数城里人都是乘坐有轨电车来来去去，

当电车拐过街角时，车轮所发出的刺耳声音在乡下人听来似乎就是名副其实的现代文明的音符。有轨电车线路正在飞速发展；财经杂志上登满了新开张的电车公司有价证券的广告；把钱投入在城市铁路的发展上，就是把赌注押在伟大的美国未来上。

每座城市都有它偏远的住宅区，在铁路或有轨电车线路可以到达的距离之内：住着单身家庭或两口之家的长排公寓楼，萧瑟地耸立在闲置的空地当中；被草坪所环绕的舒适住宅供那些更富裕的人居住。有很多人都是通过煤灰飞扬的铁路，往返于城区和郊外小镇之间上下班。不过，那些偏远小镇完全不同于它们在汽车时代所变成的模样。因为，只有当你能够乘坐马车——这玩意儿颇多不便，除非你养得起一位马车夫——到达车站，或者是一个特别吃苦耐劳的步行者，你才有可能住在距离铁路或有轨电车一英里开外的地方。所以郊区也很小，背靠开阔的旷野。对1900年往返城郊之间的上班族来说，最难以置信的莫过于这样的观念：在一代人之内，他们在周日漫步其间的原野和森林，便星罗棋布地点缀着千百幢郊外别墅，在一个汽车化时代，全都很容易到达。

有轨电车是20世纪初美国城市的主要交通工具之一（图为俄亥俄州克里夫兰市）

当你离开城市、进入乡村地区的时候，有一件事情让你困惑不解——如果你能用20世纪中叶的眼睛打量一下周围的话——这就是：城里人避暑的别墅相当少见。当然，富人自有他们的度假胜地：缅因州沿海诸岛上的巴尔港、艾尔斯伯勒和诺斯黑文；波士顿以北海岸沿线的纳汉特、贝弗利和曼彻斯特；罗得岛州的纽波特和纳拉甘西特皮尔；伯克希尔山区的莱诺克斯；在纽约地区，有塔克西多公园、莱克伍德、锡达赫斯特，以及最时髦的长岛北岸；大西洋城和开普梅；弗吉尼亚州和西弗吉尼亚州的斯普林斯；赛马胜地萨拉托加温泉；冬季胜地棕榈滩；西海岸的圣芭芭拉。如果说在这份清单中所开列的地方里，东北地区占压倒性多数的话，理由是显而易见的；大多数南方人都尽可能去北方，大多数西部人都尽可能去东部，度一个丰富的假期。有很多地方，其温暖的冬日气候后来使它们成为深受欢迎的游乐胜地，而在当时，则主要是以疗养胜地而著称。1899年版的贝德克尔旅行指南说：

> 最有名的冬季旅游点在佛罗里达、加利福尼亚、南北卡罗来纳、乔治亚和弗吉尼亚等州。到这些地区旅游的病人，有很大比例的肺病患者，但对于痛风、风湿、神经衰弱、萎黄病、贫血、肾病、心脏病、失眠、慢性支气管炎、哮喘和劳累过度等病痛的受害人，常常也有显著的好处。

这份旅行指南特别向病人推荐了一些地方，比如加利福尼亚州的洛杉矶、圣芭芭拉、圣地亚哥和圣伯纳迪诺；落基山脉的科罗拉多温泉；以及，向"患胸腔疾病的人"推荐乔治亚州的托马斯维尔和南卡罗来纳州的艾肯。

在大多数主要的度假胜地，有很漂亮的乡村房子；在其中某些地方，甚至有豪华气派的房子。还有很多富裕的家庭，他们对荒野的特殊品味，导致他们在阿迪朗达克山脉购买大片的林地，建造豪华的"野营地"；或者，他们对简单朴素的爱好——比如科德角、怀特山、密歇根湖岸，或者崎岖不平的蒙特里海岸——导致他们修建更朴素的消夏小屋，作为每年为期两三个月的临时逗留之地。但是，他们对地

消夏小屋

点的选择却受到两件事情的限制——首先是铁路能否通达，其次，可用的假期时间对几乎所有人来说都是有限的。建造消夏小屋的繁荣才刚刚开始，此类小别墅的数量大约只有1950年的十分之一。此时依然是大避暑旅馆的全盛期，那些富裕的度假者会来到这里作短期逗留，期限通常是一周到一月不等：木瓦屋顶的旅馆带有塔楼、角塔和迎风飘荡的旗子，有宽阔的阳台，没有尽头的走廊上铺着地毯，巨大的餐厅里按照美式膳宿标准定制供应大餐，菜单上应有尽有，从芹菜和橄榄，到汤、鱼和烧烤，再到冰淇淋、蛋糕、坚果和杏仁，以冰冻果汁作为餐中的冷饮。

对那些买不起这样大排场的人来说，有数不清的寄宿公寓可用，门廊里有学校老师在摇头晃脑，草坪上有人在玩槌球游戏；沿着海岸和湖畔，到处都挤满了木瓦屋顶的小屋，每一间小屋上都贴着标签，上书各自的名字，或多愁善感，或诙谐幽默："稍候小居""杜康姆客栈"，以及诸如此类。但在高收入阶层之外的美国人当中，呆在家里的人占压倒性多数，尽管家里充满了夏天的闷热。由于没有马车，他们也就只好买一张特价火车票，乘坐硬座客车去一趟尼亚加拉瀑布或大西洋城，以此满足自己的假日之梦；或者更有可能，临时心血来潮，坐一趟有轨电车去城外的电车公园，那是电车线路终端的一座游乐场。

所以，美国依然有很多地方可玩——数千英里的海岸线，数以百计的湖泊与河流，数不清的崇山峻岭，都可以让你尽情地探险，露营，游泳，打猎，钓鱼，无需征求任何人的许可，只要你能到达这些地方。已经有深谋远虑的自然资源保护论者指出，一代代美国人在开拓这块土地的同时也一直在掠夺它；森林被劈成了碎块，农田被滥用和过度使用，自然资源遭到来自四面八方的劫掠；国家公园是必须的，无论是为了保护这些资源、还是为了给人们游乐的空间。但对大多数人而言，这样的警告毫无意义。就算伐木工人毁掉了一片森林，还有另外的森林可以享受；就算建造小别墅的人买断了一片海滩，还有另外的海滩向任何一个游泳者开放。大自然的慷慨似乎是无穷无尽的。正如斯图亚特·蔡斯许多年后所说的那样，主流姿态是那位"疯狂帽子商"的看法，如果他弄脏一个茶杯，他所要做的仅仅是再去拿一个。

对于极少数幸运地有一间消夏小屋可去的人来说，启程的仪式很是复杂。首先，城里的房子要搞一次彻底的清扫，并拆下家具和设备，这个过程要持续好几天。启程的头一天，快运公司的人要求装箱，一共有好多箱；如果你告诉

避暑旅馆

1900年的一家人，许多年后的旅行者只拎一只手提箱便能对付几个礼拜，他们肯定会大吃一惊。启程的那天早晨，这家人会抓住袋子、外套、雨伞，以及其他可能成为累赘的东西，比如钓具、高尔夫球杆、狗、猫以及装在笼子里的金丝雀什么的，乘坐一两辆出租马车去车站。接下来，便开始漫长的旅行——要么是乘坐卧车，豪华得令人难以置信，有切斯特·A.阿瑟年代的精雕细刻的镶板；要么是乘坐露天站台的座席客车，到处都是煤灰。到了目的地的附近，一家人便会在一个饱经风吹日晒的木板站台上下车，收拾好他们所带的行李，接

出门旅行可
不是一桩轻
松的差事

下来便坐上一辆三座大马车(用于载人和个人用品),另一辆更大的马车(用于运载行李)紧随其后。驱车6英里要花掉1个小时,因为墓地旁边有一段沙路,马走起来很吃力,还有几个很长的小山丘(如今所有汽车都走公路)。最后,当一家人注视着行李车被倒退至小别墅的侧廊的时候,他们一个个都灰头土脸,脏哩叭叽。然而,跟他们的孙子比起来——如今他们一大家子紧巴巴地挤在别克车里日行300英里——他们是否更加筋疲力尽呢,这还真不好说。

对于那年头在城里长大的孩子们来说,他们在乡下遇到的农民似乎是另一个种族,除了语言之外,他们在每件事情上都像是外族的。他们为什么不该是外国人呢?没有汽车,没有收音机,没有乡村免费邮递,没有发行量巨大的杂志;在很多地方,除了小学之外就再也没办法接受其他的学校教育,去城里的机会,即使有的话也很少,他们被束缚在乡村,与世隔绝。如果说——正像我们已经指出的那样——他们在周围所看到的这个世界,是被一些比冲击他们儿孙们的那些力量更加容易理解,因此也不那么可怕的力量所推动,那么可以说,这个世界的局限性也更大,大得令人难以置信。

5

当你继续研究1900年的美国的时候，你会发现，你一次又一次震惊于某些东西的缺乏，或者说不足，而这些东西在今天被认为是稀松平常的必需品。

比方说电力服务和电气装置。城里真正的富裕之家，大多数房子眼下都已电气化了；但只有那些正在建新房子的人才刚刚开始在安装电灯的时候无需同时装上煤气灯，以免突然停电。大多数人的房子依然用煤气灯(在城镇)或煤油灯(在乡村)照明。千百万老一代美国人至今还记得，他们在夜里上楼之后，心里是如何忐忑不安地惦记着自己是否真的已经熄灭了楼下的煤气灯。对于乡村主妇来说，一件有规律的家务事就是给灯添油，家里有一盏韦尔斯巴赫煤气灯常常是一家人引以为荣的骄傲，它会为全家人提供足够的光亮，当人们聚集在客厅桌旁的时候，可以就着灯光读书。

当然没有电冰箱——洗衣机和冷藏柜就更不用说了。农民——还有消夏小屋的住户——有冰室，里面放着巨大的冰块，那是冬天里从附近的池塘或小河里切割来的，或者是用船从北方运到南方，然后深埋在锯屑里。当你需要冰的时候，你就爬进冰室，扒开锯屑，刨下一小块冰，用冰钳夹住，拿到厨房的冰柜里。如果你生活在城里，制冰公司的马车会送货上门，送冰人把一大块冰放进你的冰柜里。

铁路上的冷藏车已经存在很多年了，但全国范围内大宗新鲜水果和蔬菜的远程运输尚处于它的幼年期；因此，美国的主流食品肯定会让一个来自1950年的访客大吃一惊。在美国大部分地区，从晚秋到初春这段时间里，人们几乎吃不上新鲜水果和绿色蔬菜。在这段时间里，他们所消耗掉的淀粉数量——以馅饼、炸圈饼、马铃薯和热面包的形式——如今令人望尘莫及。结果是，在晚冬和初春的那几个月

20世纪初的
浴室和铸铁
浴缸

里，当人们的主食缺乏维生素的时候，无数美国人都处在行动迟缓的健康状态。作为一位来自1950年的不速之客，倘若你发现自己正呆在一个普通美国人家里，而且时值世纪之交的隆冬季节，那么，你很快就会发现自己是多么渴望橘子汁、番茄汁、新鲜莴苣或柚子——那年头这些全都无法得到。

到世纪之交的时候，活水、浴缸和抽水马桶，都可以在城里几乎所有富裕之家找到，尽管时尚大街上很多漂亮的房子依然只有一间浴室。但是，不仅工人和农民（少数大农场的拥有者或许除外）依然做梦也想不到享受这样的奢华，而且即使是在有品味的富裕之家，如果超出了城市供水管线和下水道管线的延伸范围，那么很可能就根本没有浴室。他们用罐壶和水盆在卧室里洗澡，各人把自己的脏水从盆里倒进一个污水罐里，晚些时候再把它倒掉。吃过早饭之后，他们便去屋后面的厕所。克莱德·布里翁·戴维斯在他那本真实生动的《轻率的时代》（*The Age of Indiscretion*）中讲到，如果你生活在密苏里州的奇利科西市的话，你或许有机会扩充你的政治教育，因为你会看到，密苏里州州长（奇利科西市居民）"没戴他的那顶缎面礼帽，也没穿他那件双排扣常礼服，浅黄褐色的马甲扣子解开了，他那件胸襟僵硬的衬衫也解开了扣子，耷拉在裤子的外面……当他就这般模样漫步如厕的时候，看上去显得一副心事重重的样子"。

在一家豪华酒店里，如果你愿意额外付一笔钱的话，你就可以得到一间带私人浴室的房间，但直到1907年，埃尔斯沃思·M.斯塔特勒才在布法罗市建起了第一家以中等价格为每个客人提供一间客房和私人浴室的酒店。直到1916年，双层珐琅浴缸才开始进入大规模生产，取代了那种带有卷边和爪脚的上漆铸铁浴缸，那是20世纪头十年

的标配。

作为一个来自50年代、探访铸铁浴缸时代的游客，你没准会想到，那年头的个人卫生并不像你所处的时代那么容易实现，如果说周末夜间的洗浴让千百万美国人每周只能有一次机会浸泡在温水里的话，那主要是因为浴室十分稀少。但可以肯定，那年头有一个习惯定会让你大吃一惊，并视之为不洁。在东部城市里，有良好教养的人都不赞成在大庭广众之下吐痰，虽说痰盂很可能是办公室里的一件标准装备，摆放在老板桌的旁边。但在西部和南方，尤其是在小城镇里，吐痰是男子汉的标准特权。到处都有痰盂，不仅在办公室里、酒店里和公共建筑里，而且在有头有脸的市民家的客厅里。当痰盂隔得太远没办法够着的时候——很多人都为自己有本事隔着大老远的距离把痰准确地吐入痰盂而自豪——很多在别的方面颇爱干净的人也都认为把痰吐在壁炉里或地板上是他们的特权。

这一古老的美国习俗在1900年之后的那些年里逐渐式微，多半是受到了烟草用法改变的影响。1900年，当美国人口只有1950年的一半的时候，跟50年后比起来，美国人吸食雪茄的数量略多一些，所消费的烟斗烟丝要多很多，而咀嚼烟草的消费量则更是大得多——他们的香烟消费量大约只有50年之后的百分之一。（1900年，美国大约制造了40亿支香烟，而1949年是3,840亿支。）

在1900年，电话是个很笨拙的玩意儿，而且难得一见；能找到电话的地方，主要是企业的办公室里，以及一些喜欢试验新奇机械装置的富裕之家。全美国只有1,335,911部电话，相比之下，1950年底有43,000,000多部。在印地安那州的曼西市，本地的媒体提请人们注意，在使用电话的时候，他们"不要报对方的名字，而是应该查阅号码簿"。对大多数人来说，电话是一种人与人之间交流的非人器具的观念依然是如此陌生，以至于很多家庭主妇在听到电话

电话在20世纪初是个稀罕物

铃声响起的时候，都客气地喊道："来了，来了，这就来了！"

至于大众传播工具——在未来的那些年里，它们将发挥巨大的作用，为各个阶层的美国人提供类似的信息、观念和趣味——也几乎完全缺乏。还要再过20年才有收音机，要再过45年（除了非常有限的受众之外）才有电视。歌舞剧院里（或者西洋景观影室里）偶尔可以看到十分粗糙的电影，但第一部讲故事的电影《火车大劫案》（*The Great Train Robbery*）还要等上3年才出现。至今尚没有发行量超过百万的杂志。一大批为那些有知识品味、有良好教养的读者而专门设计的豪华而稳重的杂志——比如《世纪》（*The Century*）、《哈泼斯》（*Harper's*）和《斯克里布纳》（*Scribner's*）——在杂志领域盛行一时的时代已经在走向终结，曼西、柯蒂斯和麦克卢尔已经开始让人们看到：很多读者能够被某些类型的杂志所吸引，这些杂志所提供的食粮，虽说文学性稍逊，但却更人性，更通俗，结果，这样的杂志能够吸引到赚钱的广告。然而，尽管赛勒斯·柯蒂斯把他的《妇女家庭杂志》（*Ladies' Home Journal*）的发行量推到了850,000份，但他只不过刚刚开始他对一种营销方式的非凡示范，凭借这种方式，通俗杂志可以充当大规模发布全国性广告的媒介。1900年，他的《星期六晚邮报》（*Saturday Evening Post*）才不过182,000个读者，广告收入也只有区区6,933美元。

因此，对于信奉各种宗教、从事各行各业的人们所共有的信息和观念的储备，存在着严重的限制。在某种程度上，缅因州的一个渔夫，俄亥俄州的一个农民，以及芝加哥的一个商人，他们互相之间是能够讨论政治的，但是，由于缺乏在全国各地发表的辛迪加报业专栏文章，他们的信息主要是基于他们从分歧很大的地方报纸上读到的东西，而且，由于缺乏广播电台和新闻影片，他们当中的任何一个人——芝加哥商人或许除外——是否亲耳聆听过威廉·詹宁斯·布赖恩那洪钟大吕般的声音是很值得怀疑的。不存在那种彼此熟悉的共同点，而这种共同点却存在于1950年的人们之间，尽管他们不可能直接认识哈里·杜鲁门，也不认识鲍勃·霍普、范·约翰逊和贝蒂·赫顿，但他们同时嘲笑过杰克·本尼与罗彻斯特的谈话，而且，他们都熟悉宾·克罗斯比的声音，因为他们刚刚从收音机里听过。

缺乏的不单单是大众传播工具，还有很多今日美国人认为理所当然的社会机构也都付诸阙如。一个由个人主义者所组成的民族，习惯于这样一种观念：作为一个独立的单位，每个人都必须照料自己；如今，这样一个民族正在进入互相依赖的时代，但它依然难于认可这个事实，难于认可这样一个时代所必需的公共机构。例如，不妨想想，一个中西部小镇应当给一个男孩子提供什么东西作为娱乐消遣和教育机会。传统认为，男孩子们应该自己去找机会娱乐——在有着神圣传说的古老池塘里游泳，在开阔地上玩棒球，在附近的森林与小河里打猎和钓鱼。但是，工业主义已经污染了河流，空旷地上建满了房屋，或者被开垦耕种，大自然的运动场已被疯狂掠夺——而提供的替代消遣屈指可数。

孩子们的娱乐总是因地制宜

　　这样一个小镇上的男孩所遭遇的困境，其最好的证明，就我所知，莫过于克莱德·布里翁·戴维斯在《轻率的时代》一书中所给出的实例。据戴维斯说，在密苏里州的奇利科西市，"年轻人没有可以戏水的地方，除了肮脏的池塘以及同样肮脏而又危险的小河之外，这些小河里每年夏季都要发生淹死人的事……在咱们那个市区，没地方可以玩棒球，除了密尔沃基小道旁边一块完全不适合玩球且布满车辙的地之外……没地方玩网球、高尔夫球、羽毛球或篮球。镇上没有一家体育馆，就连中学里甚至都没有任何接近体育的东西。"没有公共图书馆（除非你把中学里的小图书室算上），没有基督教青年会，没有童子军组织，没有4H俱乐部①，没有学校乐队、学校管弦乐团或学校合

---

① 译者注：港台地区多译作"四健会"，4H分别为：Head（头），Heart（心），Hands（手）和 Health（健康）。

唱团。

社区在公共机构的建设上永远跟不上其自身的发展，这似乎是美国生活的一个连续特征；至少，有一点显然是真的：1900年的美国小镇没能适应汹涌澎湃的工业时代的需要。

6

在组织化运动的发展上，存在同样的落后。边疆的传统和美国古老的个人主义，可谓百足之虫，死而不僵。大多数美国男孩和男人依然抱着"逮啥算啥"的态度，指望从荒郊野外获得运动的娱乐——打猎、钓鱼、露营、游泳、骑马——或者从那些直接源自于开阔乡村地区环境的竞赛（比如打靶之类）中获得娱乐。棒球长期以来一直是全国性的游戏，数以百万计的男孩子都学会了打棒球，但主要是在本地的空地上玩，如果玩得很熟练的话，他们就可能晋级，代表本镇与邻镇的球队比赛。至于女孩子，传统的观念是，她们太柔弱，或者至少是太规矩，不能参与这样粗鲁的活动。那些需要专门的服装和器材的有组织游戏，通常被认为是阔人的装模作样，对于美国小镇上的普通百姓来说，任何为男孩和女孩提供"受监督游戏"之类的想法都是令人困惑的。

这一老式传统已经开始分崩离析。有组织的游戏在中学和大学里迅速发展：橄榄球、棒球（这是一项大学运动，当时享有的威望比后来要高得多）、划艇、径赛，以及小规模的英式足球和长曲棍球（知道篮球的人依然很少，它直到1892年才被发明出来。）在上了年纪的人也能享受的游戏当中，高尔夫球和网球很快就流行开来；很多人玩保龄球；成千上万的男人和女人以骑自行车为乐。但是，当我们回想那年头的运动的时候，最惊人的事情是，它们在很大程度上集中于东部，而且依然被认为是有钱人的特权。

比方说网球。这一运动压倒性地属于东部，年度锦标赛照例在纽波特举行，那里是夏季时尚的中心。高尔夫球在1893年举办世界博览会的时候传到了芝加哥，加利福尼亚已经有不少于20个高尔夫俱乐部，但最优秀的业余选手大多是富有的东部人，最好的职业选手几乎全都是苏格兰人。置身于城市富人和时尚的影响之外的热血美国人，往往把高尔夫球视为彻头彻尾的无聊；任何一个商人都可以发表这样的高论，说自己看不出在荒郊野外上蹿下跳追逐一个小白球有任何意义，从而引得人们哄堂大笑。

骑自行车兜
风曾经风靡
一时

说到橄榄球——在1900年，这是一种伤筋动骨的比赛，不允许向前传球，两队互相冲撞，挥汗如雨，挤作一堆，为的是获得五码三攻——我们不妨看看1900年11月25日的《纽约时报》。从这份报纸头版左手边的专栏上，你会得知，昨天下午，耶鲁大学橄榄球队成了本年度无可争辩的"橄榄球冠军"——因为，在打败了普林斯顿大学队之后，他们又打败了已经击败宾夕法尼亚大学队的哈佛大学队。事情就这么简单。耶鲁—哈佛之战在耶鲁大学运动场进行，看台上坐满了20,000人，票贩子把每个座位炒到10～20美元不等。顺着《纽约时报》关于这场比赛的报道，你会发现一行大字标题"赛场上的社交界"，它告诉你"本城的社交界和俱乐部界对昨天的比赛表现出了强烈的兴趣"，而且"要开列一份到场观看比赛的仕绅名媛的名单，无异于重印整部的《社交界名人录》"。

还要补充一点才是公平的：全国各地都有大学橄榄球队，而且，中西部的有些球队表现出了相当的实力。回顾本赛季，《出行》（*Outing*）杂志分别用了单独的版面来评述中西部、南方和太平洋沿岸的球队。然而，像《纽约时报》一样，出类拔萃的球队在哪里是毋庸置疑的。这份杂志选出的全美明星队当中，4名球员来自耶鲁，2名来自

耶鲁的学生们
在打橄榄球

哈佛，康奈尔、哥伦比亚、拉法耶特、宾夕法尼亚和西点各一名。
（顺便说一下，1896年秋天，弗兰克·赫林去了圣母大学担任橄榄球
队的教练，据阿瑟·J.霍普的大学史说，他"有一段很艰苦的时期，
拿出了足够的热情拼命工作，为的是组织一支可以上场的球队"。）

　　即使考虑到东部的编年史家有一定程度的谦虚，但证据依然是压
倒性的，足以证明在世纪之交体育运动集中于东部，在公众看来，这
些运动就好像被一种时尚的氛围所环绕。远远走在时代前面的，是来
自市政网球场的网球冠军，来自公共高尔夫球场的高尔夫球冠军，是
在巨大的露天体育场上施展身手的经验丰富的大学球队，其数量是如
此之多，以至于只看少数几支最优秀球队的比赛是不可能选出一支全
美精英队的。在一场接一场运动之后，加利福尼亚人跻身顶级的行
列。中学篮球队大批地在全国各地组建起来了。美国数不清的男男女
女（据估计远远超过一千万）至少享受过一次偶然的保龄球之夜。

第2章

宏伟与局促

1

　　1900年的美国生活跟半个世纪之后的美国生活比起来，其所有差别当中，最重要的差别大概是富人与穷人之间在个人收入、生活方式和社会地位上的差别。在世纪之交的时候，贫富之间的鸿沟是巨大的。

　　有一个例子或许可以帮助我们加深对这种差别的印象。我前面提到过安德鲁·卡内基的收入。在1900年，卡内基拥有他那家大钢铁公司58.5%的股票。这一年，该公司挣得了4,000万美元的利润。卡内基本年度的个人收入（且不管是不是分红所得）超过了2,300万美元——无需缴纳所得税。在1896～1900年这5年的时间里，他的平均年收入（按同一基准计算）大约是1,000万美元。这些数字还不包括从任何其他财产所获得的其他收入。

　　就在卡内基享受这一丰厚收入（免税）的同时，全体美国工人的年平均收入大约是400到500美元；一位经济计算师得出了一年417美元这个数字，而另一位得出的数字是503美元。请记住，这些数字是平均数，而不是最低收入。

　　简言之，安德鲁·卡内基的年收入至少是普通美国工人的两万倍。

　　至此，你应该有了一个基本的对比。安德鲁·卡内基是他那个时代最有钱的人之一，但每年收入数百万美元的人还有很多。他们的生活方式显示了这一点。让我们看看这种生活方式吧。

　　首先，他们要建造自己富丽堂皇的豪宅。

　　在19世纪最后20年的时间里，美国很多百万富翁纷纷作出决定，有钱人要做的事情就是为自己建一幢王侯般的宅邸，率先垂范的是范德比尔特；其余的人争相效尤。到19世纪80年代中期，在第五大道西侧不到7个街区的范围内，就有了范德比尔特家的不少于7幢大房子。你大概会质疑关于这些豪宅的造价的公开报道——威廉·H.范德比尔特的房子300万，威廉·K.范德比尔特的房子300万，以及诸如此类——但似乎可以有把握地说，这7幢房子必定代表了超过1,200万美元的家庭支出（你必须记住，这个数字大约相当于今天的3,600万美元）。

安德鲁·卡内基

这些建筑当中最先建成的3幢——威廉·H.范德比尔特自己的一幢，以及他为两个女儿谢泼德夫人和斯隆夫人建造的两幢——外表上符合纽约的褐砂石建筑传统（在所有方面都符合，除了尺寸），但威廉·H.范德比尔特的房子里面却包含了种类多得让人眼花缭乱的雕像、油画、挂毯和坛坛罐罐，它们来自英国、法国、德国、日本等各个地方。一个榜样正在形成：美国的百万富翁渴望过王侯一般的生活；既然王爷们都是外国人，王公贵族的文化也同样是外国的，那么，他就必须生活在外国的家具和外国的艺术品中间（品种和数量多多益善），以此显示他的王者气派。

威廉·K.范德比尔特和科尼利厄斯·范德比尔特的宅邸把这一观念往前推进了一步。它们抛弃了纽约的褐砂石建筑传统和纽约的外部面貌。理查德·莫里斯·亨特为威廉·K.范德比尔特设计了一座石灰岩城堡，令人回想起布洛瓦城堡，甚至想起15世纪法国雅克·科尔位于布尔日的宅邸。乔

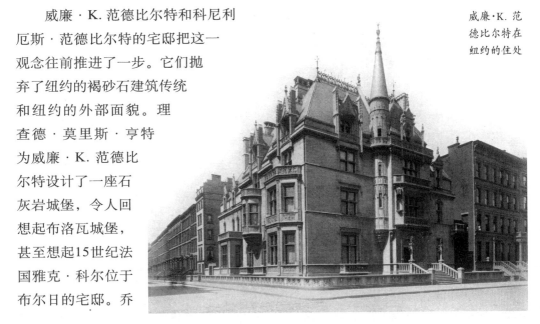

威廉·K.范德比尔特在纽约的住处

科尼利厄斯·范德比尔特的城堡（纽约）

治·B.波斯特为科尼利厄斯设计了一座砖石城堡，同样让人回想起布洛瓦城堡。二者都是辉煌的建筑，给第五大道增色不少，但它们的外国风格却让建筑师路易斯·沙利文哈哈大笑，他觉得，房子应该与居住其中的人的生活相协调。沙利文在《稚语》（Kindergarten Chats）一书中写道："难道一定要我让您看到这座法国城堡，这座小型布洛瓦，就在这个街角上，在这儿，在纽约，你才会哈哈大笑吗？难道一定要等到你看到一位戴着缎面礼帽的先生走出这座城堡时你才会哈哈大笑？你难道没有幽默感，没有悲悯感？难道一定要我告诉你，尽管一个人可以在身体上生活在这幢房子里……但他不可能在道德上、精神上和灵魂上生活于其中，难道要我告诉你，他和他的房子是一个悖论、一个矛盾、一种荒谬？"

没有诸如此类的疑虑困扰范德比尔特家族，他们也没有让任何事情限制他们对庄严高贵的热心。后来，这个家族的财富也被用来建造纽波特的几幢宏伟的宅邸，其中最大的是科尼利厄斯·范德比尔特的"听涛山庄"，它有点像一幢特大型的意大利别墅，最令人眼花缭乱的是威廉·K.范德比尔特的"大理石公馆"，它的建筑、装饰和家具据称花掉了大约1,100万美元。还有弗雷德里克·W.范德比尔特位于海德公园的那幢大房子，它的饭厅大约有50英尺长。还有威廉·K.范德比尔特位于长岛奥克代尔的那幢"闲暇时光"，共有110间房，45间浴室，一间可容纳100辆汽车的车库。但在所有这些世纪之交的城堡当中，冠军还得算是乔治·W. 范德比尔特位于北卡罗来纳州阿什维尔市的公爵宫，他给它取名"比尔特摩"。

比尔特摩庄园也是法国式的，是亨特仿照卢瓦尔河畔的大城堡的样式设计的。它有40间主卧室，一个棕榈

比尔特摩庄园

庭院，一间橡木客厅，一间宴会厅，一间印刷室，一间织锦画廊，一间藏书250,000卷的图书室。它被一片种植园所环绕，这片园子逐渐扩大，直至覆盖了大约203平方英里，让范德比尔特有了充足的空间，尽情发挥他对农学和林学的兴趣。范德比尔特雇佣了一位名叫吉福德·平肖的年轻人担任他的林业主管，使后者能够得以拿出美国林业的典范之作，被称为"美国大规模森林管理最早的实用范例"。

J. 斯特林·莫顿(他是19世纪90年代中期美国的农业部长)以钦佩中夹杂着嫉妒的态度看待范德比尔特在农业和林业上所作的实验工作。"他雇用的人比我手下的人还要多"，莫顿部长说，"他花出去的钱也多于国会给农业部的拨款。"

一点也不奇怪，当时的一位编年史家思忖道："考虑到范德比尔特家族在纽约有六七幢豪宅，而且，他们还有数量更多的乡村庄园，下面的说法似乎是可信的：他们在修建住所上投入的钱，跟欧洲任何王室家族不相上下，只有波旁家族除外。"

说到修建巨大的别墅和城堡，远远不止范德比尔特一家。戈莱特、贝尔蒙特和伯温德在纽波特的房子；弗拉格勒在棕榈滩的房子；古尔德在新泽西州莱克伍德的房子；怀德纳在费城附近的房子；菲普斯在匹兹堡的房子——这些还只是20世纪头十年的百万富翁试图在其

The Big Change

中过王侯般的生活的少数几幢巨大建筑。

如果你一幢接一幢比较一下这些豪宅富丽堂皇的室内照片——大理石地板，弯曲的大理石楼梯，挂毯，大瓮，天鹅绒幔帐，有雕刻和绘画的天花板，铺着锦缎的椅子，壁画，管风琴，盆栽棕榈树，以及举着电灯支架的古典雕像——你一定很想知道，生活在这样的环境里，是否一定感觉到有点不那么亲切。你应该会想起安娜·罗伯逊·伯尔对钢铁百万富翁亨利·克莱·弗里克的描写："在他那幢豪华宅邸里，坐在哥特式华盖下的一个文艺复兴式的宝座之上，他的小手里拿着一份《星期六晚邮报》。"这些大理石大厅不仅毫无舒适可言，而且，法国小说家保罗·布尔热发现，它们的室内陈设

百万富翁们的豪宅，室内之奢华令人乍舌

缺乏适度，缺乏克制。"太高的大厅里，地板上有太多价值昂贵的波斯地毯和东方地毯"，在一次访问纽波特之后，布尔热评论道，"客厅的墙上有太多的挂毯，太多的油画。来宾室里有太多的小摆设，太多的珍稀家具，餐桌上有太多鲜花，太多的植物，太多的水晶制品，太多的银器。"

你还会想起哈里·W. 德斯蒙德和赫伯特·克罗里在《美国豪宅》(*Stately Homes in America*)一书中所作的中肯评论，大意是，百万富翁聘请的建筑师们所复制的欧式宫殿和城堡，不单不是私人宅邸，而且也不是公共建筑，挤满了控制着本地区命运的高贵家族的门客和侍从，而且，作为公共建筑，它们"按规矩来说可能太豪华了"。在一块没有农民的土地上，像这样一些豪宅是反常的。

有些百万富翁极力避免宫殿般的富丽堂皇。比方说约翰·皮尔庞特·摩根，尽管他过着真正的帝王般的生活，但他宁愿要男人的舒适，而不是大理石的华贵（他的图书馆除外，那是他在世纪交替之后修建起来的，藏有他的一部分珍本图书和手稿的非凡收藏），摩根自己在城里的住所位于纽约市麦迪逊大道291号，与其说豪华，毋宁说是宽敞：有十来个仆人就足以把它打理得有条不紊。他位于海兰福尔斯的乡村别墅很宽敞，但并不张扬，今天的很多美国乡村俱乐部都比它要大。他在伦敦的那幢联排别墅不会让人想到宫殿，尽管里面有一批油画收藏，令荷兰、法国、西班牙和英国的艺术鉴赏家们叹为观止。不过，他在伦敦郊外还有一幢相当大的乡村别墅，在阿迪朗达克山区有一座1,000英亩的庄园，在乔治亚州海岸的吉柯岛俱乐部有一套私人公寓，在纽波特有一间"垂钓棚"，在巴黎的布里斯托尔酒店和罗马的大酒店有自己的专用套房，是为他专门留出的，他随时可以使用，而且，除了所有这些住处之外，他还有一艘300英尺的蒸汽游艇"海盗三号"，充当了他的一个额外的住处，无论是在大西洋沿岸，还是在地中海。（他在尼罗河上还有一艘私人蒸汽船，是为了他的游乐建造的，只要他在埃及就可以使用。）而且，我们几乎不能指控摩根小气，曾几何时，他想让"海盗三号"铺上跟"海盗二号"一模一样

摩根的"海盗三号"

的地毯，但发现这样的地毯已经不再生产，于是他便下令，给织机装上老式模板，好让他定制的新地毯跟原先的图案一样。

安德鲁·卡内基的偏爱在很多方面也比那些频繁出入纽波特的百万富翁们更简朴。他在第五大道和第91街交界处为自己修建的那幢房

卡内基的房
子（纽约第
五大道）

子尽管也很大，但他并没有想方设法让它看上去像宫殿，它的样子有一种有所弱化的乔治一世时代的风格。他的游艇"海风"号，跟摩根的"海盗"完全不是一个级别。但是，在19世纪90年代，他在自己的故乡苏格兰购得了一片庄园"斯基博"，只有在那里，他才真正地尽情放松自己。最终，这片庄园达到了32,000英亩的规模。在庄园里居住生活的有两三百人，卡内基投入了大量的金钱用于修路。尽管他更喜欢不修边幅的衣着和不拘礼节的娱乐，而且，在斯基博城堡，他几乎总是穿着一件淡灰色的诺福克短外套和灯笼裤，但每天早晨，他和他的客人们总是在8点钟的时候准时被"卡内基风笛手"所唤醒，风笛手从很远的地方走近城堡，绕行一周，然后在卧室的窗下吹响风笛，片刻之后，他们便一边吃着早餐，一边欣赏"卡内基风琴手"演奏的管风琴音乐。

洛克菲勒和
他的自行车

约翰·D.洛克菲勒那幢位于纽约达里镇附近波坎蒂克山的房子（他每年要在这里住很长时间），也没有任何富丽堂皇可言。洛克菲勒不讲究排场，他的品味是施洗约翰式的，而不是美第奇式的。在他19世纪90年代中期从商业活动中退休之后，他因为健康状况不好而行动不便，因此在世纪交替之后的那些年里，他一直以全麦饼干和牛奶为主食。为了每天必打的高尔夫球，他弄来了一辆自行车，每击一次球就骑自行车去下一个位置。洛克菲勒的举动更多地是出于对人身保护的关注，而不是贪图显赫的派头，因为他知道，标准石油公司冷酷无情的方法给自己制造了一些凶狠的死对头。他在波坎蒂克山所做的事情，就是逐步建造一个巨大的人身围场，在这个围场里，他可以过一种按部就班的平静生活。

这片庄园直到世纪交替很久之后才宣告完工，当时，德克萨斯和俄克拉荷马两个州发现了石油，而且汽车也越来越流行，这使得他的百万家产增加的速度比花掉的速度更快；但这一格局更接近于1900年，而不是他的垂暮之年。就算洛克菲勒自己的房子不是一座宫殿，但他的庄园里至少有75幢建筑，其中有一幢是宫殿；就算他自己一辆汽车用了15年，但他庄园里的车库却建造得足以容纳50辆汽车。在他的庄园之内，有70英里私人公路，他每天

洛克菲勒的房子（波坎蒂克山）

下午可以驾车在这条公路上悠游；有一个私人高尔夫球场，他每天早晨可以在球场上打球；庄园里的雇员从1,000人到1,500人不等，具体依季节而定。

所有这些，仅仅只是波坎蒂克山一处；洛克菲勒还在莱克伍德有一片庄园，每年春天他在那里住；在佛罗里达州的奥蒙德海滩有一片庄园，用于过冬；在纽约的第54街有一幢城市宅邸；在克里夫兰的福雷斯特山有一片庄园，他从未去过那里；在克里夫兰的欧几里德大道有一幢房子，他同样从未使用过。大概，从来没有哪个人资产规模比他更大而生活比他更俭朴。

2

但是，如果说洛克菲勒生活俭朴的话，也还有那些不俭朴的人。当你试着估量那年头富人当中生活奢侈程度的时候，如果过于紧盯着一些极端的例子，未免有失公平。比如布拉德利·马丁在1897年初举办的那场舞会，据传，其花费高达369,200美元——大约相当于今天的100万美元；或者是詹姆斯·黑曾·海德几年后举办的那场舞会，斯坦福·怀特把纽约的雪利饭店改装成了大特丽亚侬宫内部的样子，摆上了从法国运来的大理石雕像，侍者穿着18世纪的制服，戴着假发，还有法国伟大的女演员雷琼纳和她剧团里的成员——也都是临时请来的——登台献艺。马丁夫妇和海德先生都错误估计了公众对这种一掷千金的态度，他们后来都去国外生活的事实并非与这一发现完全无关。还是让我们看看记录中不那么张扬，但是更有代表性的部分吧。让我们去探访1902年赛季高潮时（即8月底的网球周）的纽波特吧，在此期间，英国的多尔蒂兄弟在纽波特球场打败了很多最优秀的美国网球选手，只有威廉·A.拉内特在"冠军挑战赛"中抵挡住了R.F.多尔蒂的进攻，成功卫冕美国冠军。

这周的星期一（8月25日）早晨，科尼利厄斯·范德比尔特夫妇正呆在位于博留的"家中"，那原本是威廉·沃尔多夫·阿斯特的别墅，他们把这里作为自己避暑的地方。如果你受到了邀请，并且，"家中"这个词让你想到客厅里的一次平静从容的闲聊，当你发现自己正通过一个特地修建的拱门（宽25英尺，高18英尺）进入庄园的时候，你肯定会大吃一惊；继续前行，你便走上了一条灯火通明的通道，沿途有射击场、黑人舞女、唱歌的女孩、潘趣和朱迪滑稽戏，以及其他带有游乐园特征的展示；继续往前走，你会看到一座临时剧院，是两班木匠干了5天5夜搭建起来的。在这座剧院里，你会见证第一幕成功的百老汇音乐喜剧《野玫瑰》（*The Wild Rose*），领衔主演的有玛丽·卡希尔、埃迪·福伊和艾琳·本特利。纽约的尼克波克剧院关闭了晚场，为的是全班人马投入这场演出，连同第一幕的舞台布景，也为了取悦范德比尔特的宾客们，而被运到了纽波特。当

威廉·阿斯特在纽波特的别墅

演出结束的时候，客人们转入宅邸里去用晚餐，剧院被打扫干净用于跳舞；晚饭后要举行一场舞会，据《纽约时报》说，有"两位科蒂荣舞的领舞，以及精心编排的'花样'，佩戴的信物漂亮而昂贵"。

两天之后，奥格登·戈莱特夫人在"赭石宫"举办了一场晚餐舞会，有两支管弦乐队，以及另一场科蒂荣舞；其中有一种科蒂荣舞的"花样"需要700朵栀子花，供应这些栀子花给纽波特的花商带来了很大的难题。据报纸上说，这些栀子花"从一架俄罗斯雪橇"上分发给众人。就在第二天晚上，威廉·阿斯特夫人在"山毛榉"举办了一场舞会，给她新修建的路易十五式舞厅开张，又有一场科蒂荣舞，领舞的是哈里·莱尔。

19世纪90年代，保罗·布尔热曾带着赞许评论了纽波特生活的几个方面。他说，这里没有高级妓女，因为几乎所有男人都只是来度周末和度假的，这个地方的生活不适合于隐蔽的亲昵关系；这里也没有冒险家，因为如果一个人的收入和投资不能大致查明的话，是不会被社交界接受的；大多数人看上去很健康，而不是放荡的样子。他的观点被很多人所接受。这不是一个堕落和放荡的社群；它有自己的行为和礼仪标准。

为了说明纽波特人看上去很健康，布尔热描写了那里的一个年轻

姑娘生活当中的普通一天。9点之前她会外出骑马；她会准时回家，换好行头，去游乐场看网球比赛；接下来，她的马车会把她带到一个游艇码头，渡船会把她送到一艘游艇上吃午餐，四点半左右她会离开游艇，去看一场马球比赛；然后，她就会回家，洗澡，换上参加晚宴的衣服，宴会很可能在十点半就结束了，因为很多在户外活动了一天的人都累得不行，犯困了，这之后，她可能会去参加一场舞会。然而，保罗·布尔热显然没有出席过任何一场舞会。如果他参加过这种舞会的话，我敢肯定，这位敏锐的观察者定会在一场盛大的娱乐活动中发现他曾在住宅装饰上所表现的那种缺乏节制。因为这些人的钱多得都不知道怎么花，他们都在参加一场比赛，比比看谁能够最有派头地一掷千金。

这位法国来的游客没准会迷惑不解，一个晚上花掉成千上万美元，为的是让百十来对男女能够观看一部音乐剧的一部分，而在百老汇却能看一整部戏，而且效果也更好；或者在一个本质上是模仿科尼岛的游乐场上嬉戏一番。但纽波特娱乐活动的特点正是如此，就是要

上流社会的
舞会

不惜重金把一些根本不属于某个地方的东西带到那里。例如——据劳埃德·莫里斯说：

> 贝尔蒙特夫人特意请来中国的工匠，在"马布尔庄园"的悬崖峭壁上建造一间红金漆茶室。这间房子华丽而真实，但里面并没有泡茶的设备。因此修造了一条微型铁路，从庄园的餐具室通到悬崖上，其路线被精心栽种的植物所掩盖，男仆端着盘碟从上面飞快经过，来到这幢油漆的小房子。

在纽约和纽波特的几幢大宅里，女主人颇为自己能够设晚宴招待一百多号人而自豪——只需提前几个小时通知一声。当然，这一技艺需要大量的仆人。但仆人并不缺，在某些乡村别墅里，仆人的总数可能多达五六十人，包括园丁、司机和马夫，他们按照他们自己的等级秩序、仿照英国的方式被组织起来。世纪交替几年之后，一个刚从哈佛毕业的年轻人发现自己要在纽波特的一幢大理石宅邸度过一个夏天，给这家人的儿子当家庭教师。这个年轻人是个热心体育运动的人，让他感到沮丧的是，他负责照看的这个孩子根本没有机会在运动中学会协同合作。一天下午，他发现，管家和其他仆役正在庄园里一个隐蔽的地方玩英式足球。他心里惦记的正是这件事情，于是他建议，让他和他的弟子参加这场游戏。但游戏根本就玩不下去。因为，就在这孩子得到球的那一瞬间，敌对的一方消失不见了，这些人是在对主人俯首帖耳的传统中出生并长大的，不可能主动去阻挡少东家。

如果我提到有人能在很短时间里招待百十来号人晚餐让人联想到某种拼凑杂烩的话，那么我敢向你保证，在世纪之交，一场时髦的晚宴绝无任何凑合之处。那年头的繁荣，其内在容量是巨大的。很可能要上七八道菜，还有各种不同的酒水。在我为摩根撰写的传记中，我收入了一次晚宴的菜单，享用这顿晚餐的是"黄道带俱乐部"的成员，那是纽约的一家私人美食俱乐部。如今，要想从这份菜单上确切知道上菜的盘碟是不是交替使用、所有人是不是全都单独上菜，恐怕有点困难，但是很显然，这是一餐有十道菜的盛宴：牡蛎、汤、开胃食品、软蛤、羊肋排、水龟、帆背潜鸭、甜食、奶酪和水果——晚餐以

雪利酒(而不是鸡尾酒)打头,接下来依次是莱茵葡萄酒、拉图堡葡萄酒、香槟酒和伍爵园葡萄酒,最后佐以科纳克白兰地(连同咖啡)。很难想象还有比这更大的胃口被更彻底地满足;事实上,从20世纪50年代的观点看,很难理解这些用餐者如何面对那些帆背潜鸭,除非他们有顽强的决心。

就算"黄道带俱乐部"的成员们吃得又多又好,但他们至少没有刻意努力提高他们用餐环境的堂皇气派。更全面的努力是伦道夫·古根海默作出的,1899年2月11日,他在古老的沃尔多夫-阿斯托里亚酒店设宴招待50位女士和先生。他的客人们发现,沃尔多夫酒店的"桃金娘厅"被改造成了一座花园,有正在盛开的玫瑰、风信子和郁金香,有冷杉围成的篱笆。夜莺、乌鸫和金丝雀在青枝绿叶间鸣唱(他玩了

上流社会的宴会

一点花招,诱使动物园专门为这场宴会借给他一些夜莺)。餐桌搁在藤架当中,头顶上吊着一个爬满葡萄藤的格子架,脚底下铺着嫩绿的草皮。菜单用金粉画在刮磨光滑的椰子上;有扇子供女士使用,扇面上描画着酒水清单。有一些制作精美的香料盒,作为送给女士们的纪念品,男士们的纪念品则是镶着宝石的火柴盒。为了提供音乐,有6个身穿民族服装的那不勒斯人弹奏吉他。

这一夜的享受所费几何呢? 10,000美元——每人250美元(这还是1899年的美元,要按今天的价值计算,应该是每人750美元)。沃尔多夫酒店的奥斯卡是这么说的,他应该很清楚,因为是他筹划并操办了

古根海默先生的宴会。

对20世纪50年代的某些读者来说，再补充一句或许并非多余：这些盛大的宴会和精心准备的舞会，并未走任何人的公司报账。他们是自掏腰包，出自他们自己庞大的个人收入。

3

在那年头，"上流社会"这个词所具有的含义比今天更明确。大概在每一个社群，以及在任何一代人当中，都存在社会仿效：有些家庭，或者某些个人，在其他人看来，跟他们交往似乎能让自己跻身于精英的行列。你会发现，这种仿效在今天以其最尖锐的形式存在于某些大学的联谊会当中；在成人的社会里，界线画得不是那么冷酷。社群的规模越小、流动性越差，这一现象很可能就越清楚。在大城市里以及在郊区社群当中(那里的人口始终在变化)，这一现象通常是令人迷惑的，是模糊的。你可以发现大量不同类型的群体，比如古老的、受传统束缚的大家族，时尚一族，新近才发达起来、其时髦身份尚未被认可的暴发户，与其他群体接触，但又不完全属于这些群体的有良好教养的专业人士和知识分子，最为热心地支持教堂和慈善机构的商人，生活舒适，但跟其他群体交往不多的第二等级的商人，以及在这个定义模糊的整个光谱上的其他人——其模式在每一个社群中都被民族血统及宗教、专业和商业联系的因素所改变。关于1900年的社会模式，当我们今天回过头去看的时候，令人吃惊的是，在大多数社群，它更清楚得多，更简单得多，阶层化被人们更普遍地认可；尤其是，人们对待阶层化的态度普遍比今天更严肃。

来自英国和法国的游客将会向他们的同胞解释：美国的"上流社会"，并没有集中在任何一个像伦敦或巴黎这样的大都会中，而是每个大城市都有它自己的"上流社会"；然而，纽约的上流社会尤其突

出。1892年，沃德·麦卡利斯特发表了一番著名的评论，大意是，即便阿斯特夫人的舞厅只能容纳400人，那也足够大了，因为上流社会大约只有400人。他的这番话引来了很多人的嘲笑。但也有很多人，在他们看来，麦卡利斯特是在定义这块土地上最优等、最令人羡慕的一群人的界限。

几年之前，亨利·克卢斯很过分地写到了曼哈顿的魅力，声称："纽约……确实是美国伟大的社交中心……这里有无可匹敌的时尚光辉，有豪华马车永不停息的滚动，有美国的布洛涅森林——中央公园。"克卢斯坚持认为："把西部百万富翁们的妻子打造成热情洋溢的纽约人并不需要拥有这种生活里的很多东西，只要买下一幢褐砂石宅邸，然后投身于时尚的潮流，没完没了地举办和参加招待会、舞会和午后茶会，还有雅致的马车，穿着纽扣鲜亮的制服的马车夫，穿着长筒靴的跟班，女仆和男仆，以及大都会生活中其他的附属物。"克卢斯的狂热或许有点滑稽可笑，但他所描述的是一个公认的现象。已经在上流社会站稳脚跟的人都在极力保住自己的社会地位，防止被新富们所侵蚀，而新富们在轮到自己的时候，便通过举办奢华，但很注意分寸的娱乐活动，以力求获得认可。有无数的女人觉得，阿斯特夫人盛大宴会的一张请柬，简直就是一张进入天堂的入场券。

关于世纪之交上流社会攀附和排斥的戏剧，最好的材料莫过于查尔斯·达纳·吉布森的讽刺画。在他的画中，你会一再发现：那个在社交上很有把握，但在经济上却毫无把握的漂亮女孩，总是试着在又

吉布森笔下的社交名媛

老又秃的百万富翁和英俊潇洒却一文不名的年轻人之间做出选择；那个又丑又矮的中年男人，总是被他的女儿和夫人拖去参加招待会，希望能在那里遇上"如意郎君"；那个外国人的唯一吸引力是他的爵位，但百万富翁的妻子却想让自己的女儿嫁给他；那个削尖脑袋想跻身上流社会的人，其最大的痛苦就是他奢侈的宴会没人赏光。吉布森有一幅画，画的是一个身材臃肿、外表粗俗的女人，独自坐在一间空荡荡的大舞厅的边角上。这幅画的标题是"斯蒂尔·普尔的乔迁庆宴"，明显是暗指19世纪末钢铁制造公司的合并在到处制造着新的百万富翁。

关于吉布森的这些作为上流社会注脚的画作，最令人印象深刻的是：成千上万的吉布森的仰慕者，心里其实都牢记着他所讽刺的那些东西的重要性。很难想象，这个纽约人在我们这个时代还能找到对一系列表现社交渴望的戏剧性漫画如

斯蒂尔·普尔的乔迁庆宴

此热心的观众；已经没多少读者关心这个了。

同样的戏剧也在全国各地的其他城市上演着：对社会精英集会的入场券有着同样的热心，不管是聚会、舞会、缝纫组、某个地方协会的集会，还是豪门望族的年度舞会。当然，今天它依然以略有改变的形式在继续着；不同之处在于：严肃对待把社会分为三六九等这种把戏的人相对较少，而且，整体现象由于新闻摄影记者、杂谈专栏作家、电视观众以及渴望公众注意的餐馆老板和演艺人员的偏爱而变得更加复杂。在1900年，上流社会确实是上流社会。他们瞧不起公众娱乐表演者，他们瞧不起媒体的关注；事实上，甚至有这样的父亲，他

马尔伯勒公爵夫人

们告诉自己的儿子："一位绅士的名字出现在报纸上只能有三次：出生的时候，结婚的时候，以及去世的时候。"他们自信，他们代表了美国生活当中最贵族的、最显赫的、最重要的东西。

那是美国女继承人与外国贵族之间的跨国婚姻的解释之一，在那年头，此类婚姻经常出现。第一桩重要的跨国婚姻于19世纪70年代发生在纽约的珍妮·杰罗姆和伦道夫·丘吉尔勋爵之间（这桩婚姻产生了未来的一位伟人温斯顿·丘吉尔）。到19世纪90年代，跨国婚姻变得流行起来。在1903年11月号的《麦考尔》(McCall's)杂志上，有一份清单，开列了到当时为止的57桩跨国婚姻，包括玛丽·莱特小姐与柯曾勋爵，安·古尔德小姐与卡斯特兰伯爵，以及路易丝·柯宾小姐与牛津伯爵；也是在1903年的11月，梅·戈莱特小姐嫁给了罗克斯堡公爵，圣托马斯教堂外面的第五大道上挤满了人，争相一睹公爵和他新娶的公爵夫人。

这一轮跨国婚姻的大潮有两个原因。首先，亲王、公爵或伯爵们非常乐意在得到一位迷人女孩的同时还得到一大笔钱。有时候，关于金钱的想法并非是人们的胡乱猜测。例如，你不妨读读1895年11月6日签署的一份婚约，那一天，康斯薇洛·范德比尔特嫁给了嘉德勋章骑士、马尔伯勒公爵查尔斯·理查德·约翰：

鉴于该马尔伯勒公爵与该康斯薇洛·范德比尔特之间所订立的这桩婚姻，总价值250万美元的5万份比奇克里克铁路公司的股票（其4%的年度分红由纽约中央铁路公司担保）于今日移交给受托人。在与该马尔伯勒公爵共同生活期间，康斯薇洛·范德比尔特应该支付上述250万美元资产所产生的收入，直至马尔伯勒公爵生命终结，在该马尔伯勒公爵去世之后，应该将上述托管基金的收入支付给该康斯薇洛·范德比尔特，直至其生命终结。

然而，这样的联姻也还有另外一个理由。美国女孩的父母都觉得，跟贵族联姻将给他们打上值得信赖的贵族印记。就算这个国家在传统上是民主国家，并且它的《宪法》也明确宣告"美国将不授予贵族头衔"，那又怎样呢？当然，有一些在财富和社会地位上都完美无缺的美国人，很严肃认真地对待这些传统，并以轻蔑的姿态看待那些攀附贵族女婿的行为；但另有一些人则觉得，美国人实际上组成了一个社会的金字塔，上流社会在它的顶端，在所有方面都算得上贵族，除了没有贵族的名号；而且，如果这些贵族家庭与其他国家的贵族通婚，这种联姻就会给予他们真正的贵族价值以恰当的认可。正如有些富有的美国人（尽管他们也很爱国）觉得，最好的艺术和文化都是欧洲的，他们也承认，贵族的徽章也是欧洲的——都同样值得拥有。确信自己属于美国贵族没什么不好。

4

从这些富裕的喜马拉雅之巅稍稍向下，有数以十万计的美国人可以被归类为有钱、兴旺或富裕——其涵盖范围十分广泛，从虽不那么显赫但还算成功的制造商、贸易商和生意人，以及顶尖的专业人士，直到中低级企业管理人员、店主、平庸的律师和医生，以及薪水较高的教授和牧师。很自然，在任何时期，任何一个像这样包罗广泛、定义不明的群体，代表了有着如此巨大差异的职业、收入和生活方式，要想把它加以概括都是在冒险。你可能会问，一个1900年的收入为20,000美元（约相当于今天的60,000美元净收入，或100,000美元税前收入）的家庭，跟一个1900年的收入只有2,500美元（约相当于今天8,500

美元的税前收入)的家庭有何共同之处呢？或者说，一个没受过多少教育但谨慎地投资于街轨股票的人，他兴高采烈地跃升于富人阶层，购买了城里最好的骏马，但依然在大庭广众之下用牙签剔牙。这样一个人，跟那些试图维持一种他一无所知的优雅生活方式的古老家族的成员之间又有什么共同之处呢？然而，尽管他们种类繁多，但这个群体——我们可以非常宽松地把它看成是中上层阶级——的大多数成员有一件事情是共同的，正如我们今天回过头去看到的那样。尽管他们当中的很多人都断断续续地经受过严重的财务麻烦，但在今天有着类似身份地位的人看来，他们总的处境足够舒适。

世纪之交的波士顿街头

你只要把1900年的收入换算成1950年的收入，这一结论的一个理由就立马变得一目了然。假设生活成本在这段时间里翻了三倍，你首先想到的数字是：一个1900年年薪为3,000美元的教授，在1950年必须挣到9,000美元才能维持同样的生活水平；但这一计算没有考虑到税收：实际上，1950年的教授必须挣到9,000美元的税后收入(税前收入大概在10,000到11,000美元之间)，他才能跟上其前辈的生活水平。教授职位的薪水，以这种速度跃升的可能性微乎其微。对商业及其他行业的大部分工薪阶层来说，情况也是一样；事实上对任何人来说都是如此，除非他非常精明地选择有价证券，并且非常细心地关注证券行情。大体上，工薪阶层以及那些靠遗产或储蓄为生的人，在经济上都倒退了，这是累进性通货膨胀的结果。

跟他们处境相当的孙子比起来，这些人无疑还有一个优势：他们有更多转圜腾挪的空间。

50

因为建筑行业的工资——以及建筑材料的成本——要比今天低得多，他们可以住在大得多的房子里。因为仆人的工资也低很多，而竞争仆人工作的人多的是，他们能够为这些更大的房子配备足够的人员。此外，他们能省下很多他们大多数后代子孙照例要花掉的费用：汽车的花费（比马车的花费大很多），诸如电冰箱、洗衣机、收音机、电视机之类额外设备的花费，供儿女们上大学的花费，很可能还有供度周末或避暑的额外房子的花费。（正如我们已经看到的那样，那年头比较富裕的美国人当中，有"避暑住所"的人比今天更少。）所以，其薪水买得起一套有点狭窄的公寓房的人，在当年却可以拥有一幢在今天看来很气派的大房子。

现如今，无论你生活在哪里，你多半认识某条街道，在世纪之交的时候那里曾有富人的住所，而且打那之后一直没有被完全重建过。当你在这条街道上漫步走过的时候，你没准会感到惊讶，任何一个收入并不十分可观的人，如何能负担得起生活在这样大的房子中（其中大多数房子在过去一代人当中被拆分成了公寓）。

例如，就拿波士顿的联邦大街来说，从阿林顿街到马萨诸塞大道之间，大体上，今天的样子跟1900年并无大的不同。不妨设想一下，当年这条街上的居民尽管包括很多非常富有的人，但没有哪个波士顿人富到足以占有所有数百幢砖石结构的4层（包括地下室）楼房。瞧瞧街角上那幢大房子，联邦大街的那一面有3扇窗户以上，阿林顿街这一面有4到6扇窗户。瞧瞧街区中部某幢特别宽的房子，有很宽的台阶通向正门，两侧各有两扇空间充足的窗户。或者，瞅一眼更多的规模适中的房子——临街的一面看上去大约有25英尺，正门旁边只有一扇凸窗；即便是那些更小的建筑也有4层（含地下室），大多数建筑大约有15到20间房间，外加几间浴室，以及尺寸足够大的壁橱和储藏室。你完全可以相信，其中有些房子，在1900年是由那些年收入远远低于1万美元的家庭所占有的——约相当于今天4万美元的税前收入或略少。这是一笔可观的收入，但在20世纪50年代却不足以在一座大城市里最漂亮的大街上支配像这么大空间的任何东西。这些家庭是如何实现的呢？

20世纪之初
的富裕之家

　　这里有一些答案。他们以大约一周5美元的价格雇佣一名厨子，一周3.50美元雇一名女仆，一周3.50美元雇一名洗衣女工，女仆和洗衣工共同完成楼上的工作。他们可能每周请一次清扫女工，一天1.50美元，还可以雇佣同时为其他家庭提供服务的短工，因此他们能够以每年约800美元——约相当于今天的2,400美元——的总花销维持这幢房子。家里女人穿的有些衣服是从商店里买来的成品，或者是由专业裁缝制作的，他们有自己的公司，但也有偶然的情况：大多数衣服是请裁缝到家里来缝制的，一天1.50到3.50美元不等。即使你把论码购买布料的成本加上去，衣服的花费也不是很大。这个家庭多半没有马车，出行靠双脚，或乘坐有轨电车——或者，在恶劣天气里或在节庆的场合，租一辆马车。

　　如果哪家的千金小姐想到要找份工作，作为一家之主多半会感到愤怒：难不成自己没本事养活女儿？但在另一方面，他又为她的教育而存钱。她会上私立中学，但很可能不会上大学，尽管她的兄弟照例会被送去念大学，多半还会上寄宿中学。

　　有了这些各方面的节省，这样一个家庭将能够过上宽裕而舒适的生活。因为房子有这么大，他们将会积累起更多的家业——家具、地毯、装饰品、绘画、图书、瓷器、银器、亚麻制品，以及五花八门的纪念品——他们的孙子做梦也想不到自己会有这么多家什。

当然，模式在不同的社区、依据不同的个人品味而千变万化，不一而足。即使是在一排几乎一模一样的房子里，生活水平和生活方式也决不是标准化的。为了着重凸显跟当前环境的对比，我将描述那种宁愿要空间和服务而不要其他舒适的人的生活安排。在更小的社群里，工资和价格往往更低，特别是在南方，工资更低。跟东部的富裕之家比起来，西部的富裕之家送孩子上私立中小学的可能性更小。但这是舒适富足者当中一般的生活特性。

你还可以补充一点作为脚注：这样一种生活方式接近于那种收入更低，却要以这样的收入满足其优雅品味的人。例如，一个年薪2,000～3,000美元——约相当于今天的6,500～10,500美元的税前收入——的大学教授，不得不紧盯着每一个钢镚儿，放弃很多他觉得是受过良好教育者的自然权利的满足，但他却供得起一幢大小适当的房子和至少一个女仆。1896年，当普林斯顿大学的伍德罗·威尔逊教授试图说服弗雷德里克·杰克逊·特纳教授加盟普林斯顿的时候，威尔逊夫人为一个年薪3,500美元的教授制定了一份合理的预算。它包括：食物和照明每月75美元，房租每月42美元，煤每月12美元，水每月4美元，以及仆人每月29美元。这里计算的是两个仆人，推算起来应该是每个仆人每周3.50美元。

借助精打细算，对一个年收入只有1,500美元(约相当于今天的4,800美元)的家庭来说，甚至有可能在一个20,000人的小镇上扮演"上流社会成员"的角色，住在本镇最好的大街上一幢普通的两层楼房里，雇佣一个全职黑人女仆(她的工资是每周4美元)，优雅(尽管谨慎)地娱乐，应邀出席最令人羡慕的本地精英的集会。这样一个家庭根本供不起旅游，对于汽车时代的我们来说，很难理解他们的生活在地理上受到了怎样的限制。但在局限之内，他们能够遵循富裕之家的模式，而没有太大的不便。

那些上了年纪的人，如今回想起我所描述的任何环境下的童年生活，有时候会带着一种怀旧之情去看待那些日子。就当时的需要来

说，生活似乎要简单很多，某些舒适宜人的东西似乎也更容易得到。这些人觉得，维持家庭的身份感更容易一些。住房宽敞的人，比起空间局促的家庭，能够更好地照顾老弱病残的亲属。事实上，很有可能，我们时代的社会保障问题——广泛地表达了对养老金、医疗保险、失业保险等社会保障的需要——部分源自于下面这个事实：有很多家庭再也没办法保护那些通常被认为是依赖他们养活的人——总是住在三楼的某间房里的老奶奶，或者是藏身于厢房里的、行为古怪的汤姆堂兄。（当然，今天的问题部分源自于通货膨胀给积蓄带来的影响，但更多的是社会观念革命的产物，而这种革命，正是本书试图要勾勒的。）即使当你考虑到今天的很多好东西是1900年的富人们（以及那些接近他们的生活方式的人）所没有的，你也不得不承认，这种怀旧之情是有根据的。空间和服务达到了很大的量。

然而，我们必须记住，联邦大街上的那些家庭，他们之所以能够在自己的大房子里过上富裕生活，离不开女仆们的微薄薪水，她们住顶楼狭窄的房间，大部分冗长乏味的工作都在那里完成；离不开裁缝们的微薄薪水，以及建造这幢房子的木匠和泥瓦匠们的微薄薪水，还有在工厂和商店生产和销售他们所使用商品的工人们的微薄薪水；而且，即使是年收入1,500美元的家庭，其所能够支配的空间和服务，也离不开低工资。我们还要看到盾牌的另一面。

让我们转到经济和社会光谱的另一端——绕道走近1900年大多数美国人——对轨道另一面的生活投去匆匆一瞥。

第3章

轨道的另一面

1

在英国工厂体系筚路蓝缕的草创时期，大卫·李嘉图阐述了他称之为"工资铁律"的严酷原则，即：所有工资都倾向于下降到最没有技能或最绝望的人所愿意接受的水平。在前工业时代，这一规律在发挥作用时还经常受到约束。王公贵族和乡绅老爷们往往会照顾那些由于无能、疾病或灾祸而陷入贫困的人。在前工业时代的美国，那些陷入悲惨境况的男人和女人——他们的作物歉收，他们的生意凋敝，或者他们的家族商店破产——至少还能够去工作(不管他们所能支配的薪水有多么微薄)，或者搬到别的地方去从头再来。但工业主义的出现改变了一切，无论是在美国，还是在欧洲。

因为，当你建起了一家工厂的时候，在工厂的周围就会发展出一座工厂村镇，那些来为它干活的人在很大程度上是自愿被囚禁的。他们不占有生产工具，因此依赖于他们所就业的工厂提供；如果工厂倒闭，这样一个社区里无论如何都没有足够的工作岗位提供给所有找工作的人。如果他们的工资确实很低，他们就出不起盘缠去别的地方找工作。所以，他们就不再是自由人。他们任由雇主摆布。那年头的行为法则并不要求他们觉得对发生在自己身上的事情有任何责任。"工资铁律"真正开始发挥作用。

城市贫民窟也同样如此，有稳定的来自国外的新来者涌入这些贫民窟——几乎全都是身无分文的穷光蛋，大字不识的蠢汉，没有技能的生手，常常还无依无靠，不会说本国的语言——都是同样被环境所束缚的男男女女。理论上，各行各业都向他们开放；理论上，他们也并不依赖于单一的雇主。但实际上，穷人、技能有限的人和目不识丁的人——即他们当中的大多数人——全都局限于他们所在的地方，年复一年，勇猛地为挣钱糊口的机会而斗争，不管提供给他们的工资多么微薄，他们都不得不接受。这也是"工资铁律"在发挥作用。

在19世纪中叶的美国各地，工资铁律带给人们的憎恶，跟英国并无不同。在英国，新兴工业城镇和矿区的工资、工时和卫生条件，都散发着同样的恶臭；凭良心说，它们确实够糟的了。因为在19世纪三

工业城镇的
穷人区（田
纳西州）

四十年代，新英格兰工矿城镇的工资水平一直在下降，直到1850年，整个家庭都在为人均每周三四美元的报酬而在机器旁劳作着；一天12个小时是平均工时，一天干14个小时的情况也并不少见，就连那些在我们看来正当上初中年龄的孩子们，也要从早晨5点一直干到夜里8点——早餐半小时，午餐半小时——每周6天，在一家照明和通风都很恶劣的工厂里，完全放弃了阳光、娱乐、教育和健康，为的是养家糊口；就连雇主也都放弃了所有这一切，在疯狂掠取高额的利润。正是这样一些环境——无论在任何地方，看上去都似乎是新兴的产业资本主义在最积极地推动着它的前进——使得卡尔·马克思看到了机会：他是否有可能发明出一套不同的制度？

在19世纪的下半叶，工业主义已经在美国取得了长足的进步。一连串值得注意的发明创造和技术改进，为它的前进注入了活力。到1900年，一个主要是农场主和村民所组成的国家，成了一个繁华的大城市和喧闹的工业城镇越来越多的国家；而且，舒适、便利和健康已经有了很大的积累，以至于它看上去就好像是一个全新的世界，是为那些在其中工作和游乐的人所创造出来的新世界。但财富依然倾向于流进少数人的腰包。

20世纪初的
工业城镇

诚然，在这个令人难以置信的半个世纪的大部分时间里，美国总的生活标准令人愉快地显示出了相当程度的改进。繁荣往往向下传递到了所有的社会阶层，改善着绝大多数美国人的生活条件。例如，有经济学家计算，1860～1891年之间，22个工业行业的平均工资增长了68%以上，而商品批发价下降了5%以上。这些数字代表了实实在在的获得。但是，在19世纪90年代中期那场可怕的大萧条期间，工资普遍锐减；而且，尽管工人的命运后来在接近世纪之交、当好时光再次重现的时候有了一定程度的改善（至少，他们在选择正规职业的机会上有所改善），但就经济学家所谓的"实际收入"（即把工资与价格相比较）而言，却并没有进一步的增进。为阻止百万富翁们正在迅速掠取的、数百万处于中等经济阶层的美国人也直接或间接从中受益的新财富向美国社会更低层面渗透，又发生了什么呢？

有一件正在发生的事情，是美国的好土地正在被填满。传统上，当美国工人的地位变得无法忍受的时候，他总是可以往西去——如果他能够筹措到盘缠的话。西部一直是新希望之地，不仅对于那些富有冒险精神的人是这样，而且对于那些被工业主义所抛弃的人来说也是如此。但如今，边疆已经关闭，而且，尽管对身无分文来到西部、想过上舒适生活的人来说依然还有机会，但这些机会看来正在减少。
第二件正在发生的事情是，美国继续在大规模地输入暂时缺乏就业能
力的无产者，以至于大城市和工业城镇里的劳动力市场人满为患，工
资水平也一降再降。

　　19世纪的大部分时间里，无产者始终在越过大西洋，源源不断而
来。一度主要是爱尔兰人：在19世纪40年代和50年代，正是爱尔兰人
充当了沟渠挖掘者、大堤修建者和工厂的劳工，他们为了一点微不足
道的薪水而每天干上12、13甚或14个小时。接下来，当爱尔兰人开始
过上更好的生活时，意大利人便开始涌入美国。再接下来，是越来越
多的来自东欧的犹太人和斯拉夫人。当每一个群体到达的时候，他们
往往会组成一个比上一个群体更低的无产者阶层。（始终处于或接近
于最底层，从事仆役性质、低报酬的工作，这些工作一直是保留给黑
人的，他们尽管已经不再是奴隶，但依然被认为是愚昧无知的仆役，
被排除在机会之外。）

蜂拥着横渡
大西洋的外
国移民

逐渐地，这些外国人群体中的大多数成员染上了弥漫于美国空气中的自由和野心的传染病，他们开始提升自己，摆脱了贫穷。但是，当他们这样做的时候，他们在最低经济层面上的位置便会被新来的移民所占据，他们被先行一步的亲戚和老乡们传回国内的一些激动人心的传闻（有时候是子虚乌有的）所引诱，或者是被工业代理人所提出的漂亮承诺所引诱，从欧洲来到美国。他们来得是如此迅猛，以至于他们填充纽约、波士顿、费城、芝加哥以及新英格兰、宾夕法尼亚和俄亥俄的工矿城镇贫民窟的速度，超过了美国吸收他们的能力。仅1900年一年，新来的移民数量就高达448,572人；1901年是487,918人，这个数字一直保持增长，直至1907年达到了1,285,349人的高峰。这确实是一个讽刺：自由女神的灯光是如此明亮，它对很多国家被剥夺者允诺的希望是如此之大，以至于他们回应自由女神邀请的庞大数量使得工资水平不断下降，不仅对那些新来者是这样，对本土出生的美国人来说也是如此，这推迟了对"工资铁律"的修正。

顺便说一下，很多美国人当中有某种倾向（当时和以后），这就是对欧洲人的傲慢或屈尊，这在部分程度上要归因于下面这个事实：数代人以来，几乎只有欧洲人才被本地出生的普通美国人看作是输入的无产者当中贫穷、无知、衣衫褴褛、常常还是肮脏不堪的成员，他们在干仆役工作的时候说着难以听懂的语言。他们被轻蔑地称作Dagoes、Polacks、Hunkies和Kikes[①]。当他们的生活境况有所改善的时候，他们在大多数情况下就变成与其说是意大利人、波兰人、塞尔维亚人、捷克人或俄罗斯人，不如说是美国人；欧洲人如此令人不快的形象一直在美国人的头脑里持续了下来。

但是，你或许会问，工资铁律传统上的死对头——工会——的情况如何呢？答案是：它们很少，而且很弱——除了在少数受到青睐的行当；它们存在于法律的危险中，这样的法律大体上支持这样一种观念：雇主选择付给一个人工资，此人选择接受这份工资，是这两个人之间的事情，与旁人无关；而且，其余公众通常是以害怕和厌恶的态度来看待工会。

---

① 译者注：以上都是对欧洲移民的蔑称，意思分别是：拉丁人、波兰人、匈牙利人和犹太人。

1900年，工会的成员总数达到了868,500人，其中，美国劳工联合会据称有548,321名会员。在少数成功地组织起来的工会当中（比如雪茄制作者工会），它们所施加的压力推动了工资的提高。1902年，一位细心的观察者、波士顿南端馆的罗伯特·A.伍兹报告，波士顿的无技能劳动者每周挣的工资从9到12美元不等——如

塞缪尔·冈珀斯

果他们能找到工作的话；有技能的熟练工一般而言可以挣13.50到19.50美元；但相比之下，雪茄制作工却能挣到15～25美元。美国劳工联合会的领导人塞缪尔·冈珀斯本身就是一位雪茄制作工，他是一个结实的男人，有着有力的下巴和阔大的嘴巴，头发桀骜不驯，戴着一副夹鼻眼镜，对工会在自己的影响力下所应该追求的目标抱着一种严格受限的观点。年轻的时候，冈珀斯为了阅读马克思的著作而学会了德语；但打那以后，他看到美国的工会运动如此经常地被革命理论家们的不切实际所削弱，被他们输入的革命理论在公众当中引起的普遍憎恶所削弱，以至于他严格地坚持同业工会——而不是产业工会——的原则，反对想让他的工会介入政治（比如组成劳工党）的任何企图，要求它们只为改善工资、工时和工作条件而进行集体谈判。

但是，在世纪之交，谈到冈珀斯所追求的温和目标，通常会让人们对工会运动的图景产生完全的误解。一些最大的产业根本就没有组织工会；在工会存在的地方，或者在试图组建工会的地方，很可能存在暴力的、鲁莽的、血腥的冲突，总是有激烈的战斗：一方是造反的工人，另一方是他们毫不妥协的雇主，以及雇主的打手们，多半还有民兵。

1898年，美国矿工联合会赢得了他们的第一场重要罢工的胜利，当时，伊利诺伊州弗登市的一群矿工——据赫伯特·哈里斯在《美国劳工》（*American Labor*）一书中说——"装备着散弹猎枪、左轮手枪和

来福枪，打败了一伙有着同样装备的罢工破坏者和公司卫队，双方都有惨重的人员伤亡。"哈里斯恰当地补充道："凭借出众的枪法，工会的所有要求都获得了同意。"这样一种精神，使得劳资双方都更有可能遭到人们的反对。

这就是那个时代的趋势，1896年，当奥利弗·温德尔·霍姆斯对马萨诸塞州高等法院的一份反示威裁决提出异议的时候，他确信，他的反对将让他失去未来晋升的所有机会。这份裁决把一份禁令授予一个名叫维格拉汉的店主，以阻止在他的店外示威抗议的两个人。没有暴力的暗示，也没有实物财产受到威胁；然而，当霍姆斯提出这两个人有权利以这样的方式抗议他们所认为的雇主不公平的时候，他的提议却被公共舆论认为是十足的异端。

在这样的环境下，工会在1900年只有很小的影响力也就没什么可以大惊小怪的了。无论如何，它们不可能达到最底层的劳工，以保护那些贫困状况最为严峻的男男女女。

说到"工资铁律"依然拥有它古老的力量这个事实，除了边疆关闭、移民潮和组织化劳工薄弱之外，也还有其他的原因；我们将在适当的时候讨论这些原因。但眼下，我们应该看看世纪之交的时候少数困难的生活事实，看看轨道的另一面。

2

这里有几个冰冷的数据：

1.**工资**。正如我们已经说过的那样，美国工人的年平均收入约为400~500美元之间。没有技能的工人略低于这个数字——北方在460美元以下，南方在300美元以下。一个无技能的男人的标准工资是1.50美元一天——在他有活可干的时候。这个条件限制很重要：你必须记住，根据1900年的人口普查，将近650万工人在一年的部分时间里没

活可干(因此在大多数情况下根本没有收入);在这些人当中,将近200万人一年要赋闲4到6个月。

1902年,罗伯特·A.伍兹报告,在波士顿,北区和西区女店员的平均工资是一周5到6美元。在1900年的南方,棉纺厂里将近三分之一的16岁以上的男性雇员一周挣到的工资不足6美元。任何地方,处于最低层的工人也挣不到这个数。大约在这一时期,联邦劳工局对芝加哥的意大利裔工人所做的调查发现,有一个无技能劳工阶层,其平均工资低至一周4.37美元。据伍兹报告,在波士顿的成衣店里,女人所挣的工资从一周5美元到一周3美元不等,他还补充道:"在家里缝纫的女人,漫长的一整天也挣不到30或40美分。"纽约的雅各布·A.里斯证实了伍兹的看法,据他在1900年报告,他曾看到女人们为了一天30美分在做"裤子"。我们不妨试着把这个数字翻译成今天的标准:即便在你考虑到生活费翻了三倍而把这个数字乘以3之后,你所得到的金额是一天90美分,即一周5.40美元,也就是说,整整干上一年也只能挣到280.80美元。

2.工时。平均一个工作日是10小时左右,每周6天,一周的总工

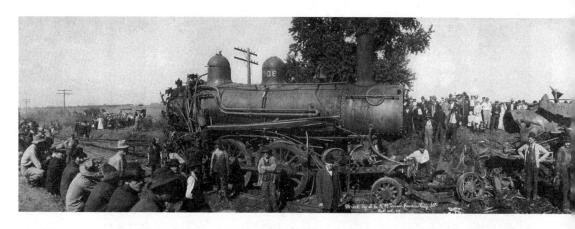

铁路曾是工伤事故的重灾区

时是60小时。在公司办公室里，有一个越来越流行的趋势，这就是星期六放半天假，但如果有人建议一周工作5天的话，他将会被认为是疯子。在国际妇女成衣工会于1900年成立的时候，纽约这个行当的平均工时是一周70小时。

3.童工。 在10～15岁之间的男孩当中，多达26%的孩子——超过四分之一——被"有报酬地雇佣"；在同一年龄群的女孩子当中，有10%的孩子从事计酬工作。其中大多数孩子从事农业工作，但有284,000名孩子在工厂做工。这些年里，在任何一个安排合理的社会，他们都应该在学校念书。

4.工伤事故。 从今天的观点看，当时的安全标准低得出奇。不妨想想下面这组事实：仅1901年这一年，铁路雇员当中，每399个人就有一个人因事故死亡，每26个人就有一个人受伤。在工程师、列车长、司闸员、乘务员等雇员当中，伤亡数字甚至比这还要糟：也是在这一年，每137个人就有一个人死亡。

对于在产业工厂里工作的孩子们来说，事故风险尤其严重。1897年，威廉·O.克罗恩教授告诉全国慈善暨矫治会议："在像芝加哥这样的城市里，在大型冲压厂和罐头厂，几乎每天都有孩子因伤致残。这些事故通常发生在下午3点之后。早晨以还算比较充沛的精力开始干活的孩子，在持续不断的压力下工作几个小时之后，大约3点钟的时候就已经变得疲惫不堪，超过了恢复点，以至于他们再也不能准确地控制疲倦的手指和疼痛的双臂。他因此成了大割刀的受害者，或者

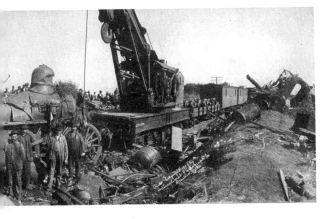

是冲压机钳口的受害者。"

5.**人道后果**。罗伯特·亨特1904年出版的《贫困》(*Poverty*)一书，是一次有良心的努力，它试图定义美国那群"吃不饱、穿不好、住得糟的"人的广度和特性。亨特严格地把贫困定义为这样一种境况：在这种境况下，人们"尽管竭尽最大的努力，可还是未能获得足以维持身体效能的必需品"。在研究所有可用的统计学材料之后，亨特最乐观的推测是：美国至少有1,000万这样的人，其中有400万人依靠公共或私人慈善机构养活，而其余的人，则得不到这样的救济，使之摆脱他们可怜的境况。亨特承认，他所推测出的1,000万这个数字很可能远远低于实情，可能有1,500万，甚或是2,000万。让他感到沮丧的是，一个热衷于使用统计数据的国家，对于一个在他看来至关重要的问题的答案，却并没有表现出真正的兴趣。"难道我们不该知道答案么？"他问道。

3

从人道的观点看，这些冰冷的数据意味着什么呢？对世纪之初的一些大城市贫民窟和严酷的工业城镇中的贫困，有一些合格的观察者，阅读他们的报告，其实就是倾听人的悲惨境遇这个主题一遍又一遍地变奏，在这种悲惨境遇中，同样的词语单调地重复了一遍又一遍：悲惨、拥挤、污秽、饥饿、营养不良、不安全、匮乏。

1898年，意大利戏剧家朱塞佩·贾科萨探访了他的老乡们在纽约

的住处，他写道："街道上的泥泞、肮脏、污秽、散发着臭味的湿气、令人讨厌的东西、混乱，简直无法形容。"

　　1899年3月，波士顿的建筑顾问们针对他们在该城北区和西区发现的某些住房起草了一份报告。他们发现："肮脏、破烂的墙壁和天花板，黑暗的地窖里水可没膝，巷子里堆满了垃圾和秽物，破败不堪、四处漏水的排水管……黑暗而污秽的厕所，抽水马桶长期堵塞，要么就是混乱不堪……房子坍坏严重，完全成了危房。"

　　即使是在卫生状况要好很多的住处，拥挤也很严重。M. E. 拉维奇作为移民从罗马尼亚来到美国，以每周50美分的价格租下了西格尔夫人位于纽约下东城区文顿街的公寓房。他后来在自己的《发展中的美国人》(American in the Making)一书中报告，在白天，西格尔夫人"以专门的细分，维持着一幢公寓楼的有趣虚构"——一间客厅、一间饭厅、一间厨房、一间年轻女士的房间、西格尔夫人自己的房间、一间孩子的房间。但在夜里9到10点之间，这个地方"突然变成了一个营地"。沙发打开了，有雕刻的饭厅座椅被排列成行；仅客厅里的沙发就睡了4个人，摇椅在侧面排列成行，充当支撑沙发的脚。一天夜里，仅客厅就睡了9个人，其中有些人干脆睡在地板上。"那间伪装成孩子卧室的房间，被一个男人和他的4口之家所占据。"窗户被密不透风地用灰泥封住，空气里"散发着食物和汗液的浓重气味"。

　　比这远为肮脏和不卫生的住处同样拥挤。几年之前，保罗·布尔热曾在鲍威利区发现了两间跟街道处在同一水平面的房间，"像船舱

钢铁小城麦
基斯波特

一般狭小"，房间里有8个男人和女人"蹲伏在那里，埋头干活，空气里散发着恶臭，铁炉子使得空气更加令人窒息，真是脏不可言"！接下来，布尔热视察了犹太人区不同的工场，在那里他发现了"饿得皮包骨头的面孔"和"因肺病而瘦削的肩膀，15岁的姑娘像祖母一样老，平生从未吃过一点肉——贫困状态在漫长而悲惨地继续着"。

1908年，匈牙利牧师拉斯科德在《乘坐一艘移民船去美国》（*Nach Amerika in einem Auswandererschiffe*）一书中讲到，几年之前，当他探访宾夕法尼亚州钢铁小城麦基斯波特的时候，那里匈牙利移民的生活在他看来是个什么样子：

14,000座高高耸立的烟囱，在沿着那条河谷的天空上留下它们的剪影，这条河谷从麦基斯波特一直延伸至匹兹堡，14,000座烟囱连续不断地放射出燃烧的火花和浓烟。即便是伍尔坎①的领地，也不会比这条莫农加希拉河谷更昏暗、更污秽……成千上万的移民年复一年地在这里徘徊游荡……在这里受苦受累，直至他们被这片地狱所吞噬……没有一时无事故，没有一天无致命的突祸。但是，在这么多人当中，就算有一个人因伤致残，就算有一个人命丧黄泉，那又算得了什么呢！每个位置都有10个人来填充，全都如饥似渴地想要得到它。新来者在工厂大门的视野之内安营扎寨，稍稍远一点的地方，几乎每天都有其他人到来——成千上万移民等着戴上奴隶的脚镣。

① 译者注：罗马神话中火与锻冶之神。

由于劳动力的过剩，人们绝望地乐意从事任何工作，无论什么条件，目的仅仅是为了糊口：这样的主题在这些观察者的报告中一再出现。下面是罗伯特·亨特的报告，写的不是宾夕法尼亚州的钢铁地区，而是芝加哥：

那些寒冷、多雨的早晨，在黎明前的微暗中，我被吵醒了。此时离我起床的时间还有两个小时，一队去工厂上班的工人正从我的窗下经过，平头钉子靴踩在木板人行道上，发出了单调的咔嗒声。那些步履沉重、若有所思的男人，疲惫不堪、焦虑不安的女人，衣着单薄、蓬头垢面的小姑娘，以及身体瘦弱、闷闷不乐的小伙子，依次走过。他们睡眼惺忪，没有一个人吱声，匆匆赶往那家大工厂……另外有数以百计的其他人(明显更饥饿、更贫穷)……则等候在紧闭的大门前。直至最后，一个红胡子大块头走了出来，挑选出二三十个身体最强壮、脸色最好看的男人。大门为这些人而打开，而其他人则满脸沮丧地走开了，去别的地方寻找就业的机会，要么就呆坐在家里，或酒馆里，或宿舍里……

还有另外一种声音在这些报告中频繁出现，那就是这样一种观

20世纪之初
的贫穷工人

念：这些工业人口的渣滓全都是外国人，是他们的异质把他们与美国的其余部分切割开来。亨特写道：

> 几年前，我生活在芝加哥的一个波希米亚人和匈牙利人的侨居地，一家大工厂的关闭使他们丢掉了工作，我走在聚集在大街上或会所里的人群中。我感觉到了动荡、指责以及不断增长的野蛮，但我却不能与他们讨论他们的冤屈不平，不能同情他们，或反对他们。在我自己的城市里，我是个彻头彻尾的陌生人。

这些悲惨的场景也有一些更容易忍受的方面，这一点就连上述纪事的作者也都同意。即便是最饥饿的人，其穿着打扮也比外人所预期的要好，这一点让几乎所有外国游客都大吃一惊。刚刚从罗马尼亚来的拉维奇曾注意到，几乎没有人穿打补丁的衣服，他又补充道："如果仅仅凭借衣着，你不可能把一位银行家与他的勤杂工区别开来。"他重复了贾科萨在乘坐纽约高架铁路火车之后所写下的话："某些风度翩翩的华尔街银行家，以英国特别裁制的衣服为标志。但除此之外，欧洲人没法凭肉眼把他们跟代表了数不清的职业、行当、地位、财富、文化、教育的人区别开来，这些标志可以在全民当中遇到。"在访问芝加哥的屠宰场——他发现这些地方肮脏得无法形容——之后，贾科萨大为吃惊的是，当一天结束，工人从他们可怕的劳动中脱身而出的时候，他们看上去派头十足、穿着入时；这跟伍兹对那些生活在波士顿南端区的人的评论何其相似乃尔："在年轻的男人和女人当中(尤其是年轻女人)，令人吃惊的是，你会发现，一旦走出他们确实简陋的住所，他们的衣着打扮是多么合适得体。"

我们也不要忘记，正是这些贫民窟里的移民发现了很多让他们欣喜的新玩意儿。拉维奇又惊又喜地发现了每天使用的肥皂，冬天食用茄子和西红柿，从街角的酒馆里用罐壶打来的啤酒。作为一个新近从俄罗斯来的孩子，玛丽·安婷惊喜地发现罐头食品、铁炉子、洗衣板、通话管和街灯——"这么多的街灯，我爸说，它们要一直点到早晨，这么多人用不着提灯笼。"更让她和她的父母感到吃惊的是公共教育——"无需申请，无需提问，无需学费。"她父亲"把他的孩子们

带到学校，就好像那是一次奉献之举。"

还有一点也是真的，贫民窟里最糟糕的恐怖逐渐被消除了。调查委员会、廉租公寓委员会以及由更幸运公民所组成的其他团体纷纷被一些报告所唤醒，比如雅各布·A.里斯令人难忘的著作、出版于1890年的《另一半人如何生活》（*How the Other Half Lives*）。仅仅10年之后，里斯便能够报告：在纽约，最糟糕的廉价公寓已不复存在，可怕的警察局收容所已不复存在，"瓶子巷已不复存在，强盗居、骨头巷、小偷巷和煤油弄——它们全都已不复存在。"在里斯看来，到1900年，在纽约东区，破烂和肮脏已成为例外，而不是通则。为纽约穷人提供公园、运动场和健身房的工作已经开始。不仅仅是纽约，而且在其他的城市和州，立法机关正一点一点地啃掉工厂用工和住宅提供中最糟糕的可恶之事。

然而，由于移民的洪水继续汹涌，工资依然服从于"铁律"，肮脏和残破的住处积起了新的尘垢，并进一步倾颓，那些把跟美国贫困问题做斗争当作自己的事业的人，常常觉得无助于任何真正的改进。伍兹写道："真正的麻烦是，这里的人们从出生到死亡一直任由一些巨

贫民窟一角（华盛顿特区）

大的社会力量所支配，这些力量的移动几乎就像命运的行进。"正在发生的事情难道不是对民主社会的讽刺么？社会学家富兰克林·H. 吉丁斯告诉"19世纪俱乐部"的成员们："毫无疑问，我们今天正在目睹共和制度的衰微——大概不是永久性的，但无论如何是衰微——任何头脑健全的人都不可能否认这一点。"

当埃德温·马卡姆写下他的诗歌《拿锄头的人》(*The Man with the Hoe*，发表于1899年)的时候，就连那些接触美国贫困的人也略微产生了一种模糊的感觉：它描述了一种不祥之兆。马卡姆在看到米勒那幅表现受到残酷对待的劳作者的著名油画之后，写下了这首诗，人们从这首诗中得到了这样一幅图景：工业主义正在对平民百姓所做的事情，有朝一日多半会落到自己的头上，如果那些被他们带入运转的社会力量并没有以某种方式发生逆转的话。马卡姆把劳作者看作是这样一个人：

他的脸上有着时代的虚空，
他的背上承载着世界的重担。

马卡姆问道：

谁来松开并放下这把残忍的钳夹？

并评论道：

没有比这更可怕的形状——
更能说出对世界盲目贪婪的谴责——
更充满了灵魂的迹象和凶兆——
更饱含了对宇宙的威胁。

最后，他总结道：

啊，所有国家的主人、老爷和统治者们，
未来将如何与此人结算？
在造反的旋风撼动所有海岸的那一刻，

该如何回答他残忍的问题？

在沉默了千百年之后，

当这无声的恐怖将起而审判世界的时候，

它将如何对待王国和国王，

对待那些把他塑造成现在这个样子的人？

从20世纪50年代的有利位置上，你可以解读这些先知般的诗行，并宣称，事实并未证明它们对美国来说是预言性的。但可以肯定，重要的是，当这个世纪刚刚开始的时候，很多美国人完全没有把握："无声的恐怖"，提出了他"残忍的问题"，会不会导致"造反的旋风"，不仅要撼动欧洲，而且要撼动美国，在这个国家，如此华而不实的财富和如此惨无人道的悲苦，形成了鲜明的对照。

第4章

真正的资本主义

1

1899年，有一个人在纽约辞别人世。此人尽管对经济学没有多少研究，而且其心智也出奇地不成熟，然而，对世纪之交的美国商人的思想，他的影响比所有经济学教授加在一起还要有渗透力。此人名叫小霍雷肖·阿尔杰，他所做的事就是为孩子们写了100多本书——都是一些成功故事，像《注定要发达》(*Bound to Rise*)、《幸运与勇气》(*Luck and Pluck*)、《沉浮在自己》(*Sink or Swim*)、《擦鞋童汤姆》(*Tom the Bootblack*)，以及诸如此类——其总销量至少达到了2,000万册。

霍雷肖·阿尔杰本身是个悖论。他的书有一个经久不衰的主题：那些认真、勤勉的孩子从贫到富；然而，他本人却并不是从赤贫开始生活的，而且无论如何也算不上实现了致富；在他一生中后来的岁月里，他大部分时间生活在纽约一条凄凉街道上的"报童公寓"里。他那些指导成功的平装本手册过去曾被而且依然被受过良好教育的读者视

霍雷肖·阿
尔杰著作的
封面

为垃圾；它们平实、单调、不真实、不精细。然而，它们却是南北战争至第一次世界大战期间数以百万计的美国男孩们最喜爱的读物，而且很有可能，这些男孩子当中大多数人是从霍雷肖·阿尔杰那里得到了他们最早能够理解的美国经济生活的图景。

霍雷肖·阿尔杰笔下标准的主人公是一个15岁左右的男孩，他没有父亲，不得不谋取自己的活路，通常生活在纽约市。他总是被形形色色的恶棍所困扰。在火车上他们试图把那些不值钱的金表卖给他，或者正当他带着东家的钱乘坐四轮马车回家时把他劫持，要么在费城旅馆的房间里用氯仿麻醉他，要么在芝加哥的廉价公寓里把他打昏。但自始

至终，他强壮、精明而勇敢，而那些恶棍们则愚蠢而怯懦。在每本书的结尾，你都能发现，我们的主人公正顺利地奔走在通向财富的路上，这财富很明显来自于他的勤奋、诚实、坚持和节俭。

对于那个就着伊利诺伊大草原的灯光翻阅他的《安迪·格兰德的勇气》(*Andy Grand's Pluck*)的农民之子来说，对于那个在佛蒙特州村庄里阅读他的《勇敢与大胆》(*Brave and Bold*)系列的乡村银行家的儿子来说，霍雷肖·阿尔杰的教导似乎是清楚的：商业就是在个人之间和小团体之间做买卖的事情，如果你工作刻苦并懂得存钱，你就会成功。经济行为的基本原则，就是本杰明·富兰克林笔下的穷人理查德所定下的那些原则：

乔治·费希尔·贝克

"自助者，天助之。"

"早睡早起，让一个男人健康、富裕而聪明。"

"只要我们勤奋，就决不会饿死，因为，正如穷人理查德所言：对一个劳作之家，饥饿会来探头探脑，但绝对不敢进入。"

"丰盛的厨房只会造就贫瘠的意志。"

总而言之："一句话，只要你想致富，通向财富之路，就像通向市场之路一样简单明白。它主要依靠两个字：勤和俭。"

谁也不会否认，阿尔杰的论点有一定程度的正确性。不妨看看约翰·D.洛克菲勒，他最早是从克里夫兰的一家代销商行的职员干起，每周挣4美元；到20世纪初的时候，他成了全世界最富的人。瞧人家安德鲁·卡内基，他13岁的时候在匹兹堡的一家纺织厂里当线轴工，每周挣1.20美元，如今成了最大的钢铁制造商。再看看爱德华·H.哈里曼，他是从一个经纪人的勤杂工干起，每周挣5美元，如今缔造了一个铁路帝国。说到节俭，不妨看看大银行家乔治·费希尔·贝克，他不仅是从一位职员开始自己的事业生涯，而且，过早的婚姻生活使他和他的妻子养成了自律：他们一半的收入用于生活，另一半则存下来。这些只是少数几个证明成功法则的例子：从一无所有开始，严于

律己，精打细算，存下每一个硬币，你就会赢得财富、权力与喝彩。由此得出的必然推论是：穷人之所以穷，是因为他们自己的懒惰、愚蠢或肆意挥霍。

成功的商业人士自然乐意相信，这些事实上都是经济学的基本原则。但是，你可能会问，他们在教室里难道不曾学到比这稍微复杂一点的经济学吗？

对这个问题，有两个答案。首先，1900年的企业大亨当中，研究过经济学的人寥寥无几。就拿最成功的8位大亨为例：我们刚刚提到过的约翰·D.洛克菲勒、卡内基、哈里曼和贝克，还有J.P.摩根、威廉·洛克菲勒、詹姆斯·斯蒂尔曼和H.H.罗杰斯。这8个人当中，只有摩根有过那么一点接近于我们今天称之为大学教育的那种东西，他在德国的哥廷根大学呆过两年，但完全可以肯定，他在那里没有学习过我们今天归类为经济学的任何东西。而且，值得怀疑的是，这些人或者他们数不清的竞争对手和仿效者当中，很多人在年富力强的时候是否已有满腹的经济科学知识，抑或是把经济学教授看作是不切实际的理论家。一个已经飞黄腾达的人，往往喜欢把自己描述为"摸爬滚打学校"的毕业生。教育确实有它的可取之处，你会尽自己所能送你的儿子上大学，只因为那是一个能接触好人的好地方；但这些大学教授对生意一无所知，生意是顽强斗士的战场。无论如何，本杰明·富兰克林所制定的、或者说霍雷肖·阿尔杰为孩子们略嫌愚蠢地简单化了的那些原则，基本上是可靠的。

然而，在世纪之交的时候，美国有几十万人上过大学。其中数字略少的人所上的大学都开设了经济学课程。更少的人实际上研习了这门学科。关于经济生活，他们又学到了什么呢？

在19世纪最后25年的时间里，尽管有像理查德·T.伊利、查尔斯·S.沃克、西蒙·N.帕藤和约翰·贝茨·克拉克这样一些人努力把经济科学现代化，并使之适应新的金融和工业时代不断变化的现实，但大多数大学生依然被灌输所谓的"古典"经济学理论。这些理论被认为解释了个体或群体在买卖商品时的行为。古典经济学所痴迷的观念，恰如物理学家解释无生命物质的行为时所阐述的那种观念，他们自认为应该能够这样解释市场中经济人行为的经济规律：比如供需规律、收益递减规律、劣币逐良币规律，等等。他们假定——为了他们的理论目的——任何一个人，当他在市场上交易的时候，都仅仅只是被金钱上的自利动机所驱动——换言之，是被自私的贪婪所驱动。他们假定，在正常环境下，被这样的动机所驱动的人在买和卖的过程中往往会产生一种供需平衡，因此自动地决定着劳动者该挣多少、管理者该挣多少、投资者该得到多少回报。他们可能被迫承认，实际上的人是被各种不同的动机所驱动，比如对出人头地的渴望，对做正派事情的渴望，对看上去慷慨大方的渴望。他们还可能承认，正常的市场运转，总是由于合伙联营、托拉斯和控股公司试图加强垄断的努力而变得不正常；互相竞争的利益集团之间争夺资产控股权的战斗，对其他商业的进程有着强烈的间接影响；关税、工厂法及劳资冲突，改变或阻断了经济规律的有序运转。但他们觉得，诸如此类的现象都是"不正常的"：更好的做法是，把注意力集中在理论上自我调节市场的正常过程上。（这有点像说气象学家专注于晴朗天气比专注于暴风雨更合乎逻辑一样。）此外，今天的一些观念——比如国民经济、国民收入、国民生产总值以及经济团体的互相作用——尚未进入他们的思考。他们所提出的原则，处理的是个体的行为。

这些古典经济学家痴迷于自己所发现的规律，他们往往觉得，任何颠覆这些规律的东西都是坏的。简言之，他们所讲授的是放任主义的经济学。只要你不干涉，一切都会运转得最好。比方说，就连一些最优雅、最温和的人也会宣称："对工资和工时的立法干涉"是"可憎的"。

说到破坏经济规律的愚蠢，最有说服力的解释莫过于耶鲁大学政治经济学教授威廉·格雷厄姆·萨姆纳。在他出版于1883年的著作《各社会阶层之间彼此亏欠什么》（*What Social Classes Owe to Each Other*）中，萨姆纳把改革家们打得落花流水。他写道："对平等的渴望，是嫉妒和贪婪的产物，满足这种渴望的计划不可能存在，那只不过是把属于甲的东西抢夺过来给乙；因此，所有诸如此类的计划都是在滋养人类天性中的某些最卑劣的恶，是浪费资本，是颠覆文明。"

显然，这并不意味着萨姆纳反对让每个人生活得更好。正相反，作为一个抱持高尚而慷慨的原则的人——他是从做牧师开始自己劳作的一生——他真心实意地赞成让每个人生活得更好。但他所相信的，是更广泛地扩大机会，而不是改变商业行为的法则，他坚持认为：

我们的目标，不是努力在现有阶级之间重新分配已经获得的东西，而是要增加和扩大机会。这才是文明社会要做的工作。每一个老的错误或弊端被消除，也就为所有新的社会能量的发展打开了新的机会。教育、科学、艺术或政府的每一次改进，都为现世中的人扩大了机会。这样的扩大并非平等的保证。相反，如果有自由的话，有些人会急切地通过这些机会获益，而有些人则完全无视机会的存在。因此，机会越大，这两组人的财富就会越不平等。就所有公平与正义的理由而言，事情就应该是这样。

威廉·格雷厄姆·萨姆纳

萨姆纳大概不会认为，不存在立法保护经济无助者的某些方式。但他认为，大多数改革立法，都是构思于无知，起草于愚蠢。他会对耶鲁的学生们说："你们千万不要认为，华盛顿对国家给予政治上的眷顾是必要的。上帝已经通过政治经济学规律做了大量更好的事。"

萨姆纳是非常认真的，正像约翰·D.洛克菲勒在说"上帝给了我金钱"时一样。经济学的规律已经开始运转。你所要做的一切，就是让它们不受阻碍地运转，即使它们似乎给某个人带来了大量的利益，而其他人则在餐馆的后门外争夺面包屑，那也是上帝设计的一部分。

对这一情形的讽刺就在于这样一个事实：数代人以来，人们一直在修补经济规律，以便对自己有利，在这个过程中产生了制度，而这些制度并不是上帝的作品——萨姆纳的听众们大概认为它们是吧——而是人的作品。例如，法人就不是上帝的发明。它是人的发明。它是政府的创造物：它的特权，它的限制，都是由立法来定义。作为对工业和商业的普遍促进，法人是19世纪最伟大的发明之一，它是一种价值不可估量的工具。然而，通过巧妙地利用定义其特权的立法行动，你可以非同寻常地捉弄它。法人的设计可以被用来允许甲剥夺乙——或者更仁慈地说，允许甲喝干所有看到的肉汁，而什么也不给乙留下。以必须让经济规律正常运转为由来定义这样的设计，多少有点愚蠢。

主要是因为发明了这些花招，才使得有人能够玩弄法人于股掌，特别是操纵股票，使得世纪之交如此大量地生产的财富以很大的比例落入了少数人的便利之手。尽管经济学学生的眼睛总是盯着供求规律的仁善，但法人律师及其委托人的眼睛却紧盯着《新泽西控股公司法》的仁善。这些绅士们当中，可以说，大多数人会把所得税看作是对经济规律的违背。但他们很少以任何这样的眼光看待《控股公司法》，尽管它使得理论上的资本回报——按照古典经济学家的定义——看上去微不足道。

我曾经饶有兴味地研究过霍雷肖·阿尔杰的很多故事，想看看年轻的主人公最后到底是如何发家致富的。很显然，他最初登上成功的阶梯，是他自己辛勤劳动的直接结果。这些阶梯可能使他从每周挣5美元提升到每周挣10美元。但那实在算不上什么财富。我注意到，在每本书的结尾，主人公开始着手染指资本。

有时候，这笔资本是继承来的：这个被认为是孤儿的孩子，尽管衣衫褴褛，但却被证明是一个矿业股票持有人的儿子；其持有的股票原先被认为没什么价值，如今却值10万美元。有时候，这笔资本是一份礼物：这孩子的勇气给富翁范德普尔先生留下了如此良好的印象，以至于这位老兄转让给他50,000美元，以报答这孩子曾帮助他逃脱强盗的魔掌。或者，这孩子曾在塔科马的旅馆里善待了一位患病的先生，出于感激，这位先生给了他一部分地产股份，这些股份的价值很快就迅速飙升。方法五花八门，但每当我们的主人公发财的时刻来到的时候，总是一笔资本交易为他赢得了成功。

很显然，这些书的教训不应该是：刻苦的工作只给他带来了微薄

的收入，通向成功之路是跟富人站在一起。教训毋宁是：资本是上天给他的奖赏，以回报他竭尽全力的劳作，把自己的每个钢蹦存进银行，并避免物质享受。工作，存钱，就是好孩子，用不了多久，铁路公司的股票就会落入你手，一切都会好起来。

或许，霍雷肖·阿尔杰的故事帮助解释了为什么一代生意人都相信：财富是美德的产物，贫穷是懒惰的苦果；我们不应该胡乱修补经济规律，同时塑造那些看上去常常遵循完全不同的——也是更加动态的——原则的经济和社会制度。就让我们看看某些这样的制度吧。

2

在1900年，资本主义是真正的资本主义。企业由它们的拥有者们经营，那些提供或获得资本的人用资本为企业融资。只有很少保罗·霍夫曼所谓的"决策权力的扩散"。一个人在拥有极少部分法人股票的时候却可以控制法人的命运——就像我们今天经常发生的那样——在当时看来似乎是极其无理性的。全国只有三分之二的制造产品是由法人生产的，另外三分之一是由合伙企业或个体业主所生产的。全国没有一家法人企业的股东超过60,000人；美国电话电报公司——这家企业到1951年骄傲地宣称有100万股东——在1900年只有7,535位股东。宾夕法尼亚铁路公司的股东是51,543人，联合太平洋铁路公司是14,256人，美国钢铁公司在1901年组建后不久只有54,016名股东。要知道，这些都是当时大股票市场青睐有加的大公司；在大多数公司中，所有权都集中在极少数人手里。例如，卡内基个人持有其庞大的卡内基钢铁公司58.5%的股票。

公司的首脑很可能是一个这样的人：他是从一个想法开始，并提供了一些钱为公司融资——他自己的钱或者是朋友们的钱——要不然，如果公司更老的话，他可能是其大多数股本的继承人或购买者。

如果是一家股票在证券交易所上市的大公司，他可能在股市交易期间购买了其控股权益。无论如何，他很可能有一种个人所有权的感觉，而这种感觉今天的公司首脑们很少拥有，除非是小公司或者年轻的公司。他可以按照自己的意愿，自由地处理这笔正在运转的资产，法律和习俗加诸他的限制少之又少。"管理革命"的想法对他来说是无法理解的。企业属于他，难道不是么？

在很多情况下他都觉得，如何经营公司不关旁人什么事。有些公司向它们的小股东提供大量的报告，但另外一些公司则很少这样做，还有一些公司则根本没这种安排。在1897～1905年间，威斯丁豪斯公司明显没有举行年度股东大会。年复一年，联邦快递公司既不开会也不报告。美国精炼糖公司是一家有10,000名股东的大公司，它压根就不向这些股东提交任何报告；关于它的运作，你所能得到的一切，就是一份资产负债表，由马萨诸塞州州务卿归档，为的是可以拿到它的法人许可证继续做生意——而且，这份资产负债表仅仅包含4个一般化的资产项目和3个负债项目。当约翰·D.阿奇博尔德——他继约翰·D.洛克菲勒之后担任标准石油公司执行首脑——得到了一份政府报告的预赠本，该报告鼓吹公司事务应更加公开，他对参议员博伊斯·彭罗斯评论道："私营公司无需公布收支和损益项目。一份资产负债账目就是它能够让公众受益的一切。收支和损益项目只会让竞争对手受益。"

如果说小股东对正在发生的事情一无所知的话，那么政府或法院所知道的东西就更少了。19世纪最后那些年的政府调查记录和庭审记录里充斥了人们在证人席上一遍又一遍说过的一句话，这就是威廉·洛克菲勒在一桩铁路资费案子中所说的那句"根据律师的建议，我拒绝回答"。在这桩特殊的案子中，质询他的律师对问题紧追不舍，于是发生了下面这段对话：

"是因为回答将会导致对你的定罪么？"

"根据律师的建议，我拒绝回答。"

"或者，是因为回答将会让你遭受罚金么？"

"根据律师的建议，我拒绝回答。"

威廉·洛克
菲勒

"你拒绝回答是因为回答将会让你蒙受羞辱
么?"

"根据律师的建议,我拒绝回答。"

"是你的律师叫你坚持这样回答么?"

"根据律师的建议,我拒绝回答。"

法庭上哄堂大笑,威廉·洛克菲勒本人也
是大笑的人之一。但他并不仅仅是自嘲。他没
有任何坏事需要掩盖。他是在阻止人们对不属
于他们的事情(而是私人事务)探头探脑;这些
事情应该是秘密。

长期以来存在着专业的股票市场经纪人,
他们买卖企业——尤其是铁路公司——的控制
权,就好像它们是一场赌博的筹码一样。这些
经纪人可能对跟公司实际运作有关的任何事情
都一无所知,他们唯一的兴趣可能就是通过买
卖公司来牟取利润。20世纪早年最大的铁路企业家爱德华·H.哈里
曼,就是从股票经纪人开始他的事业生涯,他最先进入铁路业,当
时,他购买了一家绩效很差的铁路公司的多数股权,抱着这样的想
法:革新这笔资产,然后以可观的利润把它卖给宾夕法尼亚铁路公司
或纽约中央铁路公司——这件事他几年之后做成了。这是操作方式的
一种;还有另外一些不那么值得称赞的方式。人们最喜爱的一种方式
(最令人生畏的此中高手杰伊·古尔德用的就是这种方式)是:买下公
司的控制权,接下来,在榨干它的油水之后,再把它卖掉,留给公司
一堆财务烂摊子。在19世纪后半叶,很多精明的商人都曾随意地购
买、使用、抛弃铁路资产,就好像它们是纸杯一样。

如果你得到了恰当的法律建议,或者贿赂法官作出有利于自己的
裁决,那么,你就能够一次又一次做这种事情,而不会与法律相抵
触,不会招致公众太大的憎恶,除非是在那些其生命和财富直接因为
你的行为而导致毁灭的人当中。其他人的态度很可能是:"得了,我
并不认为如果我在他的位置上就会做那样的事情,但毕竟,你不得不

承认他很精明。"

那些玩资本游戏的高手当中，卓尔不凡的是股票市场的投机者和操纵者——在他们看来，一家公司并不是那些管理公司和为它干活的人，不是它的建筑物和机器，也不是它所生产的产品，而仅仅是代表其所有权的有价证券，以及反映这些证券当前价值的股市公告牌上一连串的数字。不妨听听亨利·克卢斯对"标准石油团伙"的报道，这是一群由标准石油公司的阿奇博尔德和罗杰斯领头的投机者，他们是如此巧妙地买卖其他公司的股份——这些公司常常与石油业务毫无关系——以至于他们能够随意操纵价格。克卢斯并不是个"扒粪者"，而是华尔街及其经营方式的坚定捍卫者。但就连他也对这些人的投机成功感到害怕。在20世纪开始几年之后，克卢斯写道：

> 在他们手里，操纵不再是投机。他们的资源是如此巨大，以至于他们只需集中力量于任何一笔给定的资产上，就可以对这笔资产做他们高兴做的事……他们是世界上所见过的最伟大的操纵者，他们的方法之美是平静从容。他们执行这套方法的时候没有炫耀张扬，没有哗众取宠，没有报纸上耸人听闻的大字标题，没有手忙脚乱的争夺或兴奋。在他们手里，这个过程是逐渐的、彻底的和稳定的，决没有动摇或暂停。这群人到底有多少钱，就连大概估算一下都是不可能的。跟他们的钱比起来，历史上最大胆投机者的所得也只不过是一笔小钱。完全不存在让人想起来后怕的偶然性。

有时候，两个竞争的团体试图通过在证券交易所购买股票的方式争夺对一笔给定资产的控制权，这种努力常常会有震动性的效果。例如，1901年春，摩根财团与哈里曼财团都想获得伯林顿铁路公司——摩根是为了补充其财团所控制的北太平洋铁路系统，哈里曼是为了补充他的联合太平洋铁路系统。哈里曼构思了一个大胆的想法：通过从他粗心大意的竞争对手手里直接购买北太平洋铁路本身的控制权，从而实现上述目的。他平静而迅速地购买北太平洋铁路公司的股票。摩根财团反应已迟，惊慌失措地疯狂回购。无数的华尔街投机者眼睁睁地看着北太平洋铁路股票毫无来由地上涨，便纷纷"卖空"（换句话

纽约证券交易所

说，就是卖出他们并不拥有的北太平洋铁路股票，希望稍后以更低的价格买入这些股票，用于交割）。结果是，摩根财团和哈里曼财团所买到的股票比现有股票还要多。公示牌上北太平洋铁路股票的价格跃升至1,000；当疯狂的卖空者为了保全自己而卖掉自己所拥有的一切的时候，市场出现了恐慌。

对今天的我们来说，这样一种恐慌的理由是难以置信的；如今股票市场的运作受到了如此严格的限制，以至于根本不可能发生这种事情。但在1901年，资本的买卖双方几乎可以为所欲为，不管他们之间的冲突可能导致怎样的损害。

在理论上，大多数商人都相信竞争。但在实际上，人们又在不停地寻求防止竞争的办法，这样一来，行业中互相竞争的公司就可以联手抬高价格，扩大利润。一次又一次，不同的钢铁公司的首脑们会组成"联营"——订立最低销售价格协议。但经常——正如一位实业家所写下的那样——这样的协议，只能维持到这群人当中手脚最麻利的那个人到达一家电报局并报出更低价格(为的是从别人手里抢生意)的时候。于是，人们又开始寻求让协议能够得到切实遵守的办法。

1879年，约翰·D.洛克菲勒的律师塞缪尔·C.T.多德找到了这样一种办法。他让40家不同的石油公司的拥有者把自己的股票交到一群托管人(由洛克菲勒领头)的手里，他们可以把全部40家公司作为独立的单位来操作，高兴怎么干就怎么干，并把竞争对手逼到墙角，因此产生了"托拉斯"①这个术语。在19世纪80年代，出现了糖业托拉斯、屠宰业托拉斯、橡胶业托拉斯，及很多别的托拉斯。但来自竞争对手们的——也有来自受害公众的——反对托拉斯的抗议呼声是如此凶猛，以至于立法者们不得不着手把这样的做法裁定为非法，最著名的立法产物是1890年的《谢尔曼反托拉斯法》。

联合托拉斯大楼（纽约）

然而，即使有这一障碍在阻止竞争企业的合并，也只不过是暂时推迟了这一倾向。因为，同情大企业的最高法院许多年来一直在对《谢尔曼法》做着非常狭隘的解释。然而无论如何，又有一位法人律师发明出了另一种办法。

1889年，新泽西州州长向一位名叫詹姆斯·B.迪尔的律师征询增加州财政收入的建议。迪尔提出了一个简洁精练的办法，这就是通过一部新泽西州法律，允许新泽西的公司合并起来，去购买并持有其他公司的股票——这种做法在此之前一直被认为是非法的。新泽西州立法机关通过了这部法案，一时间，新泽西出现了合并公司的浪潮，该州因此从合并费中挣到了一大笔钱。不久之后，美国资本主义的一个新时代开始了。

眼下，一群互相竞争的公司再也用不着组成一家托拉斯，以便联合成一家能够操控市场、阻止竞争的巨型公司。他们可以组织一家新公司，一家可以购买它们各自不同的公司股票的控股公司——或者更直接一些，交换它们各自的股份——而且，这家控股公司因此控制了所有这些公司的运作。在19世纪的最后几年，出现了一场控股公司合

① 译者注：其本意是"信托"。

并的疯狂热潮。一伙生产商凑到一起组成了"美国钢管公司"，另一伙生产商组成了"美国钢板公司"，以及诸如此类。最后，在1900～1901年间的冬天，这些联合体反过来又联合起来。一家超级控股公司被组建了起来，它拿自己的股份去交换了那些新加盟的公司的股份——甚至还买下了安德鲁·卡内基迄今为止一直独立的钢铁公司的控制权，还有洛克菲勒的部分铁矿股权——因此产生了一个巨大的单位，占到了全国钢铁产量的大约五分之三。这个新的巨人被称作"美国钢铁公司"。它大得令人吃惊，是世界上所见过的最大的商业单位。

组建此类控股公司的热潮——不仅在钢铁企业，在别的行业也是如此——得到了下面这个事实的极大加速：你可以从它们身上挣一笔大钱，而且速度很快。因为有人发现，可以鼓动公众，以远远超出其成员公司股份总价的价格购买这些联合企业的股票。每当有联合企业产生，其股票的价格就会应声而起。一个人如果拥有一家小型钢铁公司——多半是一家摇摇欲坠的公司——的控股权，他会突然发现，自己成了美国钢板公司一批价值不菲的股票的拥有者；然后，只需一两年的时间，他就成了美国钢铁公司一批更有价值的股票的拥有者。数百万美元就好像是无中生有一样落入了他的手里。一点也不奇怪，匹兹堡到处都是新近暴发的百万富翁，这座城市也成了——用赫伯特·N.卡森的话说——"艺术家、图书代理商、古玩经销商以及销售昂贵小物件的商人们的淘金之地"。这次合并繁荣的一位受益者"订做了一种古巴生产的半美元雪茄的特殊商标，包装上印着他的大名和盾形纹章"。那些负责发行这些大型联合企业股票的银行家和发起人更是大发横财。那家把美国钢铁公司推向市场的财团，其所得到的总利润约为6,000万美元，其中，操纵这笔大买卖的J. P.摩根公司的份额至少高达1,200万美元。

你可以说，人们赋予这些新的工业怪物的过分夸大的价格，完全没有经过证实；这些巨额的利润，其所代表的，不过是人们所期望的这些新公司未来十年甚或是一代人的盈利能力。你还可以说，这样的合并，其基本目标只不过是垄断，在某些情况下——尽管并不是在所有情况下——结果也确实是垄断。但另一种观念也在发挥作用，这是一种整合的观念，是把各种不同的碎片整合成一个单一的、富有效率的单位的观念。尽管公众对人们依然称之为"托拉斯"的那种东西的强烈反对还在继续，尽管如今有不断上升的害怕它的声音——害怕这些大企业会控制整个国家，以至于中小企业家会窒息而死——

操纵美国钢铁公司的几位大亨（右一为埃尔伯特·加里）

但这些新兴的工业巨人还是有着宏大堂皇的派头，在引发担心的同时也激发了人们的赞美。在以代表资本的符号来玩这场利润可观的游戏的过程中，银行家和钢铁大亨们为美国引入了某种新的东西：20世纪的工业依然散漫无纪律，但却充满了希望。

3

关于这些巨型企业，还有两件事情需要加以注意。一是它们的组成，个体的大富翁——而不是机构——所扮演的角色比我们今天所预期的要大得多。例如，在1901年春天负责发行美国钢铁公司股票的财团大约包括300个参与者。26个主要参与者当中，只有4个是机构(J.P.摩根公司、花旗集团、纽约担保与信托公司，以及波士顿的基德尔－皮博迪公司)，剩下的22个参与者都是个人。4个主要成员都是个人：威廉·H.摩尔和詹姆斯·H.摩尔两兄弟，威廉·B.利兹，以及丹尼

尔·G.里德。美国的商业不像今天那么机构化，阔人的价值更大，阔机构的价值更小。

另一件值得注意的事情是那种把这些联合企业带上顶峰的人。就以新组建的美国钢铁公司为例，原本是钢铁制造商的安德鲁·卡内基并没有参与其中。在这家公司占支配地位的人物不是一位钢铁制造商，而是一位银行家——J.P.摩根。他的得力助手也不是钢铁制造商，而是一位公司律师——埃尔伯特·H.加里。

我曾说过，在那个放任自流的资本主义时代，一家公司通常由它的拥有者经营，他往往是公司的个体所有者。但是，除非他获得了压倒性的成功，同时还足够精明到能够把自己的利润再次变成资产——像亨利·福特几年后所做的那样——否则的话，就会有一个让他望而生畏的群体：银行家。他们控制着贷款，在歉收季节可能需要这些贷款来帮助自己渡过难关；如果他不得不重组他的公司，或者把债券或股票卖给投资者，他们在金融界的权力和声望就能够为他的有价证券提供——或拒绝提供——市场。控制资本甚至比拥有资本更重要。

在控股公司合并盛行期间，还有另一类商人赢得了新的突出地位：发起人。这是一类把公司撮合在一起的中间人。比方说，他可能对钢铁知之甚少，但他却有本事把钢铁公司撮合到一起。他知道如何连哄带吓地让这些公司的拥有者们联合起来，他熟悉让一家新控股公司成立所必需采取的一连串的步骤。还有公司律师，他知道必不可少的法律设计。（芬利·彼得·邓恩笔下的杜利先生说："在外行看来就像一堵石墙的东西，在一个公司律师看来就是一座凯旋门。"）摩根既是银行家，又是发起人；加里既是公司律师，又是发起人。银行家和他的律师助手成了主持大企业的天才。

事实上，在20世纪开始的时候，摩根无疑成了美国商业世界最强有力的人物，即便不是美国最强有力的公民的话。他控制着——或者至少是高度影响着——那些经营着这个国家很多最重要铁路的公司；这并非因为他是一个铁路人（实际上他并不是），而是因为他是一个财务重组艺术的大师，当大的铁路公司陷入财务麻烦的时候（就像19世纪90年代萧条时期的很多铁路公司那样），他是让这些公司摆脱困境的最佳人选——部分因为他的公司所控制的财富，部分因为他在华尔街巨大的个人威信和道德力量，部分因为他的这一名声：坚持严格管理他为之融资的任何资产。当摩根重组一家铁路公司的时候，要么打那以后由他一锤定音，要么他就在一旁听音，并在自己不喜欢其音调的时候出面干涉。他还是银行家当中的一股力量，逐渐地，他和他的合伙人们成了纽约很多主要银行政策中的主要因素。眼下，在1901年，他成了大钢铁产业的主要支柱，

J·P·摩根

正四处寻找更多的领域来监管。他的权力是模糊的，但却是无边的——而且正在不断增长。

这个声音粗哑、嗓门很大、令人敬畏的人，有着可怕的红鼻子和富有穿透力的眼睛——这个银行家、发起人、教区委员、艺术收藏家、游艇爱好者和慈善家——这个内在羞怯、宗教情怀很深、勉强有贵族气质、大胆而进取的绅士，并不是竞争的信徒。摩根似乎觉得，美国的商业机器应该由少数最优秀的人——像他的朋友和同事那样的人——认真而正派地操纵。他喜欢大企业单位的合作、秩序和效率；他喜欢它们以一种大手笔的、大胆的、富有远见的方式运转。他不赞成那些在市场中闯进闯出的投机帮，这些人对自己所玩弄的资产毫不留意，就像"标准石油团伙"所做的那样。当他动用自己的资源支持一家公司的时候，他希望一直跟着它走下去；他觉得，这才是一个绅士应有的行为。他的正直像岩石一样坚实，他说："一个我不信任的人，就算有所有基督教徒做担保，也休想从我这里得到钱。"摩根是正派金融的一股强大力量，这一点毫无疑问。但还有一点也是事实：在推动越来越多的美国企业集中于少数权威人士之手的工作中，他也是一股强大的力量。

当1901年春天摩根组建美国钢铁公司的消息传出的时候，就连保守派人士的评论中也有一种沮丧的音调。耶鲁大学的哈德利教授在一

场演讲中说，除非找到某种办法来管制这种托拉斯，否则的话，"不出25年，华盛顿就会有一位皇帝。"《世界主义杂志》(*Cosmopolitan Magazine*)——当时是一份公共事务杂志——编辑约翰·布里斯本·沃克写道，在美国钢铁公司公告的字里行间，可以读出这样一些话："古老的竞争制度，连同它破坏性的方法，它数不清的复制品，它对人类努力的浪费，以及它残酷无情的商业战争，由此被废除了。"另外一些人则担心，如果合并的趋势继续下去，公众就会造反，并信奉社会主义。《波士顿先驱论坛报》(*Boston Herald*)社论说："如果一个有限财团开始代表资本主义的工业目标的话，那么，社会主义的危险——即便是由于有点粗暴(因为强制)地利用工业手段所引起的——也会被明智之士看作是两害相权取其轻。"《费城晚邮报》(*Philadelphia Evening Telegraph*)也担心"近代史上最大的一场社会和政治剧变"有可能正在到来。

具有讽刺意味的是，这些观察者们所担心的革命倒是真的发生了——但不是在美国。人们常常注意到，当20世纪50年代莫斯科的演说家们痛骂美国的资本主义并把他们的辱骂转向华尔街的时候，他们已经过时了两代人；你可以更明确地说，一个20世纪50年代典型的共产主义宣传员所发出的声音，完全就像是当时的人们对1901年3月3日早报的消息的反应。

在那个时期，的确有理由感到不安。对于其经济思想已落入本杰明·富兰克林、霍雷肖·阿尔杰和古典经济学家们所固定的老套的一代人来说，眼睁睁地看着资本大亨们正利用新的工具和设计让"对面还价"的传统经济变得毫无价值，确实足以令人不安。看到他们正在走向对美国的控制，那就更加令人不安了。

第5章

袖手旁观的政府

1

你或许会问，当这些先兆性的事件正在进行之中的时候，政府在干啥呢？

对今天的我们来说，很难认识到1900年的政府有多么小，其功能和权力是多么有限。它一年大概要花掉5亿美元，大约相当于半个世纪之后的八十分之一。事实上，1900年联邦政府所花掉的钱甚至比1950年的纽约州政府花的钱还要少很多。国债只略多于12.5亿美元——约为1950年2,570亿美元的二百分之一。即便当你考虑到美元贬值、联邦支出的方式，尤其是1900年之后由于战争和国防开支使联邦债务猛涨等各方面因素，这些数字按照今天的标准依然小得让人不敢相信。

联邦政府没有商务部，没有劳工部，没有联邦贸易委员会，没有联邦储备体系。理由很简单：商业应该没政府什么事。它有一个州际贸易委员会，被认为应该管制铁路公司，但该委员会的权力很小，而且很靠不住。就连《谢尔曼反托拉斯法》也被最高法院以维持商业竞争为由削弱为一个无力的工具；在1900年，首席检察官没有据这部法律提起过一桩诉讼。

至于白宫，我们不妨引用胡佛对它的权威描述。胡佛曾长期担任白宫总管，当他于19世纪90年代初期开始在那里工作的时候，"总统办公室的全体工作人员（他们当时都住在白宫）只包括10个人，其中4个人是看门人和信使"。1900年不会多到哪儿去。1950年的数字与之形成了鲜明对照，此时，白宫办公室的雇员多达295人，而那些为技术上被称做"总统办事机构"——不仅包括总统办公室，而且还包括预算局、经济顾问委员会、国家安全委员会、国家安全资源委员会以及诸如此类的部门——工作的人，总数多达1,335人，而且占据了宽敞白宫的大部分地盘，而在麦金莱时代，这里曾安顿了国务院、陆军部和海军部。

有两三个例子可以生动说明政府在商业事务中所扮演的角色有多么不重要。1895年，它的黄金储备不断下滑，非常需要一笔

20世纪之初的白宫（东面）

贷款，好让它能够购买更多的黄金，用以支持受到威胁的流通货币。在这一紧急情况下，政府求助于全国最大的私人银行家，此人理所当然是J. P. 摩根，只有他有那样的金融声望向银行家和有钱人担保：他们可以安全地把钱借给政府。如果没有华尔街的帮助，华盛顿是软弱无助的。

12年后，即1907年，出现了一次以纽约为中心的银行恐慌。一连串引人注目的银行破产案摧毁了公众的信心，存款人四面八方取钱，再一次需要强有力的措施来恢复信心和秩序。政府又向J. P. 摩根求助，他一次又一次把银行行长们召到一起开会，通过其声望的绝对力量，以及他的意志的力量，迫使他们发放贷款，帮助受到削弱的银行渡过这场危机。在这一紧急事件期间，美国总统无力做任何事情。财政部长甚至都不如摩根手下的低级助手。没有联邦储备基金可资利用，没有任何其他联邦机关可以提供帮助。实际上，华尔街的那位强人充当了一个私人的、志愿的国家储备体系的组织者。

或者，以西奥多·罗斯福总统在1902年通过调停煤炭经营者和矿工联合会以结束无烟煤罢工的行动为例。数十年来，我们已经如此习惯于看着劳资双方奔走于华盛顿——或者被拖去华盛顿——解决他们之间的重大争端，以至于我们很难认识到，在1902年，美国总统出面

解决一场罢工是完全没有先例的。当罗斯福总统邀请煤矿经营者和劳工领袖去华盛顿的时候，有些观察者对此留下了很好的印象。这场罢工已经持续了数月，矿工一方漫天要价，当冬天临近的时候，已经给人们带来了剧烈的痛苦。这些市民想，总统试着结束这场危机该是一件多么好的事情，即使这确实不关他的事。保守派媒体却不这么看。纽约的《太阳报》(*Sun*)把罗斯福的建议称为"非常的"和"危险的"。纽约的《商业杂志》(*Journal of Commerce*)说：

> 总统的行为……在公众的面前放大了工会的重要性和力量，使经营者的地位和权利蒙受了毫无理由的耻辱，在目前很多不受欢迎的政治经济问题之上又增加了工会问题……迄今为止比任何可能发生的罢工更糟糕的是罗斯福先生的那种看上去无法控制的自动干涉的倾向。

正是在这次罢工期间，煤矿经营者的主要代表乔治·F.贝尔向焦虑不安的威尔克斯巴里居民发出了他著名的保证。贝尔写道："劳动者的权利和利益将会得到保护和照顾——给予这种保护和照顾的，并非劳工煽动者，而是那些信奉基督的人，上帝以他无穷的智慧，把对国家资产利益的控制权赋予了他们。"当煤矿经营者在华盛顿会议上面对总统的时候，他们对总统的态度，借用马

西奥多·罗
斯福

克·沙利文的话说，是一种"故意装出来的傲慢"。他们采取的立场是：罢工者都是不法之徒，是侵犯财产权的犯罪同谋。正如贝尔本人所写的那样："眼下的当务之急，不是浪费时间与这场无政府主义混乱的煽动者们谈判。"罗斯福成功地建立了解决罢工的基础，但在整个谈判过程当中，他深刻地意识到，他根本没有权力干涉。他正在做的事情，完全超出了美国政府的常规职责之外。

2

　　但那是在1902年，而且西奥多·罗斯福是个喜欢冒险的人。在1900年，罗斯福的前任、一本正经的威廉·麦金莱端坐在白宫里，而且，麦金莱是个做事谨慎的人，他做梦也想不到试着去解决一场罢工。关于联邦政府的职能，麦金莱抱持不同的观点。他十分真诚地相信，政府不应该干涉商业事务，除非涉及犯罪活动（确实有少数活动被当时的法律定义为犯罪）；相反，政府应该尽自己的能力服务于商业。

　　对麦金莱的描写，最生动逼真的莫过于威廉·艾伦·怀特，在他还是个年轻记者的时候，怀特在麦金莱位于俄亥俄州坎顿市的家里采访过他，那是1901年夏季的一个大热天，怀特写道：

麦金莱总统在
白宫办公室

麦金莱坐在一把巨大的阳台藤椅上，穿着一件略显暗色的羊驼毛外套和裤子，一件双排扣白色马甲，上面唯一的装饰是他的怀表链，一条深紫色的活结领带系得很细心；他是个大块头，有5英尺10或11英寸高，但并不大腹便便，像水桶一般的躯干，大头大脸，面貌特征如刀刻斧削一般，虽说雕刻得并不那么精细，但没有斑点、瑕疵、皱纹，在他平滑的、雕刻的面孔轮廓上也没有丝毫焦虑和悲痛的迹象。我在出汗，因为那是一个大热天。他没有皱纹，没有污点，显然内在冷静，而外表波澜不惊。

麦金莱威严而有礼，有着这样一种内在的矜持，以至于怀特觉得，在他年轻的某个时候他曾"守口如瓶"。当一位摄影家来给总统照相的时候，麦金莱放下手里的雪茄，温和地说："我们可千万别让这个国家的年轻人看到他们的总统在抽烟。"

在这尊"公民之义"的双排扣常礼服雕像的背后——当他主持政事的时候——站立着坚定的共和党领袖马克·汉纳，一个坚实可靠、爽快真率、直言不讳、慷慨大方、很有人情味的人，他由衷地敬佩麦金莱——有点像一位销售经理敬佩一位高尚（尽管不切实际）的主教一样——并乐于让他看到他应该遵循怎样的实际路线。汉纳是一个生意兴隆的制造商，来自俄亥俄州的参议员，以及共和党全国委员会主席。他清楚地知道如何从富人和特权阶层那里筹到钱。在性情气质上，他跟大制造商们完全对路，跟大银行家们也很合得来。他觉得，为他们效劳就是为国家效劳。在可行的政治才能的范围内，他是他们认真而忠实的仆人。

马克·汉纳

在1900年的总统选举中，麦金莱的竞争对手是1896年已经被击败过的威廉·詹宁斯·布赖恩。布赖恩不是一个政治煽动家，而是一个真正热爱人民的人，一个好人，一个诚实正直的人，一个天生的人权捍卫者。他有着肤浅的、固执己见的头脑，但他还有不可思议的演说天才。在那个没有收音机和电视机、演讲术是一种被广泛欣赏的艺术的年代，没有一个人能像布赖恩那样控制和影响听众。

布赖恩在演说

有些依然健在的人至今还记得，他们如何去某个县城的集会上聆听他的演说，在演讲开始前他们如何在硬邦邦的长椅上坐立不安，当布赖恩开始演讲时他们如何带着怀疑的态度悉心倾听，他那洪钟大吕般的声音和抑扬顿挫的节奏是如何牢牢地抓住了他们，以至于最后，当他结束演讲的时候，他们发现自己几乎不能动弹：两个小时的时间里，他们就这样一动不动地坐在那里，痴迷于他雄辩的口才。

布赖恩把他1900年的竞选主要建立在反帝国主义的基础上，他坚持认为，作为西班牙战争的结果而落入美国之手的那些岛屿，应该移交给当地居民。他还猛烈抨击了托拉斯，并建议，公司法人应该受制于联邦许可，他甚至提议征收所得税；但他对经济学的理解是不靠谱的，尽管有数百万美国人为托拉斯所困扰，但布赖恩没能充分地点燃他们。因为1900年是这样一个年头：他们当中的很多人口袋里的钱比从前更多了。马克·汉纳在大选之前曾说："我们所要做的一切就是stand pat（坚持）。"由此使一句短语流传开来，从那时到现在一直回荡在美国的政治中。汉纳的预言是坚实可靠的。麦金莱——西班牙战争的胜利者，美国在世界事务中新的重要性和新繁荣的威严化身——毫不费力地赢得了大选；马克·汉纳准备为大企业再效劳4年。

　　事实上，当汉纳在1900年的最后几周扫视天空的时候，地平线上只有一片乌云：共和党全国大会所选择的副总统候选人、圣胡安山桀骜不驯的莽骑兵、纽约州难以捉摸的年轻州长西奥多·罗斯福。作为州长，这位罗斯福对商业的态度，就像一代人之后注定要担任同一职位的另一位罗斯福的态度一样温和；但他是独立的，他受不了束缚，汉纳不信任他。在共和党全国大会上，汉纳对另一位参议员吼道："你难道没有认识到，在那个疯子和总统职位之间只隔着一条人命？"

　　怀特所说的"政府与企业之间为了企业的利益而结盟"，对汉纳来说是一场真正你情我愿的恋爱。他觉得，如果为大公司铺平道路，让他们干自己喜欢干的事，那么，它们所积累起来的财富就会向下渗入到弱势群体中；除非是给大公司带来更多机会，否则的话，任何改变游戏规则的努力都只能打开通向煽动、暴民统治和毁灭的道路。而在其他人那里，这种结盟并不是一件情投意合的事，而是买和卖的事——是政府为了获得支持和现金而卖身。大公司为了增进它们的利益，不仅提供相当可观的竞选捐款——常常是向两党捐献——而且还资助或贿赂立法议员，甚至贿赂法官。

　　铁路公司发行免费乘车券给立法者、官员、新闻记者以及他们的家人。在一个接一个州的首府，公司游说者拎着鼓鼓囊囊的钱包，时刻准备投入行动，只要存在不利于立法的威胁或者有利于立法的希望。至于联邦参议院——那年头，其成员不是由人民直选，而是由那些顺从的州立法议员选举——它成了捍卫特权的主要根据地。大多数参议员要么是有钱人，要么是有钱人精心选择的盟友和听差；他们可以为工人们发表关于"满桶午餐"的慷慨激昂的演说，但他们的心却跟大股东连在一起。

　　我们不妨再次引用威廉·艾伦·怀特许多年之后所写的自传：

　　在一个机器和机器的所有权都落入了一个有阶级意识的、组织化的财阀集团之手的时代，选举出来的参议员对本州的人民不负有任何义务……在堪萨斯，这个财阀集团是铁路。在西马萨诸塞，是纺织业。在东马萨诸塞，是银行。在纽约，是联合工业。在蒙大拿，是铜业。但是，任何一个州所发展和控制的力量，都要转向纽约去寻求它的借入资本，而纽约则控制着联邦参议院……就情报所及的范围而言，参议员的等级高于民选议员的等级，但总的来说，它不是一个代议制政府。只有少数美国人对联邦参议员有所控制。而且，这个少数派只对自己的掠夺计划感兴趣。

如果一位参议员或众议员需要去说服的话，就有提供这种说服的办法。这种说服艺术最简洁的证明，大概可以在标准石油公司活跃的首脑约翰·D.阿奇博尔德的政治通信中找到。1908年，这批通信被人从他的文件中偷出来了，并被赫斯特公开发表。

约翰·D. 阿奇博尔德

这批通信显示，来自宾夕法尼亚州的众议员西布利（阿奇博尔德在华盛顿的主要代理人）写信说："一位共和党联邦参议员今天来找我，想跟我借1000美元。我告诉他，我没钱可借，不过我会试着在一两天的时间里帮他搞到这笔钱。您是否想做这笔投资？"

通信还显示，阿奇博尔德好几次写信给不同的州长，力劝他们：如果"合适"的话，可任命某某法官填补某某法院的空缺。有一次，阿奇博尔德写道："在我看来，完全用不着仔细考察亨德森法官的能力。毫无疑问，您也很清楚他的能力。"多温和的话，谁也不会反感这样的话。公民难道没有权利建议高级职位的合适候选人么？然而，没有哪位州长会误解这样的请求。这一职位乃是标准之所在，为回报过去和未来的支持，必须要有一个其裁决可以仰赖的人。

就这样，通过暗示、建议、借款（所谓借款其实就是送礼），以及偶尔通过直来直去的秘密行贿，一家大公司可以按照自己的意愿安排立法议员、推选官员甚至法官。20世纪50年代的苏联宣传员总是谈到"华尔街门下走狗"。没错，在1900年，美国政府中包括很多这样的人，他们可以恰当地——即便不是习惯性地——被描述为"华尔街门

下走狗"。走进那个时代的公共生活，就像是走到一棵摇钱树下，只要你沿着它的方向稍作移动，这棵树上的果实就很容易掉下来。这件事做起来并不费劲，因为人们似乎都不大注意。

3

为什么没人注意呢？既然人们对政治选举有着强烈的兴趣。1896年的大选多半是美国历史上最火爆的一次，1900年的大选也不缺乏热度。正如我们已经说过的那样，有一种非常普遍的担心：托拉斯最终可能取得对美国的控制。那么，既然美国资本主义的特性和行为对他们来说是至关重要的事，并牵涉到重大的政治问题，因此他们的政治代表的品格和行为就应该受到最严密的监督，那为什么没几个人认识到这一点呢？

理由有很多。首先，对现有托拉斯的反对，很多采用了鼓吹社会主义的形式，而这种社会主义明显源自于欧洲。它似乎不适合于美国人的天性，美国人对意识形态可能很反感，也不愿意把自己看作是无产者，不管他们的命运多么悲惨。在美国人的头脑里，无产阶级总是跟纽约下东城区及其他移民区那些相貌奇特、说外语的人联系在一起。此外，它还被怀疑是革命的——即便不是在涉及设路障和流血的意义上，至少也是在鼓吹商业制度彻底变革的意义上。1900年的社会民主党总统候选人尤金·V. 德布斯本人不是曾宣布它"不是一个改革党而是一个革命党"么？即使有一个像口若悬河的德布斯这样强有力的候选人，社会民主党在那一年所赢得的选票也不足96,000张。

其次，尽管很多不喜欢这种倾向的认真的美国人成了"基督教社会主义者"——其所遵循的思维方式部分是从诺曼·托马斯那里继承来的——但还是有一个无组织化的、稍微有点不切实际的群体；神学学生和社会工作者认为，政府应该接管所有工业，而政府，想必应该由像他们这样乐善好施的人来控制，这些人最后成了笑柄，因为，即使你把全国的钱在全体人口当中平均分配，它们也会很快再次回到聪明人的手里。

第三，人民党在19世纪90年代的失败，以及布赖恩诱使人民党人拥护"自由白银"，使得改革的观念名誉扫地。一场改革运动，因为一剂包治百病的万能药而倒下了，并开始认识到它的方法是错的，很少有什么东西死得像这场运动这么彻底。

然而，更重要的或许是这样一个事实——在大企业和公司法的内部圈子之外，很少有人真正懂得：大企业联合如何建立，它们如何运行，以及，它们如何发挥政治的杠杆作用；更少有人具有任何这样的观念(哪怕是最模糊的观念)：如何才能逆转时代的潮流，而不会有妨碍国家的工业进程和政治进程的严重危险。

公众头脑的这种普遍的糊涂，大部分要归因于这样一个事实：很多美国人没有学会把经济事务——工业、技术、贸易、商业——看作是作为公民的他们应该普遍关注的事。一个在自己的行业努力工作的人，尽自己最大的努力干活挣钱，在卧车吸烟室或乡村商店里与其他人谈论自己的行当；但所有这一切都是个人的、私密的，在他的头脑里，与美国生活的一般境况是完全分离的。没有人告诉他，所有美国人是互相依存的；每一个行当，每一项社会活动，每一次政治活动，构成了受到每个人行为所影响的总体美国模式的一部分；而且，用后来的一句短语说，美国人"全都在同一条船上"。例如，他往往把美国商业看作是某种跟美国历史没有多少关系的东西，除非就影响到商业的关税而言。他在中学里所学习的美国历史难道不是一个枯燥乏味的故事么？充满了政治运动和政治策略，从密苏里妥协案到德雷德·斯科特案，从"恢复硬币支付"到《丁利关税法》，偶尔因为战争而显得生动活泼。他的商业运作与所有这一切又有什么关系呢？

诚然，他曾经因总统选举战而兴奋，头头是道地谈论麦金莱是个值得信任的人，或者，布赖恩是个不靠谱的家伙；但他跟政治的联系很可能是遗传性的，报纸社论和政治漫画(他当前的政治教育大部分是由这些东西提供的)更多的是党派性的，而不是启蒙性的。说到通

俗杂志，有一点倒是真的：艾达·M.塔贝尔已经在埋头苦干，为《麦克卢尔》(*McClure's*)杂志撰写她那部煞费苦心的标准石油公司的历史，但这部编年史至今尚没有一个字出现在印刷品上，那年头除了S.S.麦克卢尔

麦金莱遇刺后，罗斯福与汉纳在交换意见

和他的团队之外，没多少杂志记者有兴趣深入探究商业生活的事实（就其跟政治生活的关系而言）。至于守旧派的大杂志，绅士淑女们很喜欢摆在书房桌子上的那些深受尊敬的出版物，这些杂志已经变得如此专注于服务文化——这种文化优雅地远离对日常生活的粗鄙关注——的利益，以至于贴近审视任何像商业这样粗俗的必需品之特性的想法，都让它们感到厌恶。

但变革正在到来。而且，荒谬的是，这次变革的先遣人员竟然是一个无知而疯狂的刺客。1901年9月6日，在布法罗市的泛美博览会上，一个名叫柯佐罗兹的人朝麦金莱总统开了致命的一枪。

马克·汉纳不仅失去了一位受人热爱和尊敬的同事，而且，当罗斯福被提名为副总统候选人时，他在地平线上所看到的那片无常的阴云如今已经布满了半边天空。他对他的朋友科萨特喊叫道："瞧呀，那个该死的牛仔如今成了美国总统！"

The Big Change

第二部
变革的动力

第6章

美国良心的反叛

　　当西奥多·罗斯福在1901年秋天搬进白宫的时候，天空上并没有任何迹象和征兆预示一个新时代的开始。罗斯福宣布，他会继续推行已故的麦金莱总统的政策，而且，在他作为总统所发表的最早的言论中，他也没有给当时的金融和工业强人以过度惊慌的理由。诚然，在他对国会发表的第一篇咨文当中，他清楚地表明，他并不认为商业的情况一切都很好，但他巧妙地把每一种对商业不利的陈述与另一种为商业辩护的意见相平衡。

　　直到几个月过去之后，第一颗预示新时代的信号弹才升上了天空：1902年2月，罗斯福的司法部长根据《谢尔曼反托拉斯法》提起诉讼，要求分拆北方证券公司。

　　北方证券公司是一家由J. P. 摩根和爱德华·H. 哈里曼组建的控股公司，为的是联合控制某些铁路资产，作为他们之间在北太平洋铁路公司恐慌之后所达成的和平协议的一部分。如果它经受住了法律的考验，它就可以令人信服地为全国大多数主要铁路公司被华尔街少数人购买树立榜样；在粉碎这家公司的行动中，罗斯福不仅正式警告：在利用控股公司的机制构建经济帝国的过程中，对于政府让人们做什么，是有限制的；而且，他还盯上了摩根本人最为看重的杰作之一。

　　当关于这宗诉讼案的消息通过电话传来的时候，摩根正在家里用餐。他感到沮丧而愤怒。他告诉他的客人们，他曾假定罗斯福是一个绅士，可是一个绅士是不会提起诉讼的；他更好的做法是要求摩根私下地重组或废除北方证券公司，使之符合政府的愿望。这位伟大的银行家觉得，罗斯福是像对待一个普通骗子那样对待他这样一个值得尊敬的人。纽约《世界报》(*World*)的出版人、"托拉斯"的死对头约瑟夫·普利策对罗斯福的行动大喜过望，在给报社编辑弗兰克·I. 科布的一封指示信中，他写道，总统"征服了华尔街"。这话有相当程度的夸大，但至少，战斗已经打响。

这场总统与正在形成的财阀集团之间的战斗，在接下来的几年里，注定是一场断断续续的、常常还不怎么热心的战斗。理由不难找到。罗斯福是一位共和党总统。他不可能走得太远，以至于跟本党步调不一致。共和党成员当中大多数是富人和特权阶层，共和党需要他们在大选期间慷慨解囊。在政治上，罗斯福必须表现得是他们的朋友，只不过是为了他们自己的利益，时不时地稍稍教训他们一下。

罗斯福在发表演说

打那以后，有人一次又一次地指出，罗斯福是雷声大、雨点小，在大选之年，就连雷声也引人注目地变得更加温和；实际上，他所通过的立法——例如进一步管控铁路公司的《赫伯恩法案》——并没有包含有力的重击；在他7年半的白宫岁月里，他再也没有做过像进攻北方证券公司那样大胆的任何事情；在他之后，保守的塔夫脱政府在根据《谢尔曼法》提起诉讼上比他更加积极；此外，罗斯福所拥有的经济学知识也是有限的、不靠谱的，他冲动，孩子般地不成熟，缺乏一致性，过度热衷于政治作秀。所有这一切都是真的——但忽视了罗斯福对美国历史至关重要的贡献。

因为，这位干劲十足的总统所要做的事情，就是要向全国大肆宣扬一种关于商业、政府和公共利益的新观点，并使之戏剧化，这种观点是全新的、令人兴奋的和传染性的。

直到这一时期，大多数反对财阀统治趋势的呼声，是那些被伤害者的痛苦呐喊。主要是穷人对富人的反对。此外，在很大程度上，那是一种激进的——即便不是革命的——反对。那些在19世纪90年代初

成群结队地涌入人民党的农民，都是一些渴望彻底颠覆华尔街和大企业的愤怒之士。那些参加诸如西部矿工联盟这样一些好战的工会组织的工人，都是一些热衷于使用致命武器并希望革命的狂暴之士。那些组成社会党骨干的城市劳工，都抱着欣赏的态度聆听那些利用欧洲革命意识形态的领袖们的布道。而那些反对工业巨头们的强权和贪婪的本地出生的普通市民，则往往是温和的、心肠软的善良之士——牧师、社会服务工作者、多愁善感的自由主义者，后来，人们轻蔑地把"粉红色"这个专有名词应用于此类人士的身上。但眼下，在美国总统的职位上，是财阀统治趋势的死对头，他不属于上述任何类别。

罗斯福不可能被称作穷人，他本人也从未受过华尔街的伤害；事实上他完全有资格被称作富人。他是一个有着古老血统的美国人，还是一个战斗英雄。他不是一个意识形态理论的编造者，也不是一个多愁善感的梦想家，而是一个实干家，一个森林人和猎手，一个莽骑兵，一个精力充沛、热情似火的人，鼓吹"积极奋发的生活"，他喜欢对孩子们说："别退缩，别纠缠，要敢打敢冲！"关于他的每件事情都吸引着民众的关注：漫画家很喜欢勾画他的闪光眼镜和咧嘴大笑，当他在演说中精辟地阐述自己的观点时饱满的声音上升到高调重音的假声，好斗的手势，对冲突的爱好，庞杂的兴趣：打猎、历史、鸟类学、简化拼法、军事，以及一大堆对比强烈的其他科目，他对形形色色的人特别有兴趣。约翰·莫利把他描述为"圣维图斯和圣保罗的有趣结合"，他是大自然的奇迹，跟尼亚加拉瀑布堪有一比。

罗斯福关于"富豪罪犯"和"公平交易"的演说，所承载的主题不是经济的，而是道德的。他寻求"工商界的道德重建"。他相信能建立一种"道德的标准"。他鼓吹，让某些人通过诡计和欺骗获得对商业和政治的控制，而把另一些人骗到机会之外去，这明显是错的。这种言论，数以百万计的各行各业的美国人能够听懂并作出回应——他们对意识形态深恶痛绝，对经济理论不耐烦，却非常容易受道德鼓吹的影响，热衷于人人机会平等的观念。对整整一代美国人当中的大部分人来说，罗斯福所支持的立法的影响，比不上他的人格和他的布道的影响。他为时代定下了新的基调，回荡在全美各地。

这一新基调的时机
已经成熟。不妨想想几
个日期。1902年2月，
罗斯福着手对付北方证
券公司。艾达·塔贝尔
小姐为标准石油公司修
史的工作已经进行了好
些年，1902年11月，这
部历史开始在《麦克卢
尔》杂志上登载。林
肯·斯蒂芬斯[①]关于市

马背上的
罗斯福

政腐败的第一篇文章《特威德在圣路易市的日子》(与克劳德·H.韦特
莫尔合撰)一个月之前(即1902年10月)发表在同一份杂志上。正是这
两位记者，开创美国新闻业的新趋势，这一趋势就是：深思熟虑地、
不带感情地、仔细彻底地、忠于事实地报道美国商业和美国政治中实
际上正在发生的事情。(当罗斯福后来抨击"扒粪者"的时候，他所敲
打的主要是那些更加哗众取宠地模仿他们的人。)托莱多市的改革派
市长、"金箴"琼斯[②]在1897年当选为市长；精力充沛的老罗伯特·拉
福莱特1900年成了威斯康星州的改革派州长；汤姆·L.约翰逊1901
年被选为克里夫兰市市长；这些人是州和地方政府当中整整一代改革
派的领袖和先驱。正是在1902年，约翰·D.洛克菲勒在他的慈善事
务顾问弗雷德里克·T.盖茨的建议下，利用罗伯特·C.奥登和他的
朋友们对提高教育水准的热情，组建了"普通教育委员会"，这是第一
家目标广泛的大基金，在增进公共利益方面开创了新的格局。这些只
是少数几个新趋势的例子，罗斯福充当了这一新趋势的主要激励者和
代言人；人们显示出了这样一种意向：用新的眼光打量它们，研究正
在发生什么，并且决定，要围绕这一趋势做点什么事情，直接而实际
的事情。

---

① 林肯·斯蒂芬斯：当时是《麦克卢尔》杂志的主编。

② 译者注：指此人好口出"金玉良言"。

就这样开始了美国良心的反叛，这将成为美国事务中的主流现象。直到大约1915年，当时它被淹没在即将来临的第一次世界大战的潮水中，最终在1920年前后逐渐消失——然而，它所留下的影响和思维模式，却一直持续到了今天。

2

正如历史学家哈克和肯德里克所指出的那样，这次反叛不是一场有组织的运动，而是支离破碎的。它没有全面的计划。那些参与其中的人形形色色，既有富人，也有穷人，在很多情况下彼此之间严重不一致。更准确地说，它是一场五花八门的人为了不同的目的而参与的全面运动，他们"不约而同地想到了动身上路"。

有人建议采取措施，允许更直接的平民政府——比如参议员直选，立法提案权和公民投票权，对司法裁决的撤销，等等。有市政清理的鼓吹者，有以委员会制市政府做试验的实验者，有预算专家。有争取《工人抚恤金法》的斗士，有试图获得关于工厂工作条件的恰当立法的人。有资源保护主义者，他们想制止对国家自然资源——尤其是森林——的鲁莽破坏。有主张扩大参政权的人，为妇女投票权而战斗；有支持纯净食物和药物法律的十字军战士；有"疯狂融资"的调查人和惩罚者；还有在1907年金融恐慌之后为设计一套恰当的中央银行系统而劳作的人。

人们有一种基本感觉：国家及其公民必须关照所有人的利益，而不仅仅是少数特权者的利益，正是这样的感觉，鼓舞了平时很少关注立法的不同人群。也正是在这一时期，有越来越多的男人和女人，追寻"赫尔之家"的简·亚当斯和"亨利街社区中心"的莉莲·D.沃尔德的足迹，使社会服务成为一个受人尊敬的职业，牧师们把越来越多的制度化社会服务工作带入他们的教区。与此同时，盖茨正在把洛克菲勒伟大的慈善行为发展成典范；洛克菲勒基金会和卡内基基金会相继成立，有大笔的捐款由研究公共福利的学者们主持。划时代的消灭钩虫的战斗开始了；亚伯拉罕·弗莱克斯纳准备好了一份报告，它将导致那些新的大医疗中心的建立，帮助治疗方法的革命化。伍德罗·威尔逊已经从普林斯顿大学的教授摇身一变，成了新泽西州州长——再从这一职位上成了美国总统——在州长任上，他以那个时代的精神，发动了一场反对大学生饮食俱乐部的战争，在他看来，这些俱乐部是不民主的。也正是在那些年，爱德华·博克作为《妇女家庭杂志》(*Ladies' Home Journal*)的编辑，试图

走村串户的社区服务工作者

教会数以百万计的美国妇女如何以不多的收入优雅地生活；他的杂志，以及其他发行量迅速攀升的杂志——尤其是《星期六晚邮报》——都为广告业提供了机会，让他们可以把大规模生产的商品呈现在数量庞大的受众面前，而这些商品迄今为止主要是卖给有钱人；与此同时，亨利·福特开始生产这样的汽车：它不再是有钱人的玩具，而是提供给普通百姓的便宜而有用的交通工具。此外，也正是在这些年，威尔福德·I.金第一次把国民收入的概念摆在了经济学家的面前。

这些人尽管共同之处甚少，但他们同样不把国家看作是一个"各人自扫门前雪，休管他人瓦上霜"的地方，而是把它看作是这样一个地方：在这里，人们休戚与共，他们的命运互相关联；在这里，明智的计划、明智的政治才能，可以设计出让所有人满意的新工具。

改革的风气甚至传染到了最富有、最强大的阶层：瞧瞧摩根财团的哈里·戴维森、保罗·M.华伯格及其他有影响力的银行家，在试着编制建立中央银行体系的计划；O.H.P.贝尔蒙特夫人在举行投票

权会议，参加者都是纽波特的那些雍容华贵的夫人；当然，还有约翰·D.洛克菲勒——迄今为止他通常被视为万恶资本主义的恶霸——正把他的数百万美元倾注到各种各样的善行义举中。

3

你千万不要夸大了这场反叛的影响。首先，你一定要记住，尽管组织化劳工的状况逐步有所改善——以1913年劳工部的建立和1914年《克莱顿法案》（它至少在理论上赋予了集体谈判以合法的身份）的通过为标志——但依然存在大量的工业领域，其中的劳工完全没有组织起来；而在另外一些领域，资方与劳方之间的斗争是这样一场战斗：一方是有雇佣打手的暴君，另一方是革命者或杀人凶手，或兼而有之。你只需回想一下，1906年，组建了工会的建筑工人与没有组建工会的楼梯制作工之间围绕纽约的一项建筑工程所展开的一场争执，在这场争执期间，螺栓、横木和工具总是习惯性地从高处落下，砸在下面的楼梯制作工们的头上，以至于这伙人不得不雇佣了专门的人来盯守，其中有一个人被痛打致死，然后从第8楼落到了第5楼。或者，你不妨回想一下1905年，爱达荷州前州长、西部矿工联盟的死对头斯图恩伯格被一个名叫威廉·D.海伍德的人及工会的其他高级官员所杀。（对海伍德及其他人的裁决是"无罪"，但在很多出席了这场审判的人看来，这一裁决只不过表示"证据不足"，而不是"无辜"。）或者想想1910年《洛杉矶时报》（*Los Angeles Times*）大楼的被炸——20个人被炸死，大楼被炸毁——指使者是麦克纳马拉兄弟，他们当中，一个是好战的"钢铁工人国际联盟"的财务主管，另一个"善于舞刀弄棒"。

或者，你还可以援引1905年IWW——国际工人组织，戏称"Wobblies"——的组建，其章程的导言声称"工人阶级和雇员阶级毫无共同之处"。IWW的实际方法并不总是非法的，但它的领导人所操

112

纵的大罢工——比如
1912年的劳伦斯大罢
工和1913年的帕特森
大罢工——其激烈和
野蛮的程度为近年来
所罕见，不可否认，
其主要领导人骨子里
都是革命者。

此外，也正是在
这些年，社会党——
致力于美国工业管理
最终的彻底改变——

在继续发展，直至1912年的大选，它的候选人尤金·德布斯获得了不
少于897,000张选票。

简言之，并非所有寻求美国变革的人都提倡循序渐进有序改善，
或者提倡对现有商业模式作小打小闹的结构改变。

不要忘了，在这些年里，J. P. 摩根依然以强有力的步伐在华尔
街行动；随着老之将至，他长期以来通过自己极其强大的人格力量所
行使的经济权力已经被制度化了，成了一种运行平稳的(尽管是定义
模糊的)影响模式，这种影响力，从他在宽街与华尔街拐角上的合伙
人那里，延伸到了数十家大银行和大公司的总部。当阿森纳·普若领
头的国会调查委员会在1912～1913年间研究所谓的"金钱托拉斯"的时
候，该委员会拿出了一些反映华尔街"控制"美国商业大部门的令人印
象深刻的图表。这些图表所勾画出的管理模式，比摩根财团、第一国
家银行的贝克、花旗银行的斯蒂尔曼及其他金融大亨们所发挥的实际
影响更厉害；但权力确实存在，不管对它的勾画有多么粗略，甚至在
摩根于1913年去世之后，它依然是巨大的，影响深远的。

而且，进入20世纪之后的许多年里，标准石油投机团伙的成员们
依然通过他们在股票交易所的平稳运作捞取了数百万美元。也没有任
何明显的迹象，表明那些更具掠夺性的经营股票和债券的商人的活动

有所放缓；他们继续在到处欺骗从事交易的公众。大体上，华尔街的人是带着沮丧的态度看待改革的进展；他们公开指责西奥多·罗斯福，后来是伍德罗·威尔逊；他们为罗斯福的竞选捐款，主要是因为担心得到更糟的东西；而且在继续构建——比前些年更谨慎，但效率未必更低——改革家们坚决要打碎的权力和财富的结构。

4

然而，改革的浪潮是如此强大，以至于在1912年的大选中达到了令人吃惊的高度。

4年前，决定不再竞选连任的西奥多·罗斯福放弃了共和党的提名，转而祝福他的那位身材魁伟、和蔼可亲的陆军部长威廉·H. 塔夫脱，指望他继续执行自己的进步主义政策。可是，登上总统宝座的

塔夫脱总统

塔夫脱却被证明是一个容易受影响的保守派；参议员多利弗曾评论道，他确实在执行罗斯福的政策，但却"过犹不及"。当罗斯福从非洲回来的时候(这之前他一直在非洲打猎)，很快就陷入了五味杂陈的情绪感受中。这些情感包括对塔夫脱背叛自己(他是这么认为的)的憎恶，一种置身于一场激动人心的战斗之外所带来的无力感，一种真诚的改革热情，以及一种很有人情味的确信：罗斯福的追随者和正义的力量必然是一回事。他毫不留情地攻击塔夫脱，跟他竞争1912年的共和党提名，并且，在未能获得提名之后，便在一夜之间组建了自己的进步党，参与竞选。

与此同时，民主党提名了那位严肃刻板、口若悬河、才华横溢、

精力充沛的前教授伍德罗·威尔逊。尽管罗斯福和威尔逊在立场上稍有差别，但本质上，他们俩都是改革者，都属于围栏的同一边。在投票中，他们俩都不可思议地超过了坚定的共和党人塔夫脱。更何况，社会党还得到了将近100万张选票（相比之下，塔夫脱得票350万张，罗斯福400多万张，威尔逊600多万张）。改革正处在它的高潮时期。

但威尔逊在白宫只呆了一年半——一步一步地让国会通过了他的"新自由"计划——战争就令人难以置信地在欧洲爆发了。但这场我们如今称作"第一次世界大战"的冲突，在激烈程度和波及范围上不断发展的时候，它所引发的问题便开始强有力地支配着美国的局面，以至于改革的推动力被彻底淹没了。或者更准确地说，到1917年美国对德宣战的时候，改革的精神被转变成了这样一股劲头：要让这场战争成为一场捍卫自由的圣战——或者，像伍德罗·威尔逊所写的那样，成为一场"为了民主而保卫世界安全"的圣战。有一些人，他们的记忆可能追溯不到那些日子，但他们却生动地记得第二次世界大战的那种不带感情色彩的、让这场肮脏之事尽快结束的、不要有任何炫耀或理想主义言论的精神，这些人可能很难认识到这样一个事实：在1917～1918年间，美国人对战争的接受，远不如他们1941～1945年间以真诚的热情从事他们的战争任务那么团结一致。绝大多数美国人打心眼里相信，这场战争可能是最后一场战争，胜利能够带来一个普遍自由的新时代，他们几乎是以一种传播福音般的奉献精神投入了这场战争。

然而，圣战精神就像一家资金被透支的银行。到战争结束时，它维持的时间足够完成对妇女投票权修正案的批准，以及——甚至更引人注目——对改革者们特别热心的禁酒修正案的批准，后者自1920年1月起生效，几乎每个人都指望它一劳永逸地终结美国的酗酒。但接下来，突然之间，人们发现，革新国家和世界的推动力已经消失得无影无踪。一个曾有过足够高远的理想并有长期坚持这些理想的高尚奉献精神的民族，如今决定放松一下，尽情享受生活；尽管依然有很多理想主义者不会放弃他们的追求，但他们发现，他们也已筋疲力尽，而且在数量上也处于劣势。美国良心的反叛已经结束。

5

然而，它还是留下了一点东西，这就是深深根植于不断变化的美国传统中的看待公共问题，尤其是政治和经济问题的方式，对美国的未来有着巨大的意义。它是这样一种观念（这是一种古老的观念，但如今，由于经受了考验并完好无损地幸存下来而得到了增强）：当国家这艘大船没有按照它应有的方式运转的时候，你大可不必废弃它并另造一艘，而是可以通过一系列的调整和改进，在保持它继续行驶的同时修补它——倘若这艘大船的全体船员始终保持警惕、始终仔细检查它并修补它的话。而且，经济这台机器，即使它看上去似乎在生产不合格的产品，也大可不必毁掉它，而是可以这儿换个新的汽化器，那儿换个新的传送带、新的火花塞，并通过观察和测试，使之生产出更好的产品而无需停下来。革命的压力和毁灭是不必要的——相反有可能毁掉那些赋予这台机器以加速动力的技能和激励。大可不必打发设计师回到他们的制图板旁，谋划全新的设计和未经过试验的机器。几个检查员，几个精通不同部件设计的专家，再加上相关各方让机器正常运转的意愿，就足够了。

当你回首过去的时候，你就会认识到，那个时期一项接一项采取的改革措施，大多数都是试验性的和临时性的，其影响虽然不大，但却是长期的。当年要求剥夺众议院议长乔·坎农对众议院的绝对权威的动议和公民投票（或者说是斗争）所激起的狂热和愤怒，如今已经无声无息。毫不奇怪，面对那些认真处理这些战斗故事、回顾起来却又如此枯燥乏味的历史教科书，学生们难免要呵欠连天。具有讽刺意味的是，在改革时代载入法令全书的所有措施当中，有一项注定要对美国经济产生最消极、最持久影响的措施，恰恰是大多数历史教科书往往会一笔带过的一项措施，因为它所产生的分歧非常之小，因为它所

带来的冲击起初
微不足道。这就
是累进所得税。

　　所得税由于
一项宪法修正案
而成为可能，这
项修正案是塔夫
脱（一位被普遍视
为保守派的总统）
向国会提议的，
并以很少的反对
被国会所通过、

人心思变

被各州所批准；人们认识到，推行这项措施的时候到了。当所得税最
早被征收——根据威尔逊总统1913年的关税法案中的一项规定——的
时候，税率非常之低：净收入在20,000美元以下的仅仅征收1%，更高
的净收入外加适度的附加税。单身人士的起征点是净收入3,000美
元，已婚人士是4,000美元。信不信由你，一个已婚人士对10,000美元
的净收入只要缴纳大约60美元的所得税，对20,000美元的净收入只需
缴纳大约160美元。（我听到的那些声音，莫非是读者在抱怨我们这个
昂贵而死板的时代？）直到1917年，所得税带给联邦政府的钱才跟关
税不相上下。但是，到1920年，它所贡献的钱却10倍于关税；而且，
这还仅仅是开始，此后，累进所得税稳步上升，直至在一个已经大为
膨胀的政府的财政收入中占有了一个突出的位置，并且在美国财富再
分配的手段中占有了一个重要的位置。

　　然而，你不应该把自己的主要注意力集中于改革时代的任何一项
单独的立法，甚至也不要集中于那些以五花八门的方式为了"给丧家
犬一个更好的狗窝"（威廉·艾伦·怀特语）而辛苦劳作的男男女女所
完成的善行义举，或者所干下的愚行蠢事。你最好是看看如今已成为
主流的基本观念。

　　当时有很多人认为——而且一直有人这么认为——美国应该有一

个保守党和一个自由党(如果你愿意的话，也可以称之为激进党)，各有其简明扼要的、合乎逻辑的计划，而不是两个非常相似的党，各自搜寻讨人欢心的理念作为自己的政纲，并通过实验、说服和妥协来摸索自己的方式。当时有很多人认为——如今依然有人这么认为——修修补补的经济改革是不合逻辑的和胆小怯懦的，而且，需要的是一次心怀不满者的起义，以实现商业和工业机构的彻底变革。这两种观念都曾盛行一时，然后就逐渐弱化了。罗斯福的第三党——进步党——在1912年叫了一把狠牌，然后就土崩瓦解了。因为这两种观念都支持把美国人分成阶级，都与他们的实用主义脾气背道而驰。

赢得最后胜利的观念是：界定清晰的经济等级和社会等级的存在，应该被视为对美国民主理想的违背，而予以抵制。当各种各样、各个阶层的人为了看上去对所有人都有利的事情而一起工作的时候，你就会得到更好的发展。对付无产阶级的办法，既不是镇压和虐待他们，也不是帮助他们推翻他们的主人，而是让他们有机会获得教育、机遇、汽车和吸尘器，在中产阶级生活方式上给他们大量的指导，并给他们大量的刺激，使他们渴望得到越来越多的这些好东西；到最后，无产阶级就不再是无产阶级了，而是一个挺直腰板、自尊自强的公民团体，能够指望他们帮助国家保持良好的运行秩序。而且，当你发现事情的运行方式出了差错的时候，你就会检查一下正在发生什么，并抱着实用主义的态度做出必要的改变，使问题不再发生。那些认为在修理机器的时候应该让它停下来的人是错误的，那些认为可以立即发明出一台不会出错的新机器的人也是错误的。美国公民认识到了连续的、合作的、实验的、非理论的变革所带来的好处。

对每一项提议中的改革，都会有激烈的争论。自始至终都会有无休无止的摩擦。也会有新实验的时期，有整合与重审的时期。但是，一个在很多人看来正一头奔向财阀统治的美国，似乎很可能有能力缓慢而逐步地把自己改造为某种更接近民主梦想的东西，并通过某种接近于"自由人的普遍同意"的机制来做这件事。

第7章

大规模生产的动态逻辑

1

1903年，一个名叫亨利·福特的40岁的底特律人，抱着自己进军制造业的想法，辞去了底特律汽车公司的职位，设计并修造了一辆巨大而有力的赛车。他干嘛要做这件事情呢？他对速度并没有多大的兴趣，他的想法完全不同：他想造一辆小的、轻的、耐用的汽车。他打造一辆赛车的理由是，他想得到资本，而要想吸引资本，他就必须要有名声，在那年头，汽车被认为是昂贵的玩具，富人可以坐在汽车里，沿着尘土飞扬的大路喧嚣吵闹地飞奔，因此，赢得名声的方式，就是造一辆能够赢得比赛的汽车。

打造了一辆马力强劲的汽车之后，亨利·福特便开始寻找赛车手；由于在高速状态下控制他的这辆怪物需要力气和不计后果的大胆——之所以需要力气，是因为它是用舵柄，而不是用方向盘来操纵——他雇用了一个名叫巴尼·欧德菲尔德的职业自行车手，并花了一个礼拜的时间，教他如何驾驶汽车。当欧德菲尔德1902年底在格罗斯波因特的首场比赛中爬进这辆汽车的时候，他说："得了，这辆战车没准会要了我的老命，但随后，当她带着我从大堤上翻下去的时候，他们没准会说我在拼命狂奔呢。"

欧德菲尔德没有从大堤上翻下去。他以遥遥领先的成绩赢得了比赛。福特则赢得了名声。而名声让他得到了足够启动福特汽车公司的资本——28,000美元现金——他于是成了这家公司的副董事长兼总经理、总设计师、总机械师和总监。

在接下来的几年时间里，福特成功地生产了几个品种的汽车，他的制造生意迅速扩张。1908年，他推出了他认为是迄今为止最令人满意的车型，他称之为"T型车"。没过多久，他做出了一个让他的合伙人们大吃一惊的决定。让他用自己的话记录这个决定："1909年的一

天早晨，在没有任何预先通知的
情况下，我宣布，未来我们将只
生产一种车型，这就是T型车，所
有车的底盘完全一样，我谈到：
'任何顾客都可以将这辆车漆成他
想要的任何颜色，只要它是黑色
的。'"

亨利·福特

　　这个决定自然是源自于福特
的经验阅历和性情气质。他是密
歇根州的一个农民之子，一个钟
情于小玩意儿的美国佬，有着实
用主义的、民主的本能，没有被
高等教育所污染。在他还是个孩
子的时候，他就对机器如此着
迷，以至于花了数不清的时间把
手表拆散成零件，并把它们组装起来，于是就造出了自己的手表。16
岁那年，他见到了"列车机车"——它是一台蒸汽机，能够用它的蒸汽
动力以一种笨拙的方式一步一步地推进自己——从此便痴迷于无马拉
车的梦想，还有农民能用机器来帮自己干苦活的梦想。6年之后，他
见到了一台奥托内燃机——今天汽车发动机的欧洲先驱——并着手搞
发动机设计。到1893年春天，他造出了自己的第一辆不用马拉的车，
并试着把它开上了路。接下来的10年时间里，他一边干着挣钱的工
作，一边利用空余时间不断试验，他的想法逐步得以发展。

　　他想要造的，并不是一辆供有钱人使用的花里胡哨的汽车，而是
一辆供像他自己这样的普通人使用的实用而省力的汽车。他希望它是
轻型的，最让他不快的，莫过于"重量意味着力量"这样一种广为流行
的观念。他希望它是便宜的，正如他后来在自传中所说的那样："公
众应该始终感到奇怪，一辆汽车如何能值这么多钱。"他觉得，很多
制造商都错误地把注意力集中在利润上，银行家对制造商们有一种恶
劣的影响，因为他们考虑的是改进利润，而不是改进产品。如果产品

和价格都是合适的,利润自然会来。而且,他相信,如果自己专注于一种车型,他就可以大幅度降低制造成本,以至于平民百姓会蜂拥着来买他的汽车。

1910年生产的T型车

当他的T型车销售增长的时候,福特故意降低了价格——于是,销量进一步增长。1913年,他建起了他的第一条装配线,到1914年初,他就按照装配线原则生产整车了。每个工人执行单一的操作;汽车的每个零部件都通过一个机械传送平台从一连串的工人面前经过,每个工人把某个部件添加或固定在适当的位置上;这些不同的装配线汇聚于一个主传送平台,汽车的底盘就传送到这个平台上组装完成。

就原则而言,这种制造方法一点也不新鲜。它依赖于埃利·惠特尼的伟大发现:可互换零部件原则。它在很大程度上要归功于像亨利·M.利兰这样一些人对这一原则的精益求精,利兰显示了严密加工可以做到让这些可互换零部件严丝合缝、不爽毫厘。此外,很多制造商也在某种程度上使用了装配线原则。例如,早在19世纪50年代,赛勒斯·麦考密克就曾在他的收割机制造厂里这么干了;特别是,罐头食品厂用一条高架传送带运送屠宰好的动物经过一连串的工人面前。福特还要感激弗雷德里克·温斯洛·泰勒对"科学管理"的研究,制造过程的精心计划使之能够节省步骤和运动。兰塞姆·奥尔兹也已经把单一车型投入大批量生产——直至他的金融支持者迫使他回到了奢侈品市场。然而,福特的装配线——连同它的零部件——是独一无二的,因为它彻头彻尾地应用了所有这些观念。

当他的制造体系在1914年1月最终完成的时候,福特宣布了一个决定，在全世界激起了回声。

在那个时期，汽车工业的现行工资平均大约是每9小时工作日2.40美元。福特宣布，他将支付给他的工人每8小时工作日最低5美元。

他的解释是，此前他一直是向工人派发年终奖金，而现如今，由于利润增长了，他认为，他应该在量入为出的基础上推行利润分享。工厂里的士气一直不能令人满意，他认为，这一招可以使之有所改善。他还觉得(不管多么含糊)，如果有更多的美国人获得高工资，那么工业产品——当然包括福特汽车——就会有更大的市场。由于他担心，收入的突然跃升可能会打乱某些家庭的开支习惯，于是他便为涨工资定下了这样一个条件：他们必须证明他们不会挥霍浪费这些钱——这是一个天真的家长式想法，他后来不得不改弦更张。但不久之后，他便给他几乎所有的工人支付令人吃惊的新工资。

公众对这一宣告的反应是令人恐怖的。大多数商人义愤填膺：福特在毁灭劳动力市场，他在把一些疯狂的想法灌输到工人的头脑中，他将让那些不可能这样慷慨大方的公司左右为难，他是一个拙劣的自吹自擂者。有很多类似的嘲弄，像许多年后印第安纳州曼西市的一份报纸所写的那样："亨利·福

福特的汽车装配线

特认为，工资应该更高，商品应该更便宜。我们同意他的看法，不过请允许我们补充一点：夏天应该更凉爽，冬天应该更暖和。"心肠更软的人为福特的慷慨而欢呼，并说，他让人们看到：在至今不思悔改的工业界，一颗高贵的良心能够实现什么。与此同时，福特的工厂挤满了申请工作的应聘者。

福特实际上所做的事情——他的制造技术，他的故意降低价格，

他的故意提高工资——就是要以前所未有的直接，证明现代工业主义的一项伟大原则：大规模生产的动态逻辑。这个原则就是：你生产的商品越多，生产它们的成本就越低；人们的生活过得越好，他们能购买的东西就越多，因此让这种丰富而经济的生产成为可能。

每一个成功的制造商都在某一阶段遵循了这一原则。但很少有人能将它贯彻到底，或者，即使能做到的话，也很少有人能够在很长的时间里抵制这样的诱惑：停止过度扩大他们的产量，然后通过承担交易所能承受的产量从而落袋为安。同样，很少有制造商因为某种产品被证明有几乎永无穷尽的市场（如果降低成本的话）而只生产这一种产品，或者能年复一年地不断生产这同一种产品，而只有很小的改动。拥有这些特殊优势的亨利·福特——一个怪僻而任性的人，在很多方面也是一个无知而固执的人，一个冷酷无情的竞争者，但也是一个以自己特有的方式坚定地信仰民主的人——自始至终都在遵循大规模生产的动态逻辑，其结果是不可思议的。

1909～1910年间，他的价格是每辆车950美元。然后一路下降至780、690、600、550、490、440、360美元；接下来，在由于第一次世界大战所带来的短缺和通胀而使价格有所上升之后，便再一次下降，直至1924年，一辆福特汽车的价格只有区区290美元。与此同时，产量逐步扩大，从18,664辆一路飙升到1920～1921年的1,250,000辆。

福特一直毫不妥协地遵循这一原则，直至1927年，当时，有两个事实抓住了他。一个事实是：美国人想要的不仅仅是更便宜的汽车，而且还有更好的汽车；竞争的制造商们发现，如果你每年推出一款经过改进的新车型，老车型就会逐渐被废弃，因此你就可以把老客户转变成新客户；这些更光鲜、更亮丽的新车型，成功地让瘦骨嶙峋、弱不禁风的T型车真正地被废弃了。另一个事实是，对最新式的交通工具的渴望，自动地产生了一个繁荣兴旺的二手、三手，甚或四手车的市场，价格也逐级缩水，这样一来，T型车就再也垄断不了便宜货买家的市场。

然而，在此期间，福特的实验有了保罗·霍夫曼所说的"附加值"。因为他推广了一个原则，这一原则在今天的每一个工业管理者的思想中都占有一席之地，尽管人们常常是以违背的方式，而不是以遵守的方式来对待它。对这一原则连续不断的发现和证实，是造就20世纪美国的最强大的力量之一。因为它导致了这样一个必然的推论：一个免于剥削和免于贫困的民族，是一个乐于购买商品并让每一个人

1908年的
T型车

受益的民族；因此，一个人可以通过降低阶级壁垒来挣钱。早期马克思主义就这样被挫败了——不是被信仰所挫败，而是被先进工业主义本身的逻辑所挫败，或者换句话说，是被转向民主目的的资本主义所挫败。

2

福特的伟大实验，只不过是美国在20世纪前两个十年工业大发展的一个因素。因为，随着国家逐步成年，工业和商业普遍都在扩张和变革。

这是铁路建设的黄金时期。把整个国家连在一起的庞大铁路网络，如今实际上已经完成，铁路的业务量有了巨大的增长。比方说，到1920年，不仅铁路货运量远远多于1900年，而且运送的乘客数翻了一倍，运送的距离也比从前更远，因此，"旅客里程数"翻了将近三倍。大铁路公司——纽约中央铁路、宾夕法尼亚铁路、联合太平洋铁

路、北太平洋铁路等等——的股票，是投资者的骄傲，有时候是毁灭；公文包里没有铁路债券的有钱人少之又少——更大、更有力的机车，拖行的距离更长，装载的货物和乘客更多，从城市到城市，当它们穿越至今没有为汽车运输铺设过路面的尘土飞扬的大路时，轻蔑地鸣响汽笛。

这也是有轨电车的全盛期。如今，谁还记得有轨电车时代那盛开的繁花？比如往返于马萨诸塞州的大巴灵顿和佛蒙特州的本宁顿之间的有轨电车"伯克郡山"号，在1908年之后运行了好几年——这是一辆美观别致的白色车，装饰着浅黄色的皮革和金叶字母，车内有柳条编织的座位，红色的丝绸窗帘，以及威尔顿地毯，这些全都任由旅客支配，你只需要支付50美分的额外费用。谁又知道，它的乘客当中是否有人认识到：有轨电车时代是短命的，而且，就像这个时代的很多遗物一样，"伯克郡山"号最终成了路边的一家餐车式饭馆？

这是电气时代的早晨。1900年，亨利·亚当斯在巴黎博览会上一见到发电机便惊呆了，并从它身上看到"无限的象征"；在之后的那些年里，越来越多的发电机——还有涡轮机——被制造出来，传输线路把不可思议的力量传送到四面八方，无远弗届。在1889年，用于工业的能量当中，电能不到2%；到1919年，电能超过31%。当平炉炼钢工序取代了贝塞麦炼钢法的时候，钢铁产业也得到了极大的发展。到1920年，人均钢铁产量自1900年那个值得纪念的日子算起，差不多翻了三倍，那一天，安德鲁·卡内基在跟查理·施瓦布打了一场高尔夫球之后回到家里，在一张纸上潦草地写下了把卡内基钢铁公司卖给摩根以组建美国钢铁公司的条件。摩天大楼在各大城市里拔地而起；尽管大多数伸长脖子仰望41层的"胜家大楼"（1908年建于纽约），或紧挨着它的50层的"大都会大厦"，或60层的"伍尔沃思大厦"（1913年完工）的人，多半会把它们看作是一种辉煌的象征，象征着美国人热衷于做越来越大的事情，但它们更是钢铁产业的胜利（正是钢铁产业，使它们的力量和优雅成为可能），以及电气产业的胜利（正是电气产业，使得它们至关重要的电梯服务成为可能）。

如果说，摩天大楼看上去像大教堂的尖塔的话，那么，新式百货商店看上去就像宫殿。而且，过去的个人拥有的商店还有另一类竞争对手在不断增加。连锁店已经上路，走在前面的是伍尔沃思廉价商店和A＆P公司，到1900年，A&P公司经营着200家商店，到1912年是400家(这一年，它在纽华克开设了它的第一家现购自运商店)，接下来——在一次扩张的巨大喷发之后——到1924年，其经营的商店多达11,413家。这里，在工业过程的销售终端，大规模生产的动态逻辑再一次得到了验证。因为，如果你能建起足够多的连锁商店的话(有着标准化的方法和很低的销售成本)，你就会吸引数以

建设中的伍尔沃思大厦（1912年7月）

百万计的购物者，通过大宗商品订单把价格降到最低——依然可以赚钱。

　　在此期间，汽车工业正经历其发展的第一和第二阶段，这种发展似乎是工业界的标准。第一阶段是数不清的竞争。在20世纪的前两个十年，汽车制造商多如牛毛。数以百计有机械头脑的人在拼命争夺资本，开设他们的小厂，生产汽车：像波普和亚历山大·温顿那样的自行车制造商，像福特那样的电力公司雇员，像戴维·邓巴·别克那样的管道设备供应商，像克莱门特·斯蒂倍克的合伙人那样的马车制造商，像哈里·C.斯图兹那样的轮轴制造商。数不清的牌子被推向市场，其名称对那些有着漫长记忆的人来说颇有一些怀旧的风味：阿珀森、布里斯科、斯蒂文斯－杜里埃、富兰克林、钱德勒、斯克里普斯

－布斯、无敌、皮尔斯－阿洛、自力、欧文·麦格内蒂克，诸如此类，数不胜数。

在这种繁殖依然在继续的同时，第二阶段开始了。有资本可以自由支配——或者有销售股票天才——的发起人，都争相购买有前途的汽车公司，为的是把它们合并为联合企业。就在1908年福特首次把T型车投入生产的时候，威廉·C.杜兰特——一个把自己的主要注意力集中在资产和利润上(而不是像福特那样集中在机器上)的发起人——把别克公司、奥尔兹公司及其他几家公司整合在一起，置于新泽西州一家控股公司的管理之下，他为这家公司取名"通用汽车"，在经历过极度的兴衰荣枯之后——在此期间，杜兰特失去了对公司的控制权，又重新夺回了它，然后再一次失去

通用汽车公司1908年投产的第一款车型

了控制权——通用汽车公司成了汽车工业第三阶段的巨人之一。在第三阶段，竞争把所有的公司逼到了墙角，除了少数几个巨型公司和几个不上斤两的竞争对手。

与此同时，同样是汽车制造业，还开始生产另外两种将影响数百万人的工作和生活的产品——运货卡车(它注定是铁路公司的死对头)和拖拉机。1902年左右，造出了第一台粗糙简陋的拖拉机。到1910年，产量达到了一年4,000台；到1920年，产量突破了一年200,000台。美国农场的机械化和草原种植小麦开始走上了快速发展之路。

所有这些发展和变革——它们是如此五花八门、如此令人兴奋——因为一种正在兴起的观念的发展而得以加速，这就是关于全国性广告的尊贵和重要性的观念。早在19世纪90年代，芒西和麦克卢尔就发

现，只要你有本事把一份杂志卖给足够多的人，并因此吸引到足够多的广告客户，你就可以以低于印刷成本的价格销售它，并依然可以通过你的广告收入赚钱。正是在接下来的两个十年里，赛勒斯·柯蒂斯和他的两位编辑：《星期六晚邮报》的乔治·霍勒斯·洛里默和《妇女家庭杂志》的爱德华·博克，为大规模生产的动态逻辑的媒体版提供了引人注目的示范。他们所做的事情，被概括在显示《星期六晚邮报》在这些年的发展的数字中。1902年，这份报纸的发行量是每期314,671份，带来的广告收入是360,125美元。到1922年，它的发行量是每期2,187,024份——大约是1902年的7倍——与此同时，它的广告收入迅速攀升至28,278,755美元——超过1902年的78倍！

这些数字意味着什么呢？首先，通过这份5分钱的杂志（以及其他像它一样的杂志），数百万美国人被灌输了中产阶级的或无阶级的（相对于财阀或贵族的或无产阶级的）美国的生活方式和思考方式；其次，通过同样的媒体，他们认识了美国工业正在生产的——不是为少数人、而是为多数人生产的——汽车、火花塞、轮胎、打字机、留声机、衣领、胸衣和早餐食品。杂志出版人、广告文字撰稿人、广告艺术家以及广告代理商，全都支持大规模生产的原则。

关于这一原则，不妨再说一句。它从第一次世界大战中得到了极大的提升。因为，在这场战争期间——正像在第二次世界大战中一样——制造商们突然之间发现自己面对着一个压倒性的需求：尽可能多地生产枪炮、子弹和船只，而且要尽可能地快。大可不必担心滞销，大可不必担心价格。只需把注意力集中在数量和速度上。结果让人们不由得倒吸一口凉气：

这位小报童卖的就是5分钱的《星期六晚邮报》（1915年）

产量大得可怕。(顺便说一下,在不存在任何合同谈判机制的情况下,它所带来的利润是如此不可思议,以至于当相关数字在20世纪30年代被呈现在公众面前的时候,很多人得出了这样一个有趣的观念:要不是因为军需制造商贪求利润的话,大概再也不会有战争了。)

在1914~1915年间,很多原本对更大产量导致成本急剧下降的说法半信半疑的人开始做梦,梦想着一个令人兴奋的未来,到那时,他将看到被解放了的机械化能够实现什么。

3

也正是在这些年里,未来工业的种子开始播撒。

1901年1月10日,安东尼·F.卢卡斯在德克萨斯州博蒙特市附近的纺锤顶发现了石油,由此开始了西南部地区的一个新时代,也给当时正处于其婴儿时期的汽车工业带来了一个保证:当它发展到成年的时候,将会有大量的动力之源。

1903年12月17日,在北卡罗来纳州海岸基蒂霍克的沙滩上,奥维尔·莱特驾驶着他们费了九牛二虎之力建造的飞机,飞行了12秒钟——他的兄弟威尔伯·莱特则飞行了59秒钟。要再过好几年,公众才开始理解莱特兄弟正在做的事情;当时,人们深信飞行是不可能的,这种信念是如此坚定,以至于大多数在1905年亲眼目睹了他们在代顿市上空翱翔的人都确信:他们所看到的必定是某种毫无意义的把戏——有点像今天大多数人会看作是心灵感应的证明那样。无论是此前,还是之后,可能没有人像当时的美国新闻记者那样,要花那么长的时间去领会一个意义重大的故事。直到1908年5月——在莱特兄弟首次飞行将近4年半之后——媒体才派出了经验丰富的记者去观察他们在干啥,经验丰富的编辑也给予了这些记者所发回的令人兴奋的电讯以充分的信任,世界终于认识到了这样一个事实:人类飞翔蓝天的梦想已成功实现——尽管在此期间，莱特兄弟曾反复飞行，他们最长的一次飞行持续了足足38分钟！伟大的航空业的种子，在1903年就播撒下了；在1908年，它开始发芽，虽说这一天来得太迟了。

无线电报早在

莱特兄弟实现了人类飞翔蓝天的梦想

1895年就被一个意大利人古列尔默·马可尼所发明——但它未来的可能性被人们所理解，则要等到1900年，当时，雷金纳德·A.费森登首次通过无线电传送语音；或者等到1904年，当时，约翰·安布罗斯·弗莱明爵士生产出了无线电探测器（或称"弗莱明管"）；或者等到1907年，当时，李·德福雷斯特博士生产出了三极管；或者等到1912年，当时，埃德温·H.阿姆斯特朗发明了振荡器电路，凭借这一电路，收音机所接收的弱电脉冲可以被"反馈"，并放大很多倍。同样，迟至1915年，当马可尼无线电报公司的助理营业主管大卫·沙诺夫提出了"无线电音乐盒"的设想，并暗示了未来公共广播的可能性时，他的话被人当作了耳旁风。但是，电台和电视工业的种子却已经播下。

1903年，生产出了第一部讲述一个完整故事的电影《火车大劫案》（*The Great Train Robbery*）。大约在1905年左右，最早的5分钱戏院出现了——它们是粗糙简陋的电影院，常常在空仓库里临时准备。作为一种流行娱乐的传播媒介，作为无阶级美国生活方式的一个指导者，电影开始慢慢地变得越来越重要。

1909年，利奥·H.贝克兰首次把一种用化学方法制造的物质推向市场，他称之为"酚醛塑料"。它并不是最早的塑料——这一荣誉应该归于早得多的赛璐珞——但可以公正地把它称作塑料工业的种子。此外，还有一种材料（首次粗糙地生产出来是在1920年之前）被称作

"人造丝"，后来被称作"人造纤维"，它帮助产生了20世纪发明当中最重要的观念之一：人类可以按照订单的要求生产原材料——不仅仅是大自然的合成模仿品，而且常常是比大自然所能生产的更高级的原材料。不妨看看后来尼龙的奇迹。

你还可以补充一条：1911年，威利斯·H. 开利宣读了一篇他称之为《有理湿度公式》的论文，文中提出了后来的空调产业赖以为基础的理论和实践数据。还有，在1904年的圣路易博览会上，展出了罗得岛州普罗维登斯市根据伟大的德国发明家鲁道夫·狄赛尔的设计所制造的一台柴油机。当时，似乎很少有人对自己在圣路易市遇到这台机器而过于兴奋，但柴油内燃机却大有前途。

要理解今天的美国，你不仅要认识到，美国良心的反叛对它的发展有多么至关重要，这场反叛给美国灌输了这样一种观念：你可以修补国家的经济和政治机器，使得它更好地为大多数人工作，而无需让它停下来；你还要认识到，美国良心的反叛，可能会导致纯粹的财富再分配，而不是财富的增长，除非，让这台机器保持继续运转，并有很多人在修补它，在揭示它如何才能遵循大规模生产的动态逻辑，还要发现和发明新的东西，为的是让它在长远而大有希望的未来能够继续运转。

第8章

汽车革命

1

　　1906年，当时还是普林斯顿大学校长的伍德罗·威尔逊说："说到在我国传播对社会主义的同情，没有什么东西比得上汽车了。"他还补充道，汽车提供了"一幅财富傲慢自大的图景"。不到20年的时间，印第安纳州曼西市的两个以很低的收入艰难度日的女人，对几个正在为一项令人钦佩的社会学研究（研究对象是一个美国社群：中等城镇）搜集事实的调查人说出了她们的心里话。一个女人（她是9个孩子的母亲）说："我们宁愿没有衣服穿也不愿放弃汽车。"另一个女人说："除非没有饭吃我们才会放弃汽车。"在另外的场合，一个家庭主妇面对有人对她家里没有浴缸说三道四，她的回答，唱出了一首颇为贴切的汽车革命的主题歌。"没浴缸怎么啦"，她说，"你总不能乘坐浴缸去镇上吧！"

　　汽车身份上的这种变化（从少数人的奢侈品到多数人的必需品）——正如我们将看到的那样，在半个世纪的时间里，这一变化逐渐改变了美国社会和日常生活的习惯和观念——并不是突然出现的。它也不可能突然出现。因为它取决于三样东西。首先，要有一辆可靠的、容易操纵的、不太贵的汽车。第二，要有好路。第三，要有大量的修车厂和加油站。这三项必要条件，全都必须慢慢地、逐步地出现，彼此互相增强；一个试图在1906年的一条尘土飞扬的乡村公路旁边开设加油站的人，很快就会破产。但正是在20世纪20年代，人们年复一年地、越来越强烈地感受到了变化的冲击。

　　当伍德罗·威尔逊在1906年说上面那番话的时候，以及在此后的许多年里，汽车一直是一种高悬的、吵闹的交通工具，对于自己到底是不是马车的一个暴躁的变种，总不是十分有把握。它在性能上是如此的不可靠，如此频繁地被轮胎爆裂、火花塞损坏、化油器出问题、传动装置有缺陷以及其他五花八门的毛病所困扰，以至于当时有一首非常流行的歌曲，对车主的麻烦幸灾乐祸，说他不得不"钻下去，爬出来，接着又钻下去"。数量越来越多的乡村医生开始使用那个时代的小铜鼻福特汽车，他们不得不同时是机械病理学和人类病理学的研究者。每一辆车的脚踏板上都有一个工具箱，旅行者们习惯于把补胎片、滑石粉和各种撬胎棒带在身边，以防轮胎爆裂、四顾茫茫的可怕时刻。你不得不用摇把发动引擎——这是一项很困难，有时候甚至很危险的差事。除了富人的豪华汽车之外，所有汽车都是敞篷的，有一块垂直的挡风玻璃，对后座的人来说，它在抵挡风和灰尘时所提供的保护是如此之小，以至于人们普遍都穿上了防尘长外衣，甚至戴上了护目镜；一阵狂风暴雨让你不得不手忙脚乱地拉起折叠车顶，大费周章地固定并扣紧边帘。

那年头的汽车是个很难伺候的淘气包

　　道路多半都是尘土飞扬，或泥泞不堪，没有无障碍直通路线。甚至迟至1921年，尚没有诸如官方编号公路之类的东西。那一年，《汽车蓝皮书》(*Automobile Blue Book*)警告那些计划从佛蒙特州的里奇福德驱车前往蒙特利尔的人："在潮湿的天气，把四个轮子全都绑上链子是绝对必要的。"它忠告一般的旅行者："在那些可能遇到山路、沙路和泥路的地方，一把带有轴环柄的铁铲"可能被证明是大有用处的。在威尔逊说前面那段话的那个时期，对于在偏远地区驾车行驶的人来说，惊马依然是一种危险，有农民思想的地方官员所设定的速度限制，有时候确实很低：我本人的记忆告诉我——尽管难以置信，但我认为是可靠的——在新罕布什尔州安静的霍尔德尼斯，最初的法定限速是每小时6英里。

福特的积极降价，有助于让汽车变得更流行，但同样也是一连串重大改进的原因：有效的自启动装置的发明，最早由查尔斯·F.凯特林设计，并于1912年安装在卡迪拉克车上；在接下来两三年的时间里，出现了可拆卸轮圈和钢丝轮胎；但最重要的改进，还得算是封闭式轿车的引入。迟至1916年，美国制造的汽车当中，只有2%的汽车是封闭式的；到1926年，有72%的汽车是封闭式的。

巧的是，制造商们已经学会了制造不十分昂贵、不嘎吱作响，而且可以漆上快干而持久的油漆的封闭式轿车；与此同时，购买汽车的公众很高兴地发现，封闭式轿车是某种完全不同于老式"无马马车"的东西。它是一间机械驱动的房间，装在轮子上——可以遮风避雨，可以锁上，可以整天整夜停放在任何天气里。坐在这样的车里，你可以放纵对速度的狂热，而不会被风吹雨打。你可以关上窗户以抵挡尘土雨雪。你可以用它给家里带来柴米油盐，驾着它去高尔夫俱乐部或火车站，在夏天闷热的傍晚去外面兜风，去很远的地方上班，载着家人去过一天的自驾游或周末远足，去拜访四五十英里开外的朋友，或者，像数不清的年轻夫妇很快就学会的那样，去从事私密的亲昵行为。美国道德的一块墙角石就是：很难找到一个干苟且之事的合适场所；如今，这块墙角石被打得粉碎。如果说，汽车经常也是一个家庭摩擦之源的话（"不，小家伙，今晚你不能用车"），那么，它也是徒步主义的破坏者，是上教堂习惯的削弱者，是嫉妒的促进者，当粗心大意的、醉醺醺的或缺乏责任感的人驾驶的时候，它是一件致命的武器，对寻求安全逃亡的罪犯来说也是一个方便的工具，尽管如此，它仍然是不可或缺之物。

1922年生产的轿车

此外，如今一辆汽车的维护费用，比一年连续不断的修理成本高得吓人的那个时候要少很多。而且可以用分期付款的形式买车。汽车的分期销售，在第一次世界大战之前几乎不为人所知，如今传播得如此迅速，以至于到1925年，超过四分之三的汽车(包括新车和旧车)是以这种方式卖掉的。

也是在这些年里，越来越多的路被铺平了，因为官员们发现，拨款修路不再被认为是对富人更有利；而且，修车厂和加油站也增加了。

所有这些发展，其结果就是一次汹涌的购车狂潮，对难以计数的购车者来说，仅仅在几年之前，成为有车一族的想法，看上去似乎是非分之想。1915年，美国登记在册的汽车不到250万辆。到1920年，超过了900万辆；到1925年，将近2,000万辆；到1930年，超过2,650万辆。

于是，在1918～1930年之间，美国引入了一系列新奇的玩意儿，它们如今是美国场景中如此熟悉的特征，以至于你没准会认为，我们一直就有这些东西：自动红绿灯、有坡面曲线的水泥路、六车道大马路、单行道、官方编号的公路、旅客之家以及小旅店；而且，沿着主路边缘，排列着花里胡哨的路边服务和买卖，本顿·麦凯和刘易斯·芒福德称之为"路镇"——路边饭馆、热狗摊、花生摊、水果和蔬菜摊，一座接一座的加油站，以及旧车市场。

与此同时，对于东部高楼林立地区日益严重的嘈杂、混乱和交通堵塞，一种矫正办法也已经在准备之中。一代人以来，纽约州西切斯特县的官员们一直在为小布鲁克斯河的环境污染及其洪灾而烦恼不已，并计划约束和控制它的泛滥，同时使之成为一条引人入胜的公园大道——它几乎是不可避免地要包含一条直通汽车公路。当这条公路在1925年向公众开放的时候，驾车人、交通委员会和区域规划者都高兴地从中看到了对他们祈祷的回应：一条宽敞的公路，每隔一段距离分布着通车车道，被地方交通部门弄得干净整洁，蜿蜒着穿过被商业所破坏的风景。在这样一条公路上，你可以让时间过得轻松愉快。由此又在西切斯特县和别的地方修建了另外一些更宽、更直的公园大

道；现有的直通公路都已重修，以绕过沿途的城镇；所以，麦凯和芒福德在《哈泼斯》杂志上撰文宣称，人们至少已经认识到，汽车不大像是一辆家用马车，而更像是一个家用火车头，并前瞻性地预见了如今人们所熟悉的一幕。他们预言，总有一天，长途驱车的驾车人会在一条"无城镇公路"上轻松进入快速交通；不久之后，他就会"以每小时60英里的速度"一路飞奔，"比他所习惯的在老的城镇公路的混乱中以每小时25英里的速度驾驶更加安全、更少揪心。"他们说，当这一天到来的时候，汽车就会成为"对我们机器文明的致敬，而不是对它的责难"。

西切斯特县的公园大道

在1931年，那些日子尚未来到。尚没有梅特里公园大道，宾夕法尼亚收费公路；没有漂亮的立交桥；没有像20世纪中叶可以在洛杉矶的卡文加关口看到的那样宏伟壮观的分离车道的组合，在那里，多达14条车道一字排开。汽车巴士已经大量出现，但有轨电车轨道的逐步拆毁才刚刚开始。运货卡车已经从铁路那里抢货运生意，但依然没有像后来那些年里出现的那样巨大而轰鸣的、往返于大城市之间的通宵货运卡车、牵引拖拉机和半拖挂车。而且，我们国家流动性的完美象征——房式拖车——才刚刚出现：第一辆拖车由一位细菌学家建造于1929年，为了休假使用，但这些装在轮子上的房子，要到30年代中期才会大量出现。然而不管怎么说，汽车时代的榜样已经树立起来了。

2

一个民族的生活习惯中所发生的如此令人吃惊的任何变化，都会有其深远的社会影响。我们不妨粗略扫视一下其中的几种影响。

1.它发展出了汽车化的郊区。在有些地方，先前可以通过铁路到达的郊区，由于从任何一个距离铁路1英里开外的地方到达火车站都很困难，郊区的规模因此受到了限制。当不动产分销商买断了大片地产并修建了伍德米尔公路、埃奇蒙特快车道和湖边坡地——适合修建英国村舍式的、意大利别墅式的或新英格兰坡顶小楼房式的带有车库的房子——的时候，郊区便以令人吃惊的速度发展起来了；在郊区，孩子们有阳光、空气和玩耍空间的好处，他们的父母则有持续不断地与地方学校董事会的政策作斗争的好处；在郊区，妻子会在7:52喝干她的咖啡，驱车送丈夫去赶8:03的火车，然后再送孩子上学并干家务活。

在一个先前不能通过铁路达到的郊区，也发生了同样的现象，只不过稍有变化：家里的挣钱人一路驱车，从他几乎就是乡下的村舍出发，赶到他工作的地方——同时为城里停车的难题而提心吊胆。那些心爱的小家与挣钱的地方相距20英里的美国人（正如阿格尼斯·罗杰斯所写的那样），其数量大为增长。当那些生计依赖于市中心工作的人越来越多地逃到树木葱茏、枝繁叶茂的市郊的时候，城市规划者们便开始操心市中心周围的那些遭到损毁的地区，那里地价不断下跌，总体恶化一目了然。

2.汽车时代还带来了另外一些变化。它导致了一次范围广泛的商业以及经济和社会的重要转移：从铁路沿线城镇，向远离铁路的城镇转移；从距离火车站4英里，但土壤贫瘠的农场，向远离铁路20或50英里，但丰饶肥沃的农场转移；从小城市中心向它的郊区转移。

富人们在郊区修建的"村舍"

主街上的旅馆，原先是流动推销员们驻扎的地方（也是唯一的地方），如今的生意输给了84号公路上的旅行者营地。最后，这家营地被转变成了一种新型的路边旅馆，它提供整夜的私密空间——有时堪称豪华——而无需承载高地价和维持一间餐厅及其他公共房间的经济负担。主街上沿街商店的生意，输给了城镇边缘新建的有着宽敞停车场的西尔斯－罗巴克连锁店。城市的百货商店，痛苦地认识到了他们对顾客的吸引力正在日益减少，便开设了郊区分店，以吸引城外的生意。到20世纪中叶，购物中心开始在开阔的乡村地区发展起来，在那里，至关重要的停车位将会非常充足。

避暑大酒店的生意也跑掉了，由于汽车让数量庞大的人们有机会一家接一家汽车旅馆走走停停，要么就是有他们自己的消夏村舍，他们不仅开车到这里避暑，而且，甚至其他的时候也偶尔来度周末，把整个家庭塞进一辆鼓鼓囊囊挤满人、行李箱和各种背包的汽车里。在一个接一个度假胜地，一种变化模式被再三重复：岬角、海滩或山顶上的大酒店被拆毁，同时其所在地附近村舍的数量翻了两倍、三倍、四倍；与此同时，星期五下午，通向各个不同的岬角、海滩和山顶的城外交通变得越来越拥挤。大衣箱制造商的生意输给了手提箱制造商，快递公司日渐凋零。

在20世纪20年代这十年的时间里，铁路旅客运输减少了将近一半；只有往返上下班的旅客交通在苦苦支撑。（在纽约市郊，接下来的两个十年将见证往返上下班旅客交通的下降，由于新修建的通向曼哈顿的公园大道、桥梁和运河使得乘坐巴士和私家汽车往返上下班的人数有所增长。）

3.汽车时代带来了停车问题，这个问题不断被解决，然后再一次出现。在20年代初期，那些把自己的汽车留在郊区火车站的上班一族，起初把汽车停在车站快车道的边缘；接下来，他们需要专门的停车场，不久又需要一个扩大了的停车场，到最后，需要更大的停车场——停车场发展得越大，想要使用停车场的人越多。新修建的林荫大道、更宽的公路和公园大道缓解了大城市通路的拥挤——并招致越来越多的汽车进入城市。到20世纪上半叶结束的时候，"我的车停哪儿？"这个问题，像汽车出现之后的任何时期一样让人烦不胜烦。

4.新的天意带来了暴死。在20年代，美国每年被汽车所杀戮的人数，从1922年的略少于15,000人，增长到了1930年的超过32,000人；18年之后的1948年，这个数字与1930年的数字几乎完全一样。由于汽车变得更强大，道路变得更直、更平，速度变得更快，每个周末骇人听闻的死亡人数导致了更谨慎的驾照发放和车辆检查，导致了路旁警示标志的增加，并导致了诸如国家安全委员会和汽车安全委员会这样一些组织对公路死亡的原因和对策展开研究。但与此同时，小毛孩也学会了玩"小鸡游戏"

交通事故是汽车时代常见的一幕

（一种双方驾车迎面对开，赌对手会先避让的冒险活动——编者注），改装车爱好者们也已动身上路；一把年纪的老司机，几杯老酒下肚之后，忽然发现，他们很容易说服自己：可以追上并超过坡顶上那辆该死的慢如蜗牛的老爷车，就连最稳重的驾车人有时也会在方向盘上打瞌睡——如今发生的事故更致命，尽管不那么频繁。因此，在20世纪

上半叶和下半叶交替之际，你依然可以比较有把握地预言：一个度假周末，总会有几百个男女老少被汽车带向突如其来的、血淋淋的鬼门关。

5.汽车革命与电话、收音机及其他沟通手段一起，终结了农民与世隔绝的状态。1900年，雷伊·斯坦纳特·贝克在描述中西部农民当中的一波繁荣浪潮的时候说，当一个农民发展顺利的时候，他所做的第一件事，就是把谷仓粉刷一新；第二件事就是给他的房子增加一个门廊；第三件事就是买一架钢琴；第四件事就是送儿女上大学。到20世纪20年代中期，买一辆汽车很可能要置于粉刷谷仓之前——而且，一架新钢琴是个稀罕物。拖拉机的广泛使用使农场扩大了；借助于大量的科学知识(通过出版物和农业部的技术推广官员)，农民正变得越来越不像是一个用手劳作、单凭经验方法的劳动者，而越来越多地成为一个土地生意人、机器操作者和技术专家。如今，当他去城里的时候，他不再是一个乡巴佬、一个土老冒，他的老婆和女儿看上去也不再是穿着印花布衣裳的、土里土气的村妇。到1939年，西尔斯－罗巴克的商品目录上列出了"受夏帕瑞丽启发"的女装，1940年，它一本正经地宣布："大都市中心和农场之间在接受新时尚上的传统落差，显然已不复存在。"

6.汽车拓宽了地理意义上的地平线，尤其是对那些此前一直认为自己穷得没钱旅行的人来说，则更是如此。你还是可以在不同的地方找到这样的男人和女人：他们从来不敢走出家门，到比县城更远的地方去，不过，他们的数量正在迅速减少。因为，现如今，那些总是呆在家里的家庭，在休息日可以驱车去湖畔或海滨，在节假日可以去全国各地，看看新事物，参加新运动，遭遇新人群。就连他们的日常活动范围也令人吃惊地扩大了：到20世纪40年代，驱车10或15英里去购物，驱车20或30英里去看电影，驱车50英里去看医生，对一个乡村家庭来说，多半是稀松平常的事。

此外，汽车还削弱了让一个家庭留在一个地方的根。跟欧洲各民族比起来，美国人一直是个流动的民族，如今，他们比从前更乐意追随经济的潮汐随波逐流，乘坐汽车——不久之后是乘坐房式拖车——

漂泊四方，只要那里需要建筑工人，或水果采摘工，或飞机技工。严肃冷静的知识分子倾向于哀叹美国人日益严重的好动倾向，赞美那些在祖祖辈辈生于斯、长于斯的地方扎根的人；但汽车很适合美国人的天赋。因为这种天赋不是静态的，而是热衷于冒险的；美国人觉得，一个浪迹八方的人总是在积累着阅历、冒险、世故，而且——如果幸运的话——还有新的，并且很可能是硕果累累的机会。

7.汽车革命引发了个人的自豪。当我说这句话的时候，我所想到的，并不是那些得意于自己拥有的车型比邻居的汽车更漂亮的男人和女人们接受别人羡慕时的那种自豪，而是某种不那么容易定义，但却同样真实的东西。有人曾说，亚洲人（他们长期以来习惯于在傲慢的欧洲白人那里遭受羞辱）一旦坐进了拖拉机或推土机的驾驶室里，便再也无法忍受这种羞辱了。类似地，因为贫穷，因为他在商业秩序中无足轻重，因为他的种族身份，或者因为在他看来会贬低自己身份的其他任何境遇而低三下四的美国人，当他坐在一辆汽车的方向盘后面的时候，就会获得一种权威感，这辆车对他言听计从，准备把他带到

梅特里公园大道

他高兴去的任何地方。如果他驾驶的是一辆巴士，或者是巨大的载货拖车的话，他的状态就更加派头十足，因为他觉得自己在负责支配一股相当大的力量。

汽车革命的这一影响在南方尤其显著，在那里，人们开始听到白人抱怨公路上那些"傲慢的黑鬼"，公路上没有吉姆·克劳①。但新的自豪感传播得远远比这要广泛得多；在某种程度上，它影响了驾车上路的几乎每一个人。1950年，美国的民用劳动力据估计略少于5,900万；就在同一年，美国司机的数量据估计略大于这个数：5,930万。人类历史上此前大概从未有过哪个国家有过这么高比例的国民懂得这样一个道理：自由行使权力能够带来精神上的提升。

---

① 吉姆·克劳：美国剧作家T. D. 赖斯1828年创作的剧目中一个黑人角色的名字，后来逐渐演变成了贬抑黑人的称号和黑人遭受种族隔离的代名词。

第9章

旧秩序的小阳春

1

在1918年停战之后的三四年时间里，人们的情绪状况出现了一丝微妙的变化。曾点燃美国良心反叛的理想主义的火把，看来几乎已经熄灭。特别是，他们的公共精神，他们的良心，以及他们的希望，都已经疲惫不堪。

从战场上回来的军人，对他们被派去参加的这场圣战大失所望。这场战争被证明是一宗肮脏的买卖，残忍和虱子比高尚的目的更加看得见、摸得着；很多美国步兵反感外国的风俗习惯和生活方式，他们目睹了足够多高尚的英法盟友把这些习惯和方式保持了好一段时间。无论如何，外国人开始看上去似乎是一群可疑的人；美国人对国际联盟的热情已逐渐消失，我们决定——这个决定或许是不幸的，但在当时的环境下却几乎是不可避免的——在我们自家的后院里玩。人们觉得，到了该放松的时候了；要照顾好自己，而不是照顾其他人和整个世界；要尽情地享受美好的时光。禁酒法——它是美国良心反叛稀奇古怪的最终产物——载入法令全书没过多久，便开始遭受来自四面八方的嘲弄；很快，有很多一直自认为是守法模范的男男女女开始光顾私酒贩子们的生意，或者家酿非常古怪的啤酒，或者调制更加古怪的私烧金酒①，或者在后裤袋里揣着酒瓶子去参加聚会。就连改革者们自己也厌倦了，并且，一想到这是在为伟大的政治理想而战斗，如今何以举步维艰，便感到大惑不解。

出于对奋勇向前、努力向上的厌倦，选民们在1920年选择了英俊潇洒的沃伦·G.哈丁当总统，哈丁是一位参议员，他最大的资产——除了相貌堂堂之外——是他的仁慈、亲切和谦逊。他是个和蔼可亲的人，智商和道德声望都不高，没有改进任何事情的显著动力；他宁愿

① 金酒：指杜松子酒。

谈论他所谓的"常态"。人们后来发现，他的官场伙伴当中有一些极其恶劣的贪腐分子。当哈丁去世的时候——正好赶在其统治时期的丑闻充分暴露之前——卡尔文·柯立芝继承了他的位置，柯立芝是个诚实、细心、谨慎的人，但也是走上美国最高职位的人当中最消极的人物之一。柯立芝不会设法解决任何一个全国性的难题，直到这个问题迫使他给予关注。在一次漫长的社交场合，他可以耐着性子一直坐在那里，一言不发，除了偶尔蹦出一个单音节词。他喜欢下午在白宫的安静中打个小盹——据白宫总管说，这样的小睡，胡佛能持续2～4个小时。柯立芝这种安静少动的天赋在大多数美国人看来很不错，美国人暂时应该享受那种幸福，据说，这种幸福是一个没有历史的民族的命运。

柯立芝总统

我的一位朋友在1918年的时候还是个小孩，他父亲告诉他，停战协定签字了，他问："既然战争结束了，那他们会找些啥玩意儿登在报纸上？"他父亲哈哈大笑，但回首过去，这个问题似乎很有意义。因为，事实情况是，逐渐地，军事外交事务和政治开始把报纸上的首要位置让给丑闻、犯罪、灾祸、人间悲喜剧和体育运动，不仅新近出现的耸人听闻的小报上如此，而且更严肃、更谨慎的大报也是这样。今天回翻1926年下半年（当时，对霍尔－米尔斯谋杀案的调查正在展开）的报纸黄页，你会惊讶地发现，就连《纽约时报》——正如后来一样，当时这份报纸也是致力于本着良心讲述每件重要事情的每个方面——也给予来自新泽西州萨默维尔市的消息以头版左侧专栏的待遇，在萨默维尔，爱德华·惠勒·霍尔夫人和她的两个兄弟及堂兄弟因为谋杀霍尔牧师和他的唱诗班里的米尔斯夫人而受到审判。而且，当（次年春天）年轻的查尔斯·A. 林德伯格一路从纽约飞到巴黎的时候，各大报纸——连同其他每一个人——的行为表

现，就好像他的壮举是开天辟地以来最翻天覆地的事件一样。国会所做的事情，外交谈判设计者的胜利，公共危机，其重要性似乎都不能跟下面这个事实相提并论：一个可爱的年轻人进行了一次十分大胆而且格外漫长的飞行。

某种跟世界职业棒球锦标赛赛季的情绪氛围相类似的东西正大行其是——这种氛围在人们当中传染着对那些令人兴奋，却没什么深远意义的事情的热烈关注。人们热切地关注杰克·登普西、巴比·鲁斯、博比·琼斯、海伦·韦尔斯、格特鲁德·埃德尔、雷德·格兰奇、"圣母四骑士"及当时其他体育英雄的运动功绩；为营救肯塔基山洞里一个名叫弗洛伊德·柯林斯的默默无闻的年轻人的努力而提心吊胆；坚持收听来自田纳西州代顿市斯科普斯审判案以及来自利奥波德和勒布谋杀案的逐日报道；热烈欢迎来美国，不管是在纽约表演撕报纸的艺人，还是名声有大有小的男女英雄。例如，为什么不停下来问一问罗马尼亚的玛丽王后对公众的欢迎有何评价呢？她是个漂亮女

战后美国：一战退伍老兵在国会大厦前游行

148

人，一个王后，而且无论如何，欢迎会本身——拥挤的人群，嘈杂的喧闹声，撕碎的电话号码簿，从头顶上的窗户里飘洒下来的彩色纸带——就是一次令人惊叹的展示。

2

在20世纪20年代，除了这种对精彩琐事的津津乐道之外，还有一种非常普遍的愿望，就是要摆脱清教主义的约束，要颠覆长期存在的礼仪习俗。

这场反叛有一些提前发出的信号。一个信号是1912年左右出现的跳舞热，这场狂热还让那些关节僵硬的老年夫妇与他们的晚辈一起在数不清的茶舞会上跳起了狐步舞或探戈舞，让欧文·伯林的爵士乐流行了起来。另一个信号是1913年的"军械库展览会"，它向目瞪口呆的公众展示了某些值得注意的非学院派现代艺术的样本。还有一个信号是，自由诗在那些反叛公认诗歌传统的诗人当中的一次爆发。此外，战争使得数以百万计的年轻男女脱离了他们所习惯的环境，并让他们在某些环境下尝到了自由的甜头，在这些环境中，格伦迪太太①所说的那些东西似乎不是十分要紧。有很多这样的年轻人，他们战后的反应采取了一种特别的形式：对他们来说，很容易认为自己是因为父辈的错误而经历了战争地狱的一代，因此，父辈们在任何问题上的警告都必定是值得怀疑的。不管怎么说吧，到1920年，对清教主义和一本正经的反叛随处可见，随着这个十年的时间推移，这种反叛获得了越来越强大的推动力。

正是女孩子们，充当了这场反叛的先头部队。妈妈们不是把胸衣看作是值得尊敬的防护盔甲么？很多女儿便作出决定：不穿胸衣跳舞更加私人化、更加令人满意。妈妈们不是认为年轻姑娘不该喝酒么？

---

① 格伦迪太太：18世纪英国剧中的人物，以拘泥礼俗著称。

对上一代人
来说，这样
的场面是不
可想象的

　　女儿们发现，坐在一辆停着的轿车里，从情郎的口袋酒瓶里吞一口非法的威士忌，会给接下来的行动增添绝妙的风味。妈妈们不是以贵妇般的婉转方式与人交谈么？女儿们便直来直去地谈论性和利比多，后面那个词是从弗洛伊德那里学来的，他曾说（据传闻），压抑对人有害。妈妈们不是在长裙时代被教养成人的么？那年头，把脚踝暴露在众目睽睽之下被认为实际上就是对男性性欲的挑逗。女儿们却痴迷于新款式的解放，在20世纪20年代中期，这些新款式把裙子底边一路提高到了膝盖。

　　在短短几年的时间里，美国的女人已经彻底改头换面，在外表上几乎认不出来。迟至1919年，她们还穿着尺寸宽大、长及脚踝的外衣，覆盖着诸如胸衣、衬衣和衬裙之类的底层结构；她们还留着长长的头发，需要用帽针固定；她们白天穿的长袜大多是用黑色（或者是褐色、绿色、蓝色）的棉线或莱尔线织成的；丝袜被认为略嫌奢侈。到20年代晚期，年轻女性已经把她们外衣的尺码减少了一半，越来越多地穿丝绸或人造丝内裤，拼命想要看上去苗条。她们留着短发——要么是齐耳短发，要么是男孩子那样的平头——频繁出入正在兴起的美容院。随着人们对烫发的广泛接受，美容院便进入了它的兴盛期。自

20年代初期以来，她们就一边倒地痴迷于后来被证明是我们时代最持久的时尚创新——肉色长袜。岁数较大的女人跟上这些变化的步伐更慢，在某些情况下甚至有一种不情愿的感觉，觉得她们正在屈服于一种有害的青春崇拜。但没有人抵制这一趋势。

因为它契合了两性关系中的一种正在改变的模式：对女性参加工作(不管她们"需要"还是不需要)的接受更加普遍；女性吸烟人数急剧增长；男女混杂一起喝酒的出现，以及后来成为标准社交习俗的鸡尾酒会的引入；警察对黑酒店的保护——在大多数地方，这种黑酒店只不过是一家能搞到酒的低档酒吧间，但在曼哈顿，它可能是一家戒备森严、管理谨慎的带酒吧的餐馆；夜总会的日益风行；年轻人当中对性的态度更随便，那些自认为老于世故的人当中对离婚(事实上还有对通奸)的态度更宽容。20年代，"它"女郎①克拉拉·鲍取代了清纯少女的银幕化身玛丽·璧克馥，成为新一代的电影女神，这正是那个时代的特征。巧的是，女权运动也已进入一个新阶段。如今，尽管投票权已经赢得了，但大规模女性参政尚未出现；相反，女人基本上都在主张她们有权像男人一样，并和男人一起尽情享乐。

克拉拉·鲍

对于这一概括，你或许可以从50年代事后诸葛亮的意义上补充一些脚注。首先是，按照现在的标准，那年头的社交行为并不特别放纵；回首过去，让我们更加惊讶的是20年代的青少年所反叛的那些清规戒律。换句话说，尽管公认的社交行为模式自1920年以来已经发生了相当大的变化，但也正是在那十年，某种接近于当前准则的东西得以确立。然而，当时的氛围却大不相同：关于对清规戒律的放松，有一种新奇和自觉实验的氛围，令参与者倍感兴奋，也让

---

① "它"女郎：因克拉拉·鲍所主演的电影《它》(It)而得名，后来成为性感迷人、富有个性的年轻女性的代名词。

跟不上变革脚步的旁观者惊骇莫名。

第二个脚注是，像金赛博士这样的圣贤之士坚持认为，从上一代到下一代，实际上私通野合的总数只有很小的变化；对此，你只能回答：那种纯粹是初步的或试探性的激情，当行为公开或自吹公开的时候，往往给所有人传达了这样一种印象：纵情狂欢的时代已经到来，不管最终完婚的统计数据是怎样的。

第三个脚注是，主流情绪更多的是喧闹，而不是放肆。不妨看看女性的时尚，它让成熟的女性看上去就像短裙、长衫、平胸、短发的小姑娘，正试图寻找尘世的智慧；还不妨看看诸如"查尔斯顿舞"之类欢快舞蹈的流行，那是一种轻松活泼但很有诱惑力的胡蹦乱闹。

最后的脚注是，当然不是每个人都尽情放纵自己；还有数百万这样的美国人：对他们来说，我前面暗示的这些行为几乎不可想象。

随着这种对社交规则的放松，带来了一波宗教怀疑主义——难道不是科学彻底击溃了旧时的宗教么？——和享乐主义的浪潮。在那些为自己的现代头脑而自豪的年轻男女当中，出现了这样一种倾向：把教会的工作、或社会服务工作、或者当得起"促进社会进步"这个词的其他任何东西，统统都看作是"有害的"，是毫无根据地侵扰别人的隐私；此外，一个人有享乐的权利，再说，礼拜日早上驱车兜风总比上教堂要有趣得多。对教会成员数的统计并没有显示成员损失的确凿证据，但有一点很清楚：很多教会成员礼拜日是在高尔夫球场，而不是在教堂的长椅上度过，而且，教会逐步失去了它对年轻一代中那些更有前途的成员的控制。一个天生积极向上的民族，很可能要把他们的理想主义引导到对心理分析的热衷，对他们来说，心理分析看上去像是一种不受禁令约束的"科学拯救"；或者是对进步教育的热衷，它赖以建立的基础，正是对古老教育传统的严格刻板的反叛；或者是对人道主义的热衷，人道主义是一种有点模糊的没有神学的宗教。

幻灭和反叛，也是那个时代作家们的特征：对伴随美国参加第一次世界大战的那种圣战精神的幻灭，对他们觉得自己在年轻时受到教条和习俗的压制的愤怒，对那个时代商业文明的所谓粗俗的轻蔑。H.L.门肯就是这样令人吃惊地流行起来，他嘲笑宗教，嘲笑值得尊敬的人物，嘲笑维多利亚时代的礼节和艺术中的多愁善感，嘲笑改革家，以及一般意义上的政治家，与此同时，他还是像德莱塞之类文笔犀利的作家们的吹鼓手。辛克莱·刘易斯以照相般的精确和厌恶写到了美国的小镇以及美国人对商业的专注，掺杂了对受害者的同情。欧内斯特·海明威以他惜墨如金的文字，让那些以蒙帕尔纳斯①为精神家园的年轻知识分子确信：他们真的是迷惘的一代，而且，除了酒和性之外，留给他们的东西少之又少。尤金·奥尼尔把弗洛伊德和他

H·L·门肯

的意识流文学技巧用来创作那些强烈（即便有些冗长）的戏剧，其主题在上一代人看来是骇人听闻的。

那个时代的有些作家甚至表现出了对幻灭本身的幻灭，以至于接近彻底的虚无，但总的来说，新的情绪状态并不是灰心丧气；事实上，它是强烈地富有刺激性的。整个艺术界有一种这样的感觉：如今，终于摆脱了对直言不讳的传统束缚，能够讲真话了。结果是一种智性的复兴：不仅是刘易斯、海明威、奥尼尔和德莱塞的全盛时期，而且也是多斯·帕索斯、舍伍德·安德森、麦克斯韦·安德森、薇拉·凯瑟、埃德娜·圣文森特·米莱、埃伦·格拉斯哥、F.斯科特·菲茨杰拉德以及其他很多有才华的小说家、诗人和戏剧家的全盛时期。尽管电影已经发展成了一个巨大的产业，每天24小时吸引数百万人走进电影院，但正统戏剧的好运也是前所未有的：仅在1927年，百老汇就有多达268场首演——跟最近这些年比起来，这是一个巨大的数字。有一点倒是真的，年轻美国作家和艺术家的偶像主要是外国人，或者是移民：普鲁斯特、乔伊斯、T.S.艾略特、格特鲁德·斯坦因、法国现代画家、包豪斯学派的建筑师；然而，美国文化正在成熟的迹象也在不断增加。

---

① 蒙帕尔纳斯：法国巴黎的一个区，位于左岸地区，以艺术家、作家和知识分子汇集地而闻名。

3

满腹经纶的知识分子嘲笑巴比特[1]，在他们眼里，后者是一个粗野而庸俗的家伙。然而巴比特自己却神气十足。事后看来，比清规戒律的放松和文学艺术的活跃更重要的，多半是美国工商业在1923~1929年——更准确地说，直到1929年10月——这7年时间里昙花一现的胜利前进。

这些年是繁荣兴旺的好年头，这一事实有着足够的根据。首先，汽车工业有了很大的发展——这意味着生意的不断扩张，不仅仅是汽车制造商和零配件生产商，而且还有销售商、汽车修理商、加油站经营者、货运公司、巴士公司、路边生意，以及诸如此类几乎数不胜数的行当。在弗兰克·康拉德博士1920年首次推出了定时广播之后，出现了无线电产业的突然繁荣；到这十年结束的时候，收音机的销售总额超过了一年7.5亿美元，电台广告客户发现，他们挖到了一座富矿。当充满自信的商业界要求更大更好的办公大楼的时候，当越来越拥挤的城市人口要求新的公寓大楼的时候，当汽车化郊区和迅速发展的旅游胜地要求新的房地产发展的时候，建筑工业出现了活跃的增长。人造纤维产业有了起步，连锁商店和各种连锁服务有所增长。更好的是，制造商们正在学会新机器和谨慎细致的生产计划能够为增加产量做些什么。在1922~1929年这几年里，农业、制造业、采矿业和建筑业的物质生产增长了34%——这是一个令人吃惊的数字——在1920~1930年间，人均每小时产出增长了21%。

迄今为止，万事顺利。东西可以顺利地生产出来。问题是它是否能卖掉。多数意见是，一个足够机灵的推销员能够卖掉它。因此，20世纪20年代目睹了推销员被尊奉为美国最明亮的希望。

---

[1] 巴比特：辛克莱·刘易斯同名小说的主人公，典型的资产阶级市侩。

销售配额被强加给那些正着手出售其商品的年轻人。推销员当中的竞争——常常是残酷无情的竞争——被设计出来了。执行主管告诉他们的下属：接单员的时代已经一去不复返；他们不应该等客上门，而是要走出去，并找到顾客。颇有营销意识的花旗银行的头儿查尔斯·E.米切尔领着他的一位债券推销员来到窗前，说："朝下看，那儿有600万人，其收入总计高达数十亿美元。他们正等着有人来告诉他们如何利用他们的存款。好好打量一番，好好吃上一顿，然后，走下楼去，去告诉他们吧。"广告公司生产的文案、图片和设计图是如此光

推销员和他的顾客

鲜而有说服力，以至于早年的广告页看上去很业余，把恐吓消费者使之购买商品的技艺以及诉诸最原始形式的社交野心的技艺发挥到了极致。"五颗要掉四颗"——换句话说，如果他们不使用合适的牙膏的话，就会患上牙槽胀肿。"常常是伴娘，但决不是新娘"——因为她由于没使用合适的漱口水而有了令人不快的口臭。"当你的客人离去的时候，你会为邀请他们而感到遗憾么？"——因为没有研读过《礼仪手册》(*Book of Etiquette*)，你的言行举止很粗俗。推销手法变得更丰富、更活泼，连同交易习惯也是如此——当然，在部分程度上，这是因为，对那些喜欢交际的人来说，远离家人去一个这样的地方确实很有趣：在那里，他们贩卖私酒的冒险不会因为担心遇上邻居而缩手缩脚；但也是因为，推销的艺术，可以受到比较各种方法和步骤的刺激，在狂热追求更大、更好销售的氛围中实施运作。

4

那么，还有什么能妨碍商业的飞速前进呢？不是政府，其制定规章制度的官员和委员会似乎大多在跟柯立芝总统一起打盹。不是劳工，在紧接着战后出现了一波狂暴的罢工浪潮之后，工会主义便凋萎了；美国的工会成员总数从1920年的500多万，减少到了1927年的不足400万，以及1931年的330万。（这一下降的一个理由很可能是，工会的成员身份要求努力和奉献，而工会的成员们——像其他人一样——却更喜欢放松。另一个理由是，不管怎么说，工资一直在增长，尽管多半没有生产力增长得那么快。第三个理由是，工会的主要领袖都是些老气横秋、膀大腰圆、行动迟缓的家伙。）

注定要让商业前进的脚步停下来的，是这样一个事实：美国的商人已经开始痴迷于纸上富贵——痴迷于积聚投机财富，或人为产生的财富，而这些财富，与商品生产关系不大。在这样一个时期，国民最大的经济需求是这样一种设计：它必须尽可能广泛而公正地分配工业进步成果，而又不至于摧毁激发这一进步的激励机制（对资本、对管理、对工人的激励），于是发展出了一股投机狂热，直接受益的，只能是那些能够抓住资本的人；此外，还发明（或改进）了一连串这样的方法：它们能够把繁荣——或者看上去像繁荣——的成果分配到少数人的口袋里。

这些方法包括：公司以夸大的价格进行合并，让内部人有机会大发横财；控股公司一个接一个堆叠起来，直到——就像英萨尔和范斯威林琴的帝国一样——它们达到5～7家公司之多，结果是，建立在这样一个金字塔基础之上的公司，其利润的最大份额可以被顶端公司的拥有者所吸走；由银行组成"担保成员机构"，实际上用储户的资金投资于债券和不动产，而法律不允许银行本身经营诸如此类的业务；通过在一组公司中以不断上涨的价格来回买卖资产，从而频繁地夸大公司的利润；组建股票市场的合伙联营机构，在这样的联营机构中，公司的高级职员与经纪人和有钱的投机商联手合作，推高该公司股票的价格——然后把股票倾销给大量新的卖家，因此以牺牲公司股东的利益为代价而大发横财。

这些还只是少数几种那个年代被广泛使用的方法。它们不仅共同代表了信托传统的惊人崩溃，而且——这是我们要记住的首要事实——它们全都倾向于把投机价值，甚或是虚假的价值编织进国家的经济结构中，其节点是如此之多，以至于一旦价值下跌，银行和公司——还有它们的储户和雇员——就会一家接一家地遭受沉重的打击。这些人也不停下来想想，他们正在构建的是一幅资本主义制度的讽刺漫画，他们不负责任的行动为灾难铺平了道路。

与这些巧妙方法的使用相伴随——并被它们所强化——的是一次巨大的投机繁荣。就在1926年，虚幻的佛罗里达房地产繁荣爆发之后不久，普通股的"大牛市"开始了。它实际上是在1927年开始的，在1928年进入了高速档，在一连串痉挛性的下挫之后，在1929年9月达到了它的最高潮。

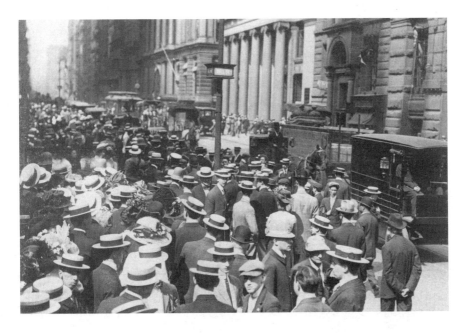

人头攒动的
华尔街

　　在这疯狂的几年时间里，究竟有多少人投机股票，尚不得而知，但很可能有大约一百万人在按照保证金的办法——只需拿出股票价格的一小部分——买股票，有一两百万人（尽管他们是用支付全额现金的办法买股票）以几乎同样的全神贯注紧盯着报纸金融版面上的股票行情表。不仅仅是金融家和商人（地位有高有低）在投机，而且还有家庭主妇、牧场工人、速记员、牧师、电梯工——无论是谁，只要手头有点现钱，他就可以投资于通用汽车或美国无线电公司、芒迪·沃特公司或电气债券股份公司。有一个故事讲的是，一个年轻人去找一位金融家，请教如何获得商业教育，他得到的建议是：购买某某股票，然后盯住它，看看会发生什么；两个礼拜之后，他回来了，急切地找到金融家，兴高采烈地问："这种情况持续多久了？"在1928年和1929年的大多数时间里，买股票就像在赛马场赌博一样，而稀奇古怪的是，场上大多数马都赢了。价格一路攀升、攀升、再攀升。普通股价格的标准普尔指数在1926年是100点；到1927年6月，它达到了114点；到1928年6月，它涨到了148点；到1929年6月，是191点；到1929年9月，达到了让人头晕目眩的216点。

　　随着股价的不断攀升，有些公认的聪明之士都说，他们已经到达了一个永久性的高原；这是一个"新纪元"。另一些人提出了这样一种欢快明亮的观念：不久之后，全体国民都会通过拥有普通股而让自己富起来。还有一些人则说，正在发生的是一场疯狂的赌博，很多人肯定会输个精光，但一次坠落在别的方面不会有太大的影响，当浓烟散尽之后，事情又会像从前一样忙碌。他们所没有认识到的是，投机市场如今变得如此庞大，以至于原本指望能够自我调整的机器——比方说，不走运的买家被自动平仓，而这样做应该会导致价格回落，并吸引新的买家进场——将成为引发组合灾难的机器；而且，美国商业中有如此大的部分被调整得适合这些夸大的价格，以至于坠落所带来的冲击会撼动整个经济。

　　那么，谁能让这场走向灾难的进军停下来呢？柯立芝总统么？他对金融所知甚少，一场繁荣在他看来好得很；他甚至偶尔天真地鼓励这样的繁荣。他那位精明的财政部长安德鲁·梅隆么？或许吧；梅隆甚至曾经发表过一番温和的讲话，大意是，这是买债券的好时机；但梅隆太过拘泥于这样的观念：政府千万不要插手商业事务，因此，他不会做更多的事情。联邦储备系统么？它曾费了九牛二虎之力，试图通过银行管制来阻止价格的膨胀——并因为这样做而遭到严厉的抨击——其所导致的结果，也只不过是一次暂停。有一天，当联邦储备委员会主席罗伊·扬看到股价公示牌上不断上涨的价格时不由得哈哈大笑，并说："我所笑的是，我竟然坐在这里试图阻止一亿两千万人做他们想做的事。"

1929年3月，赫伯特·胡佛接替卡尔文·柯立芝成为美国总统。胡佛能让它停下来么？到他入主白宫的时候已经太晚了，这样做势必会引起一场不大不小的恐慌——一个以"再来四年繁荣"为竞选口号的总统，凭什么要让一场恐慌紧跟着自己的走马上任接踵而至？

那么，美国金融界那些负责任的领袖——比如说摩根公司——能让它停下来么？恐怕很难；因为摩根公司本身也卷入了某些最雄心勃勃的控股公司的策划，这些公司的好运气依赖于高价格；而且，无论如何，尽管它享有如此之高的声望，以至于华尔街的小人物在不经意的谈话中甚至都不愿直呼其名，而更喜欢仅仅只说"街角"（因为摩根公司位于宽街与华尔街的拐

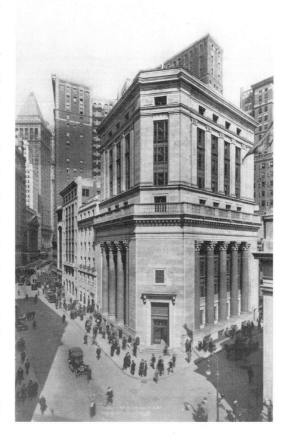

位于宽街与华尔街拐角上的摩根公司总部

角处），然而，它行使不了它在毫不妥协的老摩根时代所拥有的那种直接权威。

不，掌权者当中没有一个人有阻止这股汹涌洪流的意志和能力。就这样，1929年欢快的夏日奔向了它的终点，秋天开始了……

让我们暂停片刻，看看另外一些数字吧。

就在1929年，根据非常细心而保守的布鲁金斯学会后来所作的估算，只有2.3%的美国家庭年收入超过10,000美元。只有8%的家庭年收入超过5,000美元。年收入不足2,500美元的家庭不少于71%。大约有60%的家庭年收入在2,000美元以下。超过42%的家庭年收入不到1,500美元。年收入在1,000美元以下的家庭超过21%。

布鲁金斯学会的经济学家们说："按照1929年的物价，一个年收入2,000美元的家庭可以被认为刚刚只够供应基本的生活必需品。"你可以合理地把这一说法解释为：任何低于这个水平的年收入都意味着贫困。实际上，60%的美国家庭低于这个收入水平——而且是在最繁荣的1929年！布鲁金斯学会的经济学家们还补充了另一个谨慎的观察结果："收入的分配中有一种不平等的趋势必须强调——至少是在最近十年里。"

如果说，20世纪20年代构成了一种旧秩序的小阳春的话——在这段时间里，华尔街看上去比过去更像是美国围绕其旋转的那根轴，银行家和经纪人像国王一样在这人世间昂首阔步，它看上去仿佛就建立在让富人更富、让肉汁一滴滴地向下流入更低社会阶层的基础上——那么，它依然是一个有差别的小阳春。它的温暖是虚假的温暖，因为它赖以建立的价值是不真实的，注定是要自我毁灭的，因为它加深了幸运者与多数人之间的鸿沟。

第10章

大萧条

1

1929年10月24日早晨，美国繁荣那高耸入云的整体结构啪的一声裂开了。许多天以来，纽约证券交易所的股票价格越来越快地一路下滑；那天早晨，爆发了一场疯狂的恐慌。纽约主要的银行家在摩根财团的总部开会，打算组建一个联营集团，买进股票，支撑市场。摩根的一位主要合伙人的兄弟理查德·惠特尼于是穿过了大街，去证券交易所的大厅，递交了以205元的价格购买美国钢铁公司股票的订单；一度，价格出现了反弹。J. P. 摩根曾制止过1907年的恐慌。毫无疑问，这次恐慌也会屈服于金融大亨们组织化的信心。

但不出几天的时间，事情就很清楚了，指望他们制止这场抛售的洪流，就像指望帕廷顿夫人扫退大西洋的巨浪一样。抛售的浪潮一波接一波。在最糟糕的那天，即10月29日，超过1,600万份股票被疯狂的卖家抛向市场。直到11月13日，秩序才得以恢复。

在短短几周的时间里，300亿美元的纸上财富消失得无影无踪——这个金额比当时的国债还要大。美国经济的整体信用结构摇晃得比当时任何人大胆推测的还要严重。华尔街领导能力的神话被戳了一个大窟窿。大萧条开始了。

起初，工业和商业似乎并没有受到严重的影响。每个人都在向其他人保证：没有什么真正重要的事情发生，在1930年春天，实际上出现了一次相当可观的"小牛市"。但到5月的时候，这次迸发便结束了。接下来，开始了一次几乎是不间断的、长达两年的下降，不仅仅是股票价格的下降，而且还有美国商业销售额的下降——这件事情远为严重得多：这是一个恶性循环，先是销售的衰退，接着是公司收入的下降，再接下来是企图通过降低薪水和解雇人员来恢复收入的努力，这一努力将导致失业的增加和销售额的进一步减少，反过来又导致经营损失的增加，导致进一步的减薪和进一步的裁员，如此这般，一直走向灾难的深渊。

在这让人找不着北的几年里，胡佛总统起初试图恢复全体国民的乐观精神，于是把商业主管们召集到华盛顿，并宣布：情况基本上是稳定的，不会出现削减工资。这一招并没起作

抛售的洪流（纽约证券交易所一楼大厅）

用。接下来，他一度毫无作为，相信市场的自我调整过程。这也不起作用。接着，他确信，同时在欧洲爆发的金融恐慌是最糟糕的故障源，于是便组织了一次国际间的战争债务和赔款的延缓偿付——这是一次成功的外交努力，但仅仅是使问题暂时得到了缓解。然后，他设立了复兴金融公司（RFC），以便把联邦政府的帮助带给捉襟见肘的银行和企业，同时——作为一个原则问题——他坚定不移地拒绝把联邦资金交到身陷麻烦的个人手里任其处置。1932～1933年冬天，正当看上去仿佛复兴在望的时候，美国银行体系却开始失控；就连RFC的解决办法也不管用。结果是美国历史上最不同寻常的巧合之一。那是在1933年3月4日——也就是胡佛离开白宫、富兰克林·D.罗斯福入主白宫的那一天——美国的银行体系彻底停止运转。一个有能力、高智商的总统，信奉被普遍视为开明的正统经济理论，到头来却成了现有体系崩溃的悲剧性受害者之一。

于是，罗斯福在他令人振奋、坚定果决的就职演说中宣布："唯一让我们恐惧的东西，就是恐惧本身。"他刮起了一股行动的旋风——成功地让银行重新开张，启动了那些生龙活虎、手忙脚乱、常常自相矛盾的改革、救济和刺激计划，试图让国家在30年代中期始终保持在紧张兴奋当中，并至少带来了一定程度的复兴。

胡佛与商业
领　袖　们
（1932年2月）

令人痛苦的失败，很快就被忘得一干二净，无论是个人的失败，还是国家的失败；一个人总是本能地把对失败的记忆锁藏起来。在后来的那些年里，共和党人试图掩盖胡佛在经受漫长考验期间所发生的事情，个人主义的信徒设法忘掉私营企业曾经摔过的跟头，爱国者们则极力把国家记录中看上去像是污点的东西最小化，这些，都是再自然不过的事情。对数以百万计的美国人来说，大萧条跟如此痛苦的记忆紧密联系在一起，以至于他们试图（多半是无意识地）把对它的记忆从自己的脑海里驱逐出去。任何一个在自己的笔下触及大萧条的作家，都清楚地意识到，在这个节骨眼上，某些读者会情不自禁地放下他的书。然而，关于大萧条，有几件事情我们必须谨记在心，如果你想理解美国人民后来有多么幸运的话。

1.无论就其波及范围还是持续时间而言，这都是一场可怕的崩溃。在1932年中期——1929年崩盘两年半之后——作为整体的美国工业，其总产出不到1929年高峰时期的一半。在1932年这一年，支付工资的总金额不到1929年的60%，分红的总金额不到1929年的57%；这些红利代表了那些更幸运的公司——有人可能会说，是那些对雇员更残酷无情的公司——的收入，与此同时，作为整体的美国商业，其净亏损高达50亿美元。

至于股票价格（传统上它跟工商界的乐观程度相关联），不妨看几个例子。通用汽车的普通股在1929年牛市顶点的时候股价为72.75美元，在大恐慌当中下降到了36美元，1932年低至7.625美元。美国无线电公司的普通股在高峰时期是101美元，大恐慌之后是26美元，最后低至2.5美元。美国钢铁公司长期以来被认为是市场的领头羊，1929年股价最高的时候是261.75美元，恐慌后的报价是150美元，最低跌至21.25美元。

1932年，超过1,200万美国人失业。在工业城镇，失业人口大得惊人。例如，在布法罗市，对将近15,000个乐意工作，也有能力工作的人所作的挨家挨户式的详细调查显示，其中31%的人找不到工作，有全职工作的人不到一半。与此同时，农民处于令人绝望的困境中，棉花的售价不到5美分，小麦不到50美分，玉米只有31美分。

这次大萧条，是一种看不见、摸不着的古怪现象。如果贴近观察的话，你就会注意到，大街上的人比前些年更少了，有很多无人租赁的商店，穷人和乞丐明显多了很多；你到处都能看到排队领救济品的穷人队伍，以及城镇边缘大片空地上的"胡佛村"（无家可归者所居住的用油毡纸搭建的简陋小屋群）；铁路列车更短了，豪华车厢更少

随处可见的"胡佛村"

了；很多工厂的烟囱无烟可冒。但好的方面可看的不多。很多人在家里干坐着，试图保持暖和。

2.大萧条是一场世界性崩溃的组成部分：卡尔·博兰尼精辟地把它描述为19世纪所确立的市场经济体系的崩溃。

3.它从内在层面给千百万人的余生留下了深深的烙印。不仅因为他们或他们的朋友失去了工作，眼睁睁地看着他们的事业化为泡影，不得不彻底改变他们的生活方式，时刻担心更糟糕的事情发生，在很多情况下几乎就是食不果腹；而且还因为，正在发生的这一切，在他们看来是毫无道理的。他们当中大多数人都培养出了这样的感觉：如果你工作努力而且干得很好，在别的方面也中规中矩，那么你就会得到幸运的回报。而现在，失败、挫折和匮乏却一视同仁地造访精力充沛的人和无精打采的人，能干的人和无能的人，有道德的人和不负责任的人。他们发现，他们的运气，以一种超出他们理解能力的复杂模式，跟其他很多人的命运紧密联系在一起，而且明显在毫无道理、缺乏公正地发展着。

即使他们设法藏起自己的沮丧，他们的孩子也会感觉到它，并被打上沮丧的印记。1936年，《财富》(Fortune)杂志的编辑写道："如今这代大学生是宿命论的一代……他们不会伸长自己的脖子当出头鸟。他们保持让自己的裤子扣紧，下巴扬起，嘴巴紧闭。如果我们相信这种一般状况是事实的话，那么可以说，他们是谨慎的、驯服的、没有危险的一代。"随着时间的推移，美国人当中出现了一种持续不断的倾向，这就是：无论老少，都以愤世嫉俗的眼光看待霍雷肖·阿尔杰的成功法则；怀疑靠碰运气来实现雄心壮志；以赞许的态度看待不冒险的工作、社会保险计划、退休金计划。他们从痛苦的经历中学会了寻求安全。

4.大萧条导致华尔街走下了它居高临下、傲视苍生的位置，这个位置，是它在19世纪登上的，并在J. P. 摩根的领导下得以巩固，在他1913年去世之后得以制度化。1929年的大银行家们不仅没能制止恐慌，而且，随着时间的推移，金融家们普遍没有能力应对一路下滑的趋势，他们丧失了对自己的经济信念的信心，银行体系本身也分崩离析，这一切都将他们的软弱无力广而告之。如果说，1933年之后，他们从前所掌握的权力，一部分已经交给了那些先前对他们毕恭毕敬的大公司管理人员，相当大的一部分交给了华盛顿(它如今成了国家的经济和政治首都)，那么，这至少部分是因为"自然界里容不得真空

166

存在"。

5.大萧条急剧降低了商人的声望。最倒霉的受害者是银行家和经纪人，他们发现，自己已经从人们尊敬的对象转变成了公众嘲弄和不信任的对象——在连续不断的国会调查中揭露出来的金融欺诈的证据，强化了这种不信任。不过，就连企业的经营管理者整体上在公众心目中的地位也是一落千丈，下降到了历史最低点，他们要花很长的时间才能恢复。在这一下降中，那些认真负责、热心公益的人，与掠夺成性的人一起受害。

6.然而，这场世界性的大萧条——尽管它在德国导致了希特

在国会大厦门前安营扎寨的"补助金大军"

勒的上台，并在很多其他国家似乎敲响了资本主义的丧钟——却并没有给美国带来任何接近于革命的东西。它带来了经济万能药方的流行——对专家治国的崇拜，厄普顿·辛克莱的EPIC(End Poverty in California,加利福尼亚终止贫穷运动)，汤森的循环养老金计划，以及诸如此类的事物。它让那位看上去像独裁者的休伊·朗短暂掌握了地方权力。它带来了农民破产拍卖所导致的暴乱，一次共产主义者领头的"进军"华盛顿，以及1932年短暂而不祥的"补助金大军"示威。它还见证了共产主义者对知识分子和工会的影响力的迅速增长——尽管不是以他们的选票力量，这一力量在当时依然很小。但是，尽管数不清的美国人对自己的命运感到沮丧，可并没有出现革命——有的仅仅只是按照历史悠久的老规矩，权力从一个政党向另一个政党的转移。而且，尽管罗斯福的新政引入了改革和管制的大杂烩，以及对所谓"经济规律"的干预，但只有少数人——一方面是华盛顿官僚机构中某

些过分乐观的狂热分子，另一方面是少数憎恨本届政府的死硬分子——认为这些改革是在给美国的政治或经济结构引入一次彻底的变革。

1933年12月31日——在罗斯福上任不到一年的时候——英国经济学家约翰·梅纳德·凯恩斯在《纽约时报》上发表了一封致罗斯福总统的公开信。他写道："您让自己成了每个国家那些试图通过在现有社会制度框架之内的合理实验来治理罪恶的人的受托人。如果您失败了，全世界都会对合理的变革产生严重的偏见，让正统和革命去一决雌雄。"正如事情的结果所表明的那样，并没有让正统和革命去一决雌雄。现有社会制度框架之内的实验是当时不得不做的事。再一次，正如在美国良心反叛期间一样，面对国家机器中已经显示出来的毛病，美国的应对方式依然是：在让机器保持运转的同时，进行一连串的实验性修补——通过美国传统的政党机器来做这事。

蚝湾罗斯福家族与海德公园罗斯福家族之间长期存在的政治上的冷淡，不应该让我们忽视富兰克林·D. 罗斯福和他妻子的叔叔西奥多·罗斯福在处理政治事务手法上的惊人相似。这两个人都很有钱，都发自内心地维护弱势群体的利益，尽管他们自己属于强势群体。都是精力充沛、富有魅力的人，尽管西奥多更粗犷，而富兰克林更亲切。都对人——各种类型、各种处境的人——有着非凡的兴趣。他们都没有系统化的经济哲学；在设计他们的政策和计划的时候，都是靠听来的调子演奏；而且，他们都认为经济问题本质上是道德问题。在各自的时代，他们都非常适合在没有意识形态或暴力革命的情况下给国家带来变革。

2

这里，我们没有必要详细复述人们耳熟能详的新政故事：国家如何在1933年春天为罗斯福那令人信服的、富有传染性的信心而欢呼、而兴奋。他如何在自己的第一次通过广播电台播送的"炉边谈话"中——当时银行依然关着门——向人们传达了一个平静的保证：它们能够顺利地重新开张——不久之后，它们确实重开了。在疯狂的头一百天里，他如

罗斯福在签署《社会保障法》

何以破纪录的速度，让国会通过了一大堆仓促准备的立法。当他继续推行他的改革计划，胡乱制定黄金价格，并由于哈里·霍普金斯通过WPA（公共事业振兴署）向数百万家庭提供救济而使联邦赤字大幅增加的时候，保守派和一般意义上的富人是如何对他大发雷霆。他如何接连把两个智囊团聚集到自己身边，这两个智囊团都是由一些聪明而年轻的理想主义者所组成，他们为他提供经济观念和演说的弹药。他如何在1936年打败共和党人兰登，如何在1937年与最高法院争吵，如何面对并战胜——在更多联邦支出的帮助下——1937～1938年间的急剧"衰退"。随后，欧洲上空日益迫近的战争阴云如何让他把注意力从新政的目标上转移开来。我们只需指出这样一个冷酷的事实：在任何时候，新政都没有导致繁荣的完全恢复，这样的恢复，要到1940～1941年间国防开支进入快速挡的时候才出现。

但在很多方面，新政永久性地改变了美国经济的性质，我们不妨稍停片刻，看看它所导致的某些变化，以及它所释放的某些力量。

首先，它改写了美国经济游戏的很多规则。比方说，为了防止19世纪90年代的金融蠢行的复发，新政使商业银行与证券业务相脱离，禁止在没有详尽披露相关事实的情况下发行有价证券，限制证券交易的联营，设立了一家监管证券交易的联邦机构，并拆掉了公用事业公

司中更不合理的控股公司结构。不仅有了新的规则，而且在许多关键点上，联邦政府着手作为中间人来解释和强制推行这些规则。

其次，作为弱势群体的保护者，新政广泛地介入了经济游戏。例如，因为一个老式游戏规则——供求规律——的运转看来在损害美国农民的利益，新政便托高然后又保证了农民所得到的价格。（其反常的结果是，美国农民——就性情气质而言他们是保守的——由于他们的经济生活完全依赖于政府为了他们的利益而制定的政策而变得不独立。）类似地，通过胡佛的复兴金融公司（RFC），新政继续支持了境况不佳的公司；作出安排以防止接近破产的公司走向倒闭；帮助农场拥有者和房主支付他们的抵押贷款；为新住宅计划的融资作担保；给银行储户上保险；通过社会保障法给失业者和老人以一定程度的帮助；为劳工制定最低工资和工时的法律。

所有这一切，就仿佛华盛顿在说："很多人似乎不正是因为经济规律不受阻碍地运转而上当受骗么？那好吧，我们就通过津贴、担保或保险来加以弥补。"简言之，尽管新政并没有废除市场作为价值与回报的决定因素，但它确实在很大程度上操纵了市场。

第三，新政通过大规模地修建水坝、大桥、公园大道和运动场，甚至通过让接受救济的人从事五花八门的事业（这些事业都经过细心的策划，使它们不至于干扰私营企业），从而进入了积极刺激就业的行当；而且，它还创立了田纳西流域管理局，其所从事的工作包括私营电力公用事业、防汛抗洪以及教会农民某些土壤保持的原则。

第四，新政向组织化劳工发出了前进的信号。直到这一时期，一些看来似乎是授权集体谈判的法律——比如《克莱顿法案》——依然频繁地被法院宣布无效。但如今，紧接着1932年的《诺里斯-拉瓜地亚反禁令法案》，出台了1933年《国家工业复兴法》的7A条款，以及——在该法案被最高法院否决之后——《瓦格纳法案》。对组织工会的授权是清楚而明确的，于是出现了一次加入工会的热潮。1935年，约翰·L.刘易斯组建了产业工会联合会（CIO），该组织在被逐出美国劳工联合会（AFL）之后，便成为一个专搞产业工会的竞争性组织。CIO进入了迄今尚未组织工会的重工业，尤其是汽车工业和钢铁工业，并且，紧跟着发生了一场令人恐惧的斗争：顽固守旧的雇主们花了数不清的美元雇佣工业密探和恶棍无赖，愤怒的工人则组织了暴力罢工。在1936年秋天至1937年春天这几个月的时间里，美国有将近50万男男女女停下了他们手里的工作，其所使用的手段，主要是共产主义组织者所培育并被其

如临大敌的警察与闲庭信步的罢工者

他组织所接受的新式的——而且是非法的——静坐罢工。但在紧张局势的高潮时期，美国钢铁公司董事会主席米伦·泰勒自愿与CIO的一个单位缔结了一份盟约；尽管一些小钢铁公司在继续斗争，但有一点很快就清楚了：组织工会已经势在必行。

到这十年结束的时候，美国工会成员的数量已经从1933年的不到300万攀升至将近900万；早些年做梦也想不到加入工会的办公室职员发现，他们自己也在组织起来，并威胁要罢工；管理层和他们的雇员发现，他们之间被一道互不信任的高墙分隔开了；而且，部分是因为工会的压力，工商业中的每周平均工作时间比这十年开始的时候大约缩短了5个小时(有人估计从49.3小时缩短到了44小时)，双周末正在成为标准。

通过它对劳工的总体上的同情，新政释放出了约翰·肯尼斯·加尔布雷思后来所说的美国经济中的"抗衡力量"——这股力量起到了与企业管理层相抗衡的作用，并暂时产生了数量多得可怕的摩擦，导致了国民收入的再分配，使之向下惠及更低的收入阶层。

最后，新政还试图做控制整体国民经济的工作。它抛弃了自动运

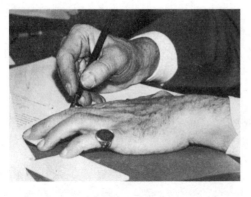

看得见的"新政"之手(罗斯福在签署文件)

转的金本位,引入了某种接近于"管制货币"的东西。它抛弃了"政府的首要职责是平衡其预算"的观念,信奉凯恩斯的"赤字开支"的观念,连同这样一种高度乐观的想法:坏年头的财政赤字将会被好年头的盈余所平衡。无论这样的梦想里潜藏着怎样的内在危险,至少,下面这样一种观念已经牢固地确立了:华盛顿当局所要做的工作就是,操纵它们的开支和它们的财政控制,使得经济能够平稳地运行。

所有这些干涉——改革措施、补助金和担保,公共事业工程,对劳工的激励,以及试图从总体上驾驭经济的努力——其结果肯定不是社会主义的秩序,至少不是那种古老意义上的社会主义:政府接管工商业的管理。因为种类繁多的公司的经营管理依然掌握在私人手里。(尽管它如此频繁地受到规章制度的限制,被收税所纠缠,遭到工会的反对,以至于很多管理者都觉得自己成了政府和劳工的俘虏。)它也不是自由经济的秩序,至少不是那种古老意义上的自由经济:每个人的经济命运取决于公开市场上买卖双方的行为,而政府只能袖手旁观,就像赫伯特·胡佛在1930~1931年间那样袖手旁观一样。它是这两者之间的某种东西:你可以称之为一种经过修正和改良的资本主义,在这样的体制中——回到我们早先的比喻——政府将作为裁判不断地吹哨,并跑上场处罚这个或那个参赛者,或者为一支遭到紧逼的球队丈量15码得分线。

就此而论,这种新秩序在任何广泛的意义上也不是罗斯福和他的智囊们所计划的。它几乎是互不相干地设计出来的各种措施的大杂烩;其结果是,几年之后,美国的经济不大像是一幢新的、更宏伟的大厦,倒更像是一幢经过大范围改造的老房子,这里换了新屋顶,那里添了新耳房,部分地板下面加了新的支撑,以及大为扩充的服务人员。

这一新秩序似乎也不是运转得特别好。诚然，灾难被充分转移了，很多长期被幸运所抛弃的人被给予新的希望。但直到战争的阴影开始加深、美国开始为防御而兴奋地武装自己的时候，这一新的、混杂的美国体系才真正开始运转起来。

然而，20世纪30年代这严酷的十年，给美国人民留下了大量的遗产，对他们的未来有着重大的意义。

其中第一笔，也是最基本的一笔遗产，是这样一种观念：个体美国人的命运是紧密联系在一起的，他们"全都在同一条船上"。此前从未有过一场民族危机如此强烈地挑战经济学家、社会学家、研究政府的学者和一般意义上的知识公民的下列能力：找出他们的同胞身上究竟在发生什么，他们如何不同程度地受到华尔街的银行家、底特律的制造商、华盛顿的立法者和官僚主义者的行为的影响，以及，他们如何日复一日地生活。在1930～1931年间，当我在撰写一部关于20年代美国的非正式历史《大繁荣时代》(*Only Yesterday*)一书时，我最好的材料来源是这一时期的日报和杂志；我真正需要参考的报道或评估方面的书籍可以排满整整一个书架。1939年，我写了一本关于30年代的类似的书《大撕裂时代》(*Since Yesterday*)，这一回，我可以利用的书籍——假如我有时间和精力的话——足足可以装满一座大图书馆的大楼，民意调查员、社会分析家、经济统计学家以及从事各种调查研究的作者们，一直在勤勉不懈地调查他们同时代人的生存状况。在大

每个人的命运紧密相连

量的男人和女人当中(不仅包括学者,而且也包括相对而言没受过多少教育的人),还有一种倾向也很明显,这就是一种带有半神秘色彩的对美国人的信任——这种信任,由于这些人成功地安排其事务的能力经受了如此严峻的考验而更加引人注目。这就好像处于不同环境、有着不同出身的男人和女人,在发现他们的命运紧密相连之后,便开始带着一种全新的理解,互相尊重对方,并发现,总体上他们也互相喜爱对方。这种信任尽管跟当时的政治摩擦和社会摩擦相冲突,但这种冲突很难衡量,其持久性也是不确定的。但我很想知道,本书的很多读者在回想起他们对1939年纽约世界博览会的反应时——回想起他们在享受喷泉、照明树、焰火、从建筑两侧飞流直下的人造瀑布、通用汽车的概念车型、姑娘们的水上华尔兹以及花里胡哨的杂耍表演的时候——是否会记得一种发自内心的兴奋感,对这种感觉,如果要付诸言辞的话,他们可能会说出像下面这样的话:"所有这些东西,无论是美丽的还是愚蠢的,都以它们各自的方式反映了这个国家的1,500万人民,这是一个友好的、善于发明创造的、内心充满希望的民族,他们发现,他们的命运已经紧密地联系在一起。"

20世纪30年代的另外两笔遗产,建立在第一笔遗产的基础之上,也是对它的补充。一笔遗产是这样一种观念:如果个体的美国人陷入了困境,那么,通过他们的政府施以援手就是其余人应该做的工作。另一笔遗产是这样一种观念:进行守望,别让另一次大萧条出现,也是他们该做的工作——依然是通过他们的政府。每一种观念,都是在经过多年的阵痛和激烈的争论之后产生的,到1940年被绝大多数人毫无保留地接受了。至于他们是否能做到,尚待观察。

第11章

勉为其难的世界强国

1

在20世纪30年代初期和中期，偶尔有来自海外的暗示：这个世界包括一些热衷于征服的好战国家。但起初，这些暗示似乎只不过是大萧条这出大戏幕后的噪音。当日本在1931年入侵满洲地区的时候，当墨索里尼的法西斯意大利在1935年入侵埃塞俄比亚的时候，当希特勒在1936年进入莱茵兰并发出了进一步推进的明显信号的时候，美国的反对是强烈的，但我们当中大多数人都觉得，为外国的这种劫掠行径做点什么事情不是我们所能胜任的。因为整个国家处于一种压倒性的孤立主义情绪中，人们确信，美国可以躲在中立的高墙后面，安全而满足地生活，不管世界上的其他地方发生什么事情。

这是个体的男男女女通过多种不同的途经所达到的共同信念。首先，有一些本土出生的人对所有外国的东西都不信任。他们的逻辑，对很多爱尔兰裔(他们从来就不爱英国)和德国裔(他们生怕又发生一场跟德国的冲突)的人很有吸引力，对众多的中西部人和大平原人也一样有吸引力，他们怀疑东部人普遍容易被那些穿条纹裤子的欧洲外交官们所欺骗。还有一些人深受大萧条之害，并把他们的麻烦归因于金融家和大商人的贪婪，接下来也就自然而然地相信：怂恿美国参战，正是"国际银行家"和"军火商"们的狡猾策略。还有共产主义者，眼下的政党路线指示他们加入反对华尔街和军火制造商们的呐喊。有些人如此深刻地不信任富兰克林·D.罗斯福，以至于他们怀疑他在试图把美国拖入战争，为的是更牢固地控制整个国家。还有一些人则打心眼里相信，美国有大萧条，这就够它应付的了，大可不必冒险投身于外国的远征，而且，美国对民主和自由所能做出的最大贡献，就是证明这些理想能够在它自己的疆界之内实现。

最后，还有一些人，作为第一次世界大战之后已经祛魅的年轻一

176

代，他们对于那场战争已经变得（借用劳埃德·莫里斯的话说）"尖刻地愤世嫉俗"。这些上一个十年的年轻人，如今已人到中年，他们当中的许多人如今已是有实力、有影响的公民，习惯于确信美国参加第一次世界大战时他们的父辈所犯下的悲剧性错误。30年代中期，一个由北达科他州的杰拉尔德·P.奈领头的参议院委员会揭露出某些美国公司在这场战争期间挣到了巨额利润，并成功地向人们传达了这样一个印象：是摩根们和杜邦们让我们卷入了这场战争，此时，这些五花八门的群体当中的许多人都觉得，他们最糟糕的猜疑得到了证实。关于第一次世界大战的"修正主义"观点正在成为正统的观点。

孤立主义一度是美国社会的主流姿态

　　巧的是，1937年1月，盖洛普民意调查员提出了这样一个问题："你认为美国参加世界大战是错误么？"不下70%的人回答了"是"；而且，1935年秋天，当他们询问"国会在宣战之前是否应该先通过全民投票获得人民的批准"时，多达75%的人回答"是"。当然，那些给出这一回答的人当中，很多人是否认识到了组织一次全民投票需要多长的时间，是值得怀疑的（不妨设想一下我们在珍珠港事件之后等待一场全民投票是什么情形吧）；然而，这个回答是有意义的，因为它揭示了这样一种主流观点：一个热爱和平的民族，被他们自己国家的恶棍和笨蛋所欺骗，卷入了战争。

　　在1935、1936和1937这几年里，国会连续通过了三部旨在阻止美国销售武器和军需品给交战国的《中立法案》，以此表达了这种孤立主义的情绪。罗斯福总统和国务院都不喜欢这些法案——觉得它们是不切实际的，束缚了美国的手脚，并否定了美国在国外的影响和权利——但公众的舆论太强大了，没法跟他们作对。1937年10月，当罗斯福在一场演说中说到必须"孤立"侵略者的时候，抗议的喧嚣声便铺

天盖地，震耳欲聋。

然而，事情已经在以不断加速的不祥步伐，步步进逼，台后的喧嚣越来越带有威胁的味道。到1937年，希特勒和墨索里尼都积极地在西班牙内战中帮助独裁者佛朗哥。就在同一年，日本人进攻了中国。1938年3月，希特勒占领了奥地利。这年秋天，在慕尼黑会议上，希特勒威逼英国和法国同意他部分占领捷克斯洛伐克。次年春天，他厚着脸皮占领了捷克斯洛伐克的其余地区，墨索里尼入侵阿尔巴尼亚。1939年夏末，希特勒与斯大林结成联盟，然后进攻波兰；这一次，英国和法国再也不能袖手旁观了，第二次世界大战就这样拉开了大幕。到次年夏天，惊慌失措的美国人民眼睁睁地看着芬兰遭到苏联的攻击，丹麦和挪威被希特勒蹂躏，低地国家，甚至还有法国都令人难以置信地土崩瓦解；如今只有英国挡住了希特勒征服整个欧洲的道路，而英国的承受能力究竟如何，还是一个未知数。

1938年，希特勒进兵捷克斯洛伐克

这一令人沮丧的事态发展——加上罗斯福越来越有说服力的努力，试图唤醒他的同胞们充分认识到希特勒突袭的意义——让美国人民大为震惊，使之逐步而果断地改变了他们的信念：美国有能力靠自己独立生活。30年代中期看上去确定无疑的东西——比如"战争是被军需品制造商们煽动起来的"这样的观念——如今一个接一个地被来自外国的消息所吞噬。当每一件不祥事件发生的时候，美国的民意都会跟着发生转变；有时候，这种转变是如此迅速，以至于你可以通过连续的盖洛普民意调查清楚地追踪它前进的足迹。例如，1939年3

月，52%的被调查者认为，如果欧洲爆发战争，我们应该卖飞机和其他战争物资给英国和法国；就在接下来的那个月——在希特勒全面占领捷克斯洛伐克之后——这个比例从52%上升到了66%。很自然，接下来，当战争在1939年秋天爆发的时候，《中立法案》便进行了修订，允许现金销售军需品。然而，大多数美国人，尽管目睹了大洋彼岸所发生的可怕变化，但他们依然倔强地不愿意让自己卷入；他们的中立主义很顽固。直到法国陷落，英国孤军奋战，面临着"鲜血、辛劳、眼泪与汗水"①的前景，新的形势带给他们的紧迫感，才开始战胜他们的那种猜疑：一定有人在愚弄他们。

当法国在1940年6月崩溃的时候，美国便开始急剧提高它的军工生产。在国家急需武装自己的紧迫需求之下，几乎每个人都能团结起来。这之后，在几个礼拜的时间里，罗斯福提供了一些枪炮和超龄驱逐舰给英国。到1940年初秋，美国征兵法开始生效。然而，就是在这个时节，两位总统候选人——打破先例、竞选第三届任期的罗斯福，和共和党最后一刻选定的温德尔·威尔基——尽管都同意帮助欧洲，但他们都坚决反对美国卷入战争。"援助盟军保卫美国委员会"和"为自由而战委员会"的演说家们，遭到了同样积极的"美国第一委员会"的演说家们的强烈反对。在接下来的一年里，希特勒用炸弹让英国的一些城市成为废墟，蹂躏了巴尔干半岛，入侵了俄罗斯，当日本威胁要征服远东的时候，民意逐步摆向了更直接的干涉；《租借法案》以压倒性多数在国会获得通过，美国军舰开始护送美国的供应品前往英国，美国发现，自己实际上处在与德国不宣而战的状态。然而，到1941年12月，国家在情感上依然存在尖锐的分歧。

此时此刻，很多美国人——或许是大多数——都相信，一定要打败希特勒，哪怕要冒让美国全面卷入的危险。少数人支持倾其所有投入战争。但少数派当中很大一部分人以强烈的不信任看待罗斯福的好战姿态。后面这群人当中，只有一小撮人以赞成的态度看待希特勒或日本帝国主义者。他们当中占优势的感觉是，尽管我们讨厌侵略，但我们大可不必通过参战来制止侵略，除非（或者直至）它直接威胁到西

---

① 语出温斯顿·丘吉尔1940年5月所发表的一篇演说。

珍珠港的烈火浓烟烧醒了美国人的孤立主义大梦

半球。

接下来，1941年12月7日，终结所有怀疑的最后一击出现了。

具有讽刺意味的是，它并非来自希特勒的德国，而是来自日本。袭击珍珠港是一个无法拒绝的挑战。紧接着，是希特勒和墨索里尼热心得令人吃惊的行动：向美国宣战，就这样，放弃了他们可能抱有的任何希望：一场关于欧洲的争执会让美国继续四分五裂。突然间，我们成了一个在坚定目标下团结起来的民族，这个目标就是：将第二次世界大战进行到底，直至打败欧洲和亚洲的侵略者。

很不情愿地——就像一个人倒退行走一样——事态迫使我们承认这样一个事实：我们并不是一个在自己的大陆上高枕无忧的孤立国家，而是一个世界强国，必须践履这一事实所固有的机会和责任。我们很不喜欢这种观念。我们觉得，我们一定更喜欢自己照顾自己；而且我们继续这样觉得。但我们别无选择。

2

在第一次世界大战期间，曾有过一种鼓舞人心的圣战精神——对那场战争，也有过相当大的反对。这一次却没有反对。在整整3年零

8个月的时间里，美国始终在战斗，没有反战的小集团，没有组织化的和平主义分子，没有对巨额拨款的异议，没有对征兵的显著反对。然而，圣战精神却少之又少。因为，民众对第一次世界大战的幻灭，以及关于卷入第二次世界大战的论争，都留下了它们的印记。

这一代人，反复听说过男人如何容易被战争口号和阅兵游行所引诱，他们不可避免地打心眼里表示怀疑。这场新的战争，与1917～1918年间的那场战争惊人地相像，至少在欧洲是这样。尽管有显而易见的差异和环境的硬逻辑，但留在千百万人潜意识里的某种东西，每当他们听到爱国主义的高谈阔论的时候，就会冒出来，提出责难。他们不想成为"歇斯底里"的牺牲品。他们对挥舞的旗子感到不舒服。他们宁愿今后的工作是实打实的。士气官报告了士兵们对美国战争目标指示有一种令人吃惊的漠不关心；在大多数士兵的头脑里，首要的战争目标就是通过打败敌人（如果没有更快的办法的话）而打道回府；提升勇气和耐力的最强大力量，显然是对自己的装备的骄傲和对伙伴的忠诚。很少乐队演奏，很少吹喇叭，没有阅兵游行，那些对美国的战争理想开始表现出热情的人，在周围的空气里感觉到了一丝冷意。

此外，那些反干涉主义者们——以及某些仅仅是不愿意打仗的人——情感上的疑虑依然在制约着他们：这使他们在行动的时候满腹狐疑，十分勉强，他们强烈反对特殊的战争政策，这一政策要求严厉的政府控制和巨大的平民牺牲。这些人都是无限忠诚的，并且无条件地投入战斗——或者看着他们的兄弟和儿子投入战斗；然而，他们在情感上依然心存戒备——他们不信任英国，怀疑我们最高统帅的部署：把欧洲战争置于太平洋战争之前，并嘲笑华盛顿的文职官员，在他们当中的某些人看来，这些文职官员就像是另一帮智囊，正利用战争作为借口，好让那帮从前的教授们干涉美国的商业。

而且，大萧条也留下了它难以平复的伤痕。多年来，有些人一直觉得命运在跟自己作对，命运之轮的下一次转动，很可能会把自己投入灭顶之灾，他们觉得：自己的命运已经成了一个巨大而不祥的问号。当然，他们会战斗——但然后他们会从哪里走出战争呢？曾经的敌人已经被粉碎，哪里有什么正面的东西，他们可以怀着真诚的希望

面无表情地
走向战场

去期待呢？他们不得而知。谈论战争目标，在他们听来是空洞的。他们会干好自己的工作，但没有积极的希望。与此同时，他们当中的某些人会对那些看上去像企业大亨的人抱有一种强烈的不信任；天经地义的准则是：老板总是优先考虑自己的个人利益。有一种现象，或许是离大萧条不远的信号：美国普通士兵都觉得，他们自己的将军——他舒适地住在山上的房子里，有淋浴和大量的鸡尾酒——比他们所面对的敌人更加可恨。

然而，除了一些孤立的例外，美国的武装部队都打得非常漂亮。倘若他们真的在心底里深深地质疑他们为之战斗的理想的合法性，他们是否能打得这么漂亮，这是颇值得怀疑的。总的来说，美国的平民同样令人满意地迎接了全面战争的重大挑战，对他们也可以说同样的话：他们也充分相信美国使命的正义，无论他们多么不信任那些关于这一使命的花言巧语。即便当事情糟得不能再糟的时候，无论是军人，还是平民，都不曾怀疑过胜利最终会到来，不管他们多么怀疑这场胜利能否确保和谐而安逸的和平。美国人民是自己国家的捍卫者，也是自由的捍卫者，尽管是一些幻想破灭、面无表情的捍卫者。

3

本书不打算详细讲述第二次世界大战的故事：从最早那些令人痛苦的日子——日本占领大半个太平洋，我军在巴丹半岛被击溃，德国潜艇在哈特拉斯角海外击沉我油船——到D日令人晕眩的巨大成功，横扫法国，决战突出部，进军柏林，以及——在太平洋战场上一连串跳岛作战胜利之后——在日本投掷原子弹和1945年8月的日本投降。将军、外交官、军事史家和自传作者们一遍又一遍地讲述过这个大故事的不同版本，描写并讨论了每一个战略决定和每一次战术行动；通讯记者、长篇小说家和剧作家们曾带领我们穿过瓜达尔卡纳尔岛的沼泽和诺曼底的灌木树篱，登上过塔拉瓦岛和萨勒诺的海滩，度过太平洋巡逻的漫漫长夜，进入德国上空的空战。讲得不那么充分——然而对我们今天却有着持续的意义——的是，美国的生产在那些焦虑不安的岁月里步履踉跄的故事。

大萧条的痛苦，遮蔽了这样一个惊人的事实：在需求的刺激下，美国的工业效率在30年代急剧增长。数字可以透露其中的内情。据经济学家最乐观的估计，人均每小时产出在1900～1910这十年里增长了12%；在1910～1920这十年里只增长了7.5%；在1920～1930这鲁莽的十年里增长了令人印象深刻的21%。在1930～1940的大萧条十年里——在此期间，很多工厂关门大吉或者部分开工，效率和经济面临巨大的压力——它增长了令人吃惊的41%。但自始至终，大多数行业像过去一样，刹车减速在继续。它们一定不会生产过剩。如今，随着战时紧急情况的出现，车闸被松开了。

因为华盛顿的军事计划者们以堪称宏大的规模构想了他们的计划。到战争结束的时候，美国总共有超过1,200万人服役，相比之下，第一次世界大战中只有不到500万。军事行动的设计者们决定，我们的部队将会被提供有史以来最好的武器、最好的装备、最好的补给和最舒适的环境。我们不仅要供应我们自己的军队，而且还要供应别国的军队。就产出和成本而言，结果都是天文数字。

到1943年底，我们所花的钱5倍于第一次世界大战的最高费用。在30年代，新政的批评者们便对每年高达70、80甚或90亿美元的联邦预算感到怒不可遏，他们觉得，这将把美国带向破产；而相比之下，在1942财政年度，我们花掉的钱超过340亿美元；1943年是790亿；1944年是950亿；1945年是980亿；1946年是600亿。事实上，就上述最后4年而言，我们每年的支出比大萧条期间受到严重关注的国债总

额还要多。国债从胡佛在任最后一年的190亿美元,增长到了1939年的400亿美元——而仅仅一年之后,政府的开支就高达每年980亿美元,并因此把国债推高到了1946年的2,690亿美元。这些庞大的数字,使得美国此前历史上的任何东西看上去都像是鸡毛蒜皮的小事。

军工生产所完成的,又该是怎样野心勃勃、花销昂贵的工作呢?它们很少关注成本,只要求生产者——就像在第一次世界大战中一样——把精力集中在产量和速度上。"你们能制造多少?能有多快?"

美国的制造商们热情洋溢地回应了这一挑战。因为它迎合了那种特殊的破纪录的热情,这样的热情在美国这样的氛围中似乎很兴盛。在这个国家,那些有纪录意识的广播员总是告诉收听棒球赛的听众:某某队的三垒安打是1927年以来的第一场世界职业棒球锦标赛

战争是军工生产的发动机(图为B—25轰炸机的生产车间)

上的第一个三垒打,而学校里的男生赛跑选手做梦也想成为历史上第一个达到4分钟一英里的人。

新的工厂建起来了,而且建得很快。整个汽车工业都从制造客车转向了生产坦克、卡车和武器。五花八门的新产品和新设计被分配给美国的工厂,匆忙投产——范围从合成橡胶到雷达,从登陆艇到近炸引管,从疟疾平、青霉素、滴滴涕,到造原子弹的曼哈顿计划。来自华盛顿的要求始终是:速度、速度、速度,再就是数量。

结果是,1945年,美国商品和服务的总产值达到了2,150亿美元——比1939年的910亿美元的两倍还要多很多。即便扣除战时物价

上涨的因素，你还是会得出：1945年的总产值比1939年要高出三分之二。美国工业在这5年的时间里所实现的产量增长，大概是整个经济史上最非凡的增长。

4

当联邦政府十亿十亿地、接下来百亿百亿地、再接下来数百亿数百亿地往国民经济中注入战争订单的时候，国民的生活水平又发生了什么呢？是呼啸而起的繁荣。在30年代，新政参与者们真心实意地试图通过一年几十亿美元的政府支出给企业这台"水泵"注水。如今，他们正在用一根长柄大勺，做着他们曾经用一根茶匙做过的事情。

到1943年，最近的可评估失业人数——除了正在换工作的人，或者正在等待已允诺的机会实现的人之外——全都被吸收了。到1944年，繁荣的迹象已经随处可见。在任何一座城市里都很难得到一间酒店房间。一直很容易找到桌子用餐的饭馆，如今，在12点之后，不消几分钟的时间就会被人占满。皮大衣和珠宝的销售——其中很多是用现金在柜台上交易的——不断跃升。长期以来市场不断萎缩的奢侈品，销路突然好了起来：一家乐器商店的经营者报告，他能弄到手的每架大钢琴（新的或翻新后的），都可以卖掉。探访

繁荣随处可见（德克萨斯，1942年）

新英格兰那些自30年代以来长期饱受大萧条折磨的工业城镇的游客们，都会注意到粉刷一新的房子，以及新近修补的栅栏。

对于身在美国的目击者来说，这股繁荣的喷涌是一个古怪的现象，因为按理说来，这个国家应该由于巨大的战争努力而被剥得精光——在这里，飞机观测员们坐在寒冷冬夜的繁星之下，留心倾听不可能出现的敌人；在这里，防空队员们戴上他们的袖章执行灯火管制，没完没了地等待口令发出的那个可怕瞬间："信号50收到，布置好你的队员"；在这里，救护人员从三角绷带开始学习，并一本正经地谈论压力点；在这里，女人不穿长袜出门，因为她们已经把尼龙消耗殆尽，而香烟、黄油、食糖和咖啡供应不足，牛排成了请客时最稀罕的东西，征兵局被来自华盛顿的规章制度中的最新改变给搞得一头雾水，穿着制服的士兵和水兵的无处不在不断提醒人们：人人有义务为共同安全做出牺牲。政府正在做能够减少开支并因此减缓通胀的事情——通过最高限价、短缺品和必需品的定量配给、冻结工资、征收超额利润税和创纪录个人所得税——并取得了一定程度的成功。然而，繁荣就在那儿，正在荒谬地溢出。在30年代漫长的干旱之后，关于繁荣，不可否认地存在某种受欢迎的东西。

谁在挣钱呢？

一般而言，大公司的股东们并没挣到很多钱。在很多情况下，这些公司获得了巨额的战争订单，并因此巩固了它们在国民经济中的重要地位；但超额利润税，连同管理层对未来不确定性的谨慎，加上对1918年战争利润的难堪丑闻的记忆，联合起来使得它们的分红比例很有节制。股票市场凋零了。大资本同样也没什么太好的日子。

有些较小的公司，在大萧条期间刚刚能够保命，如今接受了大宗战争订单，它们倒是挣到了很多钱——但既受制于税收，又受制于其合同的重新谈判。还有数不清的小公司，比如在纺织行业，虽说没有得到战争订单，却利润丰厚——不过还是税前的。而另外一些企业却遇到了真正的麻烦。比方说，旅行者营地、路边酒馆和汽车销售商就因为汽油的定量配给而叫苦不迭，而且，有很多制造商和销售商受到了原材料短缺的沉重打击，无法转入军工生产，深深地陷入了赤字当

186

中。不过，比哪类公司挣钱更有趣的问题是，哪一类人在挣钱。

富人倒是挣了一些钱，但对他们当中那些诚实的人来说，真正到手的并不多，因为所得税很高。大多数奢侈的花销（这在很多地方都一目了然）要么是偷税漏税的结果，要么是大方地使用公司支出账的结果。"全都是托政府的福"，是很多奢侈一族吟唱的主题。尽管战争制造了少数百万富翁——主要是石油商，他们由于"耗损扣除额"而感受不到联邦税收的完全重量——但一般来说，富有而诚实的人进账并不太多。

身处军事工业之外而薪资又被战时劳工局所冻结的人，压根就没得到什么好处，尽管他们当中的有些人得到了"定岗定级"或"绩效加薪"的帮助（带引号或者不带引号的）。依赖于分红和利息的人当中，同样赢家寥寥；事实上，在很多情况下，通货膨胀给他们的境况带来了真正的倒退。

一般而言，主要的受益人包括：农民；工程师、技术员以及五花八门的专家，他们的知识和能力以这样那样的方式对战争努力特别有价值；军工产业中的技术工人——或者有能力学会某个技术行当，并进入有技能群体的非技术工人。

农民发起来了，他们生逢其时。长期以来，他们一直面对着一场接一场的灾祸。在20年代繁荣的乐队花车上，他们很少人有自己的一席之地；第一次世界大战之后，农场土地价格的暴涨，使得他们当中很多人过度扩张，无数乡村银行的破产让这些人（还有其他人）损失惨重，他们获得的价格似乎永远不足。大萧条期间，农产品价格下降到了灾难性的深渊；正当复兴开始的时候，一连串的干旱和尘暴让整个大平原地区一片荒芜，迫使处境悲惨的"Okies"①不顾一切地逃向加利福尼亚，在那里，至少还有一丝改善处境的渺茫希望。但现如今，价格很不错，对农产品的需求是压倒性的，气候也很有利，他们的种植方法也得到了极大的改良，到1943年，他们的总购买力几乎是30年代末的两倍。

---

① 美国俚语，原指"俄克拉荷马州人"，后特指30年代因干旱和尘暴从该州逃向加利福尼亚的流动农业工人。

农民是战争繁荣主要的受益群体之一（马里兰，1941年）

工程师、技术员和军工厂的工人由于一个颇为有趣的情况而受益。自战争的非常时期开始以来，依然有数以百万计失业的男男女女，一直没有官方人力分配的需要；军工产业可以吸收大量来自其他行业的工人，而不会削弱经济。它们主要通过开出很高的工资来吸引这些人。一位年轻的化学家将会发现，一家化学制品公司以他许多年来都不曾奢望过的薪水，寻求他的加盟。史密斯夫人的侍女将会为了一家电厂里的一份工作离她而去，那家电厂给她每周50美元的薪水，而且还不用上夜班。一个牛肉干制作工，只要沿着大街，走向那家即将生产坦克零配件的工厂，他的收入就可以翻倍。一家在百货公司站柜台的女店员，在飞机制造厂里可以拿到比原先高两三倍的工资。

有一点倒是真的，基础工业中的工人后来被"冻结"在他们的工作岗位上，战时劳工局的管制，往往把他们的薪水保持在适当的限度之内；但基本事实依然是：这些军工企业的工人，作为一个群体，成了新一轮繁荣的主要受益者。不妨看看关于制造业工人的一些数字。在1939～1945年间，他们的周平均工资增长了86%。与此同时，他们的生活成本据估计增长了29%——但即便如此，他们依然远比1939年生活得更好。他们的"实际收入"经历了一次急剧而受欢迎的增长。

总的来说，这一轮战争繁荣所带来的，就是让低收入群体有了一次较大的提升——不过也有很多例外。

在后面的章节里，我们将回过头来讨论这一事实。对美国的未来来说，这是一个非常重要的事实。

5

在战争岁月里，联邦政府的规模、权力和复杂性有了一次令人难忘的增长，并添加到了在新政时期已有的那次增长之上。

就这一点而言，"扩大"一词是少不了的。这次增长毫无新意可言。即使在早些年，无论是联邦政府，还是州和地方政府，都几乎是连续不断地在增长（仅仅是服从于这样一个原则：在战时，膨胀的只是联邦政府，而州和地方政府则没有膨胀）。比方说，在1915～1930年间，联邦政府的运行成本跃升了352%；而且，尽管军费和退伍老兵的费用在这一增长中占到了较大的一部分，但即使是行政成本也增长了237%。至于州政府，其运行成本也大幅度跃升，即便是在小里小气的卡尔文·柯立芝以多少有些控制的手段掌管联邦费用的时候也是如此；在这样一个时候，就连最保守的公民都想要新的州公路和更大、更好的学校，又如何能帮助做到控制支出呢？这一增长趋势，是下面这个事实不可避免的结果：在一个越来越都市化、越来越复杂的社会里，人们越来越互相依赖：任何一个人，只要在某个不断发展的郊区里生活过一段时间，并见证了其政府预算在人口增长时不断膨胀，他都会认识到上述现象。

但新政急剧地加速了这一趋势；1941～1945年间的战争，给予了它更强大的推动。1930年，当胡佛还在白宫、大萧条尚处在初期的时候，大约只有60万联邦文职雇员。到1940年，当新政达到顶峰、战争繁荣刚刚开始的时候，这个数字便从60万增长到了100万多一点。到1945年，当战争结束的时候，它跃升到了大约350万。

那么，在第二次世界大战之后的那些年里，它是不是再次回到了100万多一点呢？没有。它只退回去了一部分——正像第一次世界大战之后一样。在战争结束大约4年之后的1949年，在朝鲜战争之前，

联邦政府的
扩张已不可
逆转（国会
大厦，1943
年）

依然有超过200万联邦文职雇员。

对于花名册未能更急剧地收缩，如果愿意的话，你可以把它归咎于"公平政策"①的行政部门，它是如此渴望成为容易膨胀的"新政"行政部门的一个经过修改的副本；或者，你也可以把它归咎于官僚主义者们不惜一切代价牢牢抓住官位这样一种与生俱来的倾向。但不管怎么说，一个主要原因是我们拖长了与苏联之间的紧张。然而，另一个原因却很有可能是：我们越来越互相依赖。

我记得，我曾经与很多对环境保护有浓厚兴趣的人进行过的一次谈话。他们包括一位颇有公共精神，但非常保守的前银行家。他说，要实现某个目标——我想这个目标应该是水域的保护——需要一部新的联邦法律。我问，州际合同是不是能够起作用，暗示我更愿意看到事情尽可能这样处理，而无需授予新的权力给华盛顿。这位前银行家很有耐性地对我解释：只有联邦政府的行动才能获得成功。对于一般意义上的联邦权力的增长，我敢肯定我这位朋友的态度是强烈反对。但在这个领域，他承认这样一个无情的原则：当我们的生活变得越来越紧密相连的时候，我们就一定越来越依靠联邦的立法、联邦的规章和联邦的资金。

尽管有像胡佛委员会这样一些富有公益精神、担心税收重负的团

---

① 译者注：原文为Fair Deal，是杜鲁门总统模仿New Deal（新政）而提出来的。

体在勤勉不懈地为行政部门的效率和节约而工作，并有其他一些团体认真热忱地努力限制政府作用于那些它并不会窒息个人奋斗和个人自由的领域，真正缩减政府的前景似乎依然渺茫。大政府看来要跟我们形影不离了。

6

1945年是个大事之年。这一年开始的时候，德国在冰雪覆盖的阿登高地的突出部所发起的反攻被击退，而在世界的另一端，麦克阿瑟将军的军队横扫了菲律宾群岛。3月，美国军队完好无损地夺下了莱茵河上的雷玛根大桥，进攻德国的通路打开了。4月，当这场进攻刚好到达易北河的时候，富兰克林·D.罗斯福——事实证明他是一个老练的战争领袖，很适合与无与伦比的丘吉尔联手合作——去世了，他为胜利而付出的长期操劳让他筋疲力尽；美国的重担落在了缺乏经验、从不装腔作势的副总统哈里·S.杜鲁门的肩上。这个月的晚些时候，在旧金山，开始了创立联合国组织的国际会议。到5月初，墨索里尼死了，希特勒死了，德国投降了。7月，第一颗原子弹在新墨西哥州试爆成功。8月，原子弹被用于日本的两座城市，随即，日本投降——恰好就在斯

对日战争胜利日的狂欢之夜

大林姗姗来迟地出兵抗日之后（就好像一位足球教练在比赛的最后一刻派一名资深球员上场一样）。对日战争胜利日给人们带来了狂喜。如今，开始了一个和平的时代。

我们开始尽快让我们的军队打道回府，以回应公众大声嚷嚷的要求。于是，我们遭遇了两次惊讶。

先是一次愉快的惊讶。没有出现像无数的人们所预期的那种战后萧条。相反，新一轮的繁荣已经开始，政府花钱的速度是如此之快（加上联邦控制的放松），以至于开始了一次比战时更严重的累进性通货膨胀。（从1940～1945年，中等收入家庭的生活费用增长了28.4%；从1945～1949年增长了31.7%——物价依然在上涨。）一连串的罢工导致了一连串的联邦仲裁，这些仲裁至少是部分满足了劳工的要求；工资增加之后，紧跟着总是物价的上涨，以吸收增长的工资——有时候所剩无几。我们看到了第一轮、第二轮、第三轮工资增长——然后，我们失去了数字的踪迹。几乎每一样东西的价格都在上涨，这沉重地打击了某些行业，以及某些收入固定的个人，不过，说到连续不断的繁荣的现实，无论如何都是毋庸置疑的。随着政府开支继续维持在很高的水平，当时的经济问题，并不是美国能不能消化它所能生产的一切，而是它能不能生产出它想要消化的一切。

另一个惊讶是一个让人深感不安的惊讶。随着希特勒主义的彻底完蛋，以及日本在麦克阿瑟帝王般的统治之下俯首帖耳，我们刚开始松口气，很快便认识到（有越来越多的不祥预兆）：轮到苏联一门心思要征服世界了。我们不仅要在远东和欧洲保持大规模的占领军，而且，我们还必须以贷款支撑已经被消耗殆尽的英国；按照"杜鲁门主义"着手帮助希腊和土耳其；启动高达一年数十亿美元的马歇尔计划，以帮助西欧的非共产主义的政府和人民；在为期数月的时间里，冒险向柏林空运物资，以阻止苏联用饥饿的方法迫使这座城市屈服；缔结北大西洋公约以保护西欧，并对它的防御作出重大贡献；并且，在1950年，制止共产主义者对韩国发起的一次进攻——与此同时，还要在新成立的联合国组织的每一次理事会、大会和委员会的会议上面对来自苏联代表毫不松懈的阻挠。

所以，我们胜利放松的梦想，几乎是刚刚开始就结束了。千斤重担不得不继续扛着。军事组织不得不再一次重建——其高昂的费用不幸延长了通货膨胀。我们发现，自己成了庞大原子能工业的很不轻松的所有者，它是由政府控制的（对美国的经验来说这是多么奇怪），

战后的世界格局已经完全不同（图为波茨坦会议上的"新三巨头"：艾德礼、杜鲁门和斯大林）

是绝密的。在两党处理我们的外交政策上，我们断断续续地做出了一些成功的努力，但是，在我们令人迷惑的责任所带来的紧张状态之下，关于我们曾经犯下的大错（或者所谓的大错）——正是这些错误，让共产主义在世界上这么多的地方赢得了主动——也存在着连续不断的政治摩擦和互相指责。我们发现，美国的共产主义者已经渗透进了很多工会、很多据信是自由主义的公共服务组织以及某些政府部门的管理层；因此，反苏情绪变得如此强烈，以至于这一发现导致很多值得尊敬的公民的名声受到了玷污，而且常常是基于最不可信的、最虚假的证据——正如我们将在本书的另一章中看到的那样。但另一方面，正是我们对苏联人的不信任，导致国会以绝大多数票通过了一项接一项的救济、重建和防御欧洲的措施。在深深的忧虑中，我们执行了一项慷慨大方而有政治家风范的援助政策——不管欧洲人对它有多么憎恶（他们清楚地知道，当他们这样做的时候我们绝对是受不了的），不管它最终的结果会是怎样。

当国际关系再次紧张起来的时候，还有一件让人惊讶的事变得一目了然。真正的孤立主义实际上已经消失不见了。

荒谬的是，大多数从前是孤立主义者——或者，如果国际的天空更清澈的话，他们还会是孤立主义者——的美国人，已经成了一个特

定地区(远东)的干涉主义者。当他们眺望大西洋彼岸的时候，他们是以怀疑主义的老眼光去看的，投票反对为英国而拨款，减少为欧洲大陆而拨款。但是，当他们眺望太平洋彼岸的时候，他们的心境就不是怀疑主义的了，而是充满了对蒋介石的信任，他们想全力支持他；而且，他们对美国官员很生气，这倒不是因为这些官员在援助外国政府的时候过于大手大脚，相反，是因为他们太冷淡，太小气。有些批评者甚至把他们对这些官员的攻击推进到了这样的地步，以至于暗示：任何一个人，如果不是全心全意的亚洲干涉主义者，就有同情共产主义的嫌疑——可以说，倘若把这一暗示应用于对马歇尔计划的充分支持，他们恐怕很难接受。

这一切意味着什么呢？意味着这样一个事实，我们有欧洲干涉主义者和亚洲干涉主义者，但很少再有真正的孤立主义者——至少暂时是这样。无论关于外交政策的争论多么辛辣，还是存在总体上的一致，这就是：作为非共产主义世界的主要保护者和财政上的帮助者与指导者，美国面临着一项不可推卸的任务。

这样的发展，1935年的美国人——如果他们能够预见未来的话——会带着完全怀疑的态度来看待。

因为它是如此之新，是一项我们自己尚未为之做好准备的发展。美国严重缺乏这样的专家：他们应该了解中国、朝鲜、印度支那、伊朗、埃及，以及其他危机隐现的国家。外交政策问题对我们大多数人来说是新的、陌生的。我们天生就憎恶让政府搞对外宣传。在情感上，我们没有为强加给我们的那种发号施令的角色做好准备；因为我们与生俱来的本能——以及我们当中大多数人后天获得的本能——告诉我们：我们所居住的地方在美国，管好我们自己的事。跟过去任何时候比起来，我们如今是更加勉为其难的世界强国。

第12章

黑人的灵歌

1

到20世纪中叶——当一小批技术员、外交官、交流学者和新闻记者离开美国去履行其新的世界责任的时候——身在国外的美国人发现，他们反复被问到这样一个问题(部分是共产主义宣传的结果)："你们美国的种族关系咋样？"对亚洲人、非洲人和每个国家的有色人种来说，比照美国人在国内的表现，来判断他们所许诺的"美丽新世界"①，是很有道理的。

对这个老生常谈的问题，富布赖特基金会、第四点计划、非洲经济委员会以及联合国其他技术援助计划的新任传教士们却找不出一个老生常谈的回答。他们不能否认：美国依然存在一定程度的种族歧视。然而他们也知道，在国外，人们头脑里的印象是早就过时的，至少在某种程度上是扭曲的。他们发现，自己正想告诉世界："你们务必要懂得，这些事情在过去几十年里已经发生了多大的改变。"

1900年，美国的黑人不足900万(相比之下，1950年是大约1,500万)，他们绝大多数集中在南方。他们不仅十之八九生活在那里，而且有将近四分之三的人生活在南方乡村。一代人以来，他们享受着名义上的自由人身份；但他们由于贫困、恶劣的健康状况、糟糕的居住条件、不充分的教育、缺乏机会，以及——在南方——法律面前低人一等的地位，而处于令人绝望的不利环境中。多达44.5%的黑人是文盲。总体上，他们干的都是一些低三下四、繁重肮脏、报酬最低的工作；他们最典型的职业是摘棉花，是不经济的、士气低落的租佃制度的受害者，一个愤世嫉俗者可能会把这一制度想象成故意设计出来的，为的是在佃农当中反复灌输被他们归到黑人头上的懒惰无能和不负责任的特征。

① 语出阿道斯·赫胥黎的同名反乌托邦小说。

196

南方白人当中对他们的主
流看法是：他们实际上是低于
人类的，没有能力从教育中受
益；当一个黑人表现出异常聪
明的时候，这被当作是他的血
管里必定有白人血脉的迹象。
只要他们安分守己，人们便会
以友爱和娱乐的心态对待他
们，但是，他们一旦表现出任
何越过雷池的迹象，就必定会
受到威胁；因为，南方白人所

贫穷的南方
黑人家庭
（南卡罗来
纳，1939年）

欣赏的是他们令人愉快的行为举止，他们温和友善的幽默，他们唱歌
的天才，他们对节奏韵律的热情，他们谦恭有礼的本能，而在这种欣
赏的底下，是一种对他们的深刻恐惧——由于对"重建时期"①的漫长
记忆，由于在南方的很多地方黑人的数量已经超过了白人，这种恐惧
因此得到了进一步的强化。

这种恐惧导致黑人的公民权逐步被诸如《祖先法》之类的设计所剥
夺：1900年，据估计，在阿拉巴马州181,471名达到选举年龄的黑人
男性当中，只有3,000人登记。私刑大量存在：1900年，多达115宗私
刑被记录在案，1901年，这个数字上升到了最高纪录：130宗（相比之
下，在50年代，一年平均不超过4宗）。

大约100万生活在南方之外的黑人，一般来说生活要好很多，部
分是因为北方和西部的工资水平更高，受的教育更好，卫生条件也不
那么原始，但也是因为这些地区迄今为止很少有对他们的恐惧；在某
些更小的社区，少数常住黑人受到人们的高度尊重，拥有几乎与他们
的邻居完全平等的社会地位。但是，即便是在北方，总的来看，黑人
通常被认为是美国生活这出大戏中滑稽的或独特的次要角色，在有良
好教养者的谈话当中，黑人仆役最近所说的趣话扮演了一个重要角
色，有点类似于一个有趣孩子的童言稚语。

———————————

① "重建时期"：即南北战争之后对南方的重建。

The Big Change

长期以来，在那些出得起盘缠的黑人当中，一直存在着向北迁移的趋势，但直到1915年左右，向北移民才达到了洪水泛滥般的规模。加速这一趋势的是北方工业由于战争繁荣而不断增长的对非技术工人的需求。年复一年，这一趋势一直在继续着，原因是，不断有这样的说法在南方一个县接一个县地传播：纽约、费城或芝加哥的黑人朋友和亲戚能够有规律地吃上饱饭了，而且觉察不到有种族歧视限制。但随着北方黑人人口的膨胀——尤其是在大城市，它们消化了这些移民中的绝大多数——先前只在南方才强烈的那种恐惧也开始缠住北方人。有人曾试图不让他们染指白人想干的工作，并把他们圈在他们自己的贫苦区之内，唯恐他们出现在其他房地产价格较低的地区，这些努力如今变得更深思熟虑，更组织化；在20年代中期，邪恶的三K党不仅在南方兴盛，而且在北方的很多地区也大有市场。黑人在付出代价之后才懂得：对任何一个被视为异族的群体的组织化歧视，其量级很可能跟该群体在社群中的相对规模成正比，而且，当他们迁到北方的时候，他们也把自己的问题带到了那里。

芝加哥的黑人区（1941年）

接着，大萧条来了，它对黑人的冲击是骇人听闻的。在那些日子，对失去工作的忧虑和恐惧，成了数百万美国人萦绕心头的噩梦，处境最糟糕的受害者，不可避免地是那些传统上总是最后被雇佣、最早被降级、最先被解雇的人。如果向北移民的趋势继续下去的话——它确实继续下去了——那主要是因为在北方获得救济的机会总体上比南方更大。1935年，在很多大城市，有人对黑人家庭的中等收入进行了估算；在北方城市，大约是白人家庭中等收入（在大萧条时期，这

198

样的收入水平本身就没什么可吹的)的一半以下；在南方城市则更少。就在同一年，北方大约有一半黑人家庭靠救济生活。

共产主义者利用这一境况进行了一些令人担心的努力，而且毫不奇怪：这里难道没有无产阶级听他们发号施令吗？然而，他们引人注目地只招募到了为数不多的黑人皈依者；或许，部分是因为黑人所构成的群体更接近于一个社会种类，而不是一个阶级，在他们自己的社群中也有分层，它使得这样一种诉求不合很多人的口味，包括大多数天生的黑人领袖；部分是因为共产主义不受欢迎，正如一位黑人所写的那样，"光是黑色就够糟的了，何苦再把自己搞成红色。"还有一部分原因，是因为他们天生就反感共产主义理论和行动的异族性质。

三个不同肤色的美国女性，她们的牌子上写着"隔离即歧视"

第二次世界大战的逼近，带来了一次明显的经济改善。随着总体工资水平的增长，黑人难免也会得到一些好处。然而，这些好处迟迟才落到他们头上，因为，白人工人总是想把最好的新工作留给自己，如今这一愿望变得更加坚定，从而演变成了一种比第一次世界大战的工业繁荣时期更加有意识、更加深思熟虑的姿态。

到这一时期，另一个因素也开始发挥作用。冈纳·缪尔达尔在战争期间撰写他那部厚重而冷静的研究美国有色人种境况的专著《美国的困境》(An American Dilemma)时写道："读关于黑人的新闻报道，听关于黑人的报告——它们全都来自那些常年跟南方和北方的黑人打交道的观察者——使我确信，在今天的美国黑人当中，有很多愠怒的怀疑主义(甚至是愤世嫉俗)，以及暧昧的、厌烦的、愤怒的不满情绪。"像1943、1944和1945年的大多数人一样，缪尔达尔也预期着战争之后紧接着会出现另一次萧条，他很怀疑，萧条所带来的摩擦是否

会让黑人的前进受挫。一度，黑人与白人之间互相憎恶，看来，这种敌对姿态好像不可能依然保持在和平的限度之内，尤其是因为，在战争结束之后不久，某些黑人领袖建议他们的黑人同胞：只要美国的武装部队不把两个种族置于平等的地位上，就抵制征兵。

2

但战后萧条并没有出现。焦虑不安的"美国良心"自始至终都在发挥着作用。结果是，战后岁月目睹了一场在十年之前似乎令人难以置信的变革。

最高法院的一连串裁决，废除很多让黑人无缘于投票和教育机会的法律。一项裁决削弱了从种族上限制不动产契约的力量。很多南方州废除了使很多穷人（包括黑人和白人）与投票无缘的人头税法；在1948年的选举中，超过100万南方黑人参加了投票。空军和海军正式终结了种族隔离，陆军修改了它从前的种族隔离惯例。在几个北方州，"公平就业"法律所带来的压力，加上很多雇主对树立开明就业政策榜样的热情，导致了有色人种的工人进入了很多在他们看来是新的领域。比方说，在纽约，任何一个在离开很长时间之后回到这座城市的人，都会大吃一惊：在中心市区的大街和巴士上有大量的黑人男女，正赶着去上班，他们所从事的工作，从前只有白人才可以干，或者去从前很少见到黑人顾客的商店购物。在北方和西部的城市，酒店、饭馆和剧院里，种族歧视的限制明显式微了。

自20世纪20年代直到现在，知识分子越来越欣赏黑人对艺术——尤其是爵士乐——所作出的贡献；随着时间的推移，那些更狂热的爵士乐研究者越来越尊敬新奥尔良和孟菲斯的原创爵士乐手，以及贝森街和比尔街传统的继承人，以至于像艾灵顿公爵和路易斯·阿姆斯特朗这样一些人发现，自己在成千上万的音乐爱好者当中成了深受尊敬的对象。与此同时，在完全不同的另一个领域，作为近东的调停者，拉尔夫·本奇的政治才能和威严品格，正在为他赢得无数白人的敬佩。但是，对黑人的声望来说，更重要的(因为涉及的公众是如此之多)是伟大的重量级拳击冠军乔·路易斯的威力，吉米·坎农说他是本种族——人类——的荣耀；职业棒球赛中的种族歧视限制在20世纪40年代后期被废除之后，也有很多黑人棒球运动员取得了非凡的成绩。像杰基·罗宾逊这样一些人，他们非凡的技艺和值得效法的行为，不仅让早年棒球运动中的肤色界线变得在棒球爱好者们看来十分荒谬，而且，到1950年，大多数棒球爱好者在选择他们最喜爱球员的时候几乎不带任何肤色偏见；而且，报道棒球比赛的电台记者是如此小心翼翼地避免提及球员的肤色，以至于那些足不出户的粉丝们能够准确说出罗伊·坎帕尼拉的近似击球率，却不知道他是一个黑人。

黑人是天生的音乐家(敲鼓者是爵士乐之王路易斯·阿姆斯特朗)

埃莉诺·罗斯福写道："在种族关系领域，美国所发生的最重要的事情大概是：如今，有那么多涉及两个种族融合的事情都被认为是天经地义的。那是在1945年白宫里的总统就职典礼上，我清楚地认识到了这一点，当时，一群一直注视着接见队列的报界女士在那天结束的时候找到我，说：'您是否认识到这12年做了什么？如果在1933年的招待会上大量有色人种走进队列，并以今天的方式与其他人混在一起的话，全国的每家报纸都会报道此事。而现如今，我们甚至不认为这是新闻，我们当中没人会提及这事。'"

杂志、报纸和电影不再仅仅把黑人表现为滑稽角色或仆人角色。那些古老的典型形象基本上被消除了。

所有变化中，最令人吃惊的多半是年轻美国白人(无论在北方还是在南方)的一种新姿态——一种非常普遍的姿态，决心要承认黑人

是自己的同胞，而不考虑他们的肤色。当南方和边境各州的很多大学在最高法院的裁决之后都承认黑人享有不受种族隔离的身份的时候，这一姿态便显而易见了。大学的管理者们很担心：学生当中某些头脑发热的人会不会出现骚乱呢？直到1951年底，没有任何地方出现骚乱。学生们全都很平静地对待这种革新。

与此同时，老南方的经济模式中所发生的一场深刻变革，对黑人的命运有着进一步的影响。摘棉机和剥棉机的发明，终结了"棉花王"在东南地区的统治，缓慢地削弱古老的农场租佃制度的基础。当密西西比三角洲、德克萨斯、俄克拉荷马、新墨西哥和亚利桑那的棉花种植园主们证明自己能够在完全适合机械化操作的大片土地上更经济地收获棉花的时候，乔治亚、阿拉巴马和南北卡罗来纳等州从前的棉花种植园便一点一点地被弃耕了。东南地区各州一点一点地从棉花转向了奶牛饲养、家禽饲养、蔬菜种植，以及栽种提炼纤维素的松树。结果是，从前的佃农（既有黑人也有白人）进一步流向全国各地的工业城镇。

1950年的统计数字显示了这种转移的广度。在1900年，正如我们已经看到的那样，美国有将近四分之三的黑人生活在南方乡村；到1950年，生活在南方乡村的黑人不到五分之一（其中身为佃户的黑人不到一半）。在几个南方州——阿拉巴马、阿肯色、乔治亚和密西西比——有色人种的总人口自1940年以来实际上一直在下降；尽管在南卡罗来纳有过一次增长，但增长数非常小。与此同时，各北方州的数字，生动说明了黑人人口分布得多么广泛。比方说，在康涅狄格州，黑人居民的人数在十年间从33,835人跃升到了54,953人；在威斯康星州，从24,835人跃升到了41,884人。向北流动的大潮，不仅仅是涌进了最大、最拥挤的中心城市，它也渗入了全国的其他地方。

有色人种的经济命运如何呢？在第二次世界大战期间，冈纳·缪尔达尔写道：

> 黑人的经济状况是病态的。除了极少数人享有中上层阶级的地位之外，大多数美国黑人，无论是生活在南方乡村，还是生活在南方和北方城市里被隔离起来的贫民区，都是穷困的。他们拥有很少的财

产；就连他们的家庭用品大多也是不充足的、破旧的。他们的收入不仅很低，而且很不稳定。他们就这样日复一日地生活着，未来缺乏保障。他们的整体文化，以及他们的个人兴趣和个人奋斗，都很狭窄。

到20世纪中叶，这一概括依然有一定程度的真实性。然而，有迹象表明，在40年代，不断上涨的繁荣之潮在相当可观的程度上裹挟着黑人人口一同向前。

诚然，有人在1948年估计，中等黑人家庭的收入比中等白人家庭的收入要低47%。但在1950年的《国民经济评论》（*National Economic Review*，1951年1月由美国总统经济顾问委员会出版）上，有一项对不同收入群体黑人人口的估计，从稍微不同的角度提出了这一情况。在那些税前货币年收入低于1,000美元的"收入单位"——意味着家庭和个人——当中，白人占83%，黑人占15%（剩下的2%被归类为"不能确定"）。在比这稍高的收入群体——年收入在1,000～2,000美元之间——当中，白人占89%，黑人占10%。在年收入2,000～3,000美元这一阶层，白人占92%，黑人占7%。在年收入3,000美元以上这个庞大群体当中，白人占97%，黑人占3%。当你审视这些数字的时候，请记住，美国黑人刚好占到了总人口的十分之一。因此，这些分类当中每一类别的平均值都应该是10%。这些数字显示了更富裕群体当中有色人种的显著不足，而最低收入群体中有色人种过多。但我很想知道，许多读者会不会感觉到有点惊讶（就像我自己第一次见到这些数字时一样）：最低阶层的超载并不那么极端。黑人远离租佃农业进入工业、走出老南方进入其他地区的运动，结合了

芝加哥黑人区一角（1939年）

公众对于减轻缪尔达尔所描述的这种悲惨境况的态度的总体变化。

还有另外一些可喜的迹象。在50年的时间里，黑人的文盲率从44.5%下降到了11%，黑人的预期寿命增长了将近26岁。私刑——全世界共产主义宣传没完没了的话题——几乎终止了：在整个美国，1945年记录在案的私刑只有1宗，1946年6宗，1947年1宗，1948年2宗（其中一宗的受害人是白人），1949年3宗，1950年2宗（其中一宗的受害人是白人）。你会发现，在一个有1.5亿人口的国家，你很难找到哪种社会弊病如此稀罕，或者哪类意外事故如此不常见，以至于它们导致的死亡率会比私刑还低。

到20世纪中期，美国的大学里有94,000名黑人学生。一个曾在法国充当交换教授的黑人女士告诉我，她经常不得不向法国的听众解释：有很多像她本人一样的人，能够过他们的专业生活，而几乎感觉不到自己属于一个特殊等级。"允许你在华盛顿的人行道上漫步吗？"人们经常这样问她；而她则不得不解释：当然允许。人们注意到，南方的城市里黑人警察的数量越来越多——常常拘捕白人违法者；诸如一个黑人被选进弗吉尼亚州里士满市议会之类的象征性事件，也时有发生。总而言之，证据是强有力的，证明了黑人的地位已经大为提升，这种提升，不仅远远超出大多数欧洲人的想象——尽管他们自己受到了共产主义宣传的影响，也受到了早年反抗美国肤色界线的著作的影响——而且也超出了大多数美国人的想象。

这个重大的美国难题，要想在没有进一步的摩擦和互相对抗的前提下顺利走向解决，希望不是很大。友睦和谐的时代并非近在眼前。然而至少，舆论的战场正缓慢地转向一个对黑人不是那么不利的位置。正如沃尔特·怀特在1951年夏天所写的那样，美国正朝着擦去其民主记录中最黑污点的方向前进——"常常慢得令人痛苦，但它依然在前进。"

第13章

更快，更快

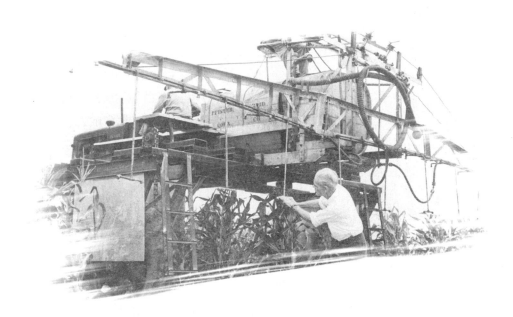

1

1904年，亨利·亚当斯——他把自己描述为"巴黎一位上了年纪、胆小羞怯的单身绅士"——记录了他的惊讶：对蒸汽动力和电力年复一年的扩张，对放射能的发现；他提出了"加速度法则"的概念。他指出，人类所能支配的能量总量，增长得越来越快。"粗略地说，全世界的煤产量在1840～1900年之间每10年增长一倍，就已利用能量的形式而言，每吨煤所产出的能量，1900年是1840年的3倍或4倍。"他期待着一个异想天开的未来：人类可利用能量将会不断增长，直到最后，"新美国——无穷无尽的煤碳能源、化学能、电能、放射能以及尚未确定的新能量之子——必将成为一种可以跟从前任何一种自然造物相媲美的神。"

亚当斯继续写道，以1800年以来的前进速度，"每一个能活到2000年的美国人都会懂得如何控制无限的能量。他会以极其复杂的方式思考，这种复杂性对更早的头脑来说是不可想象的。他会处理完全超出早期社会范围之外的难题。对他来说，19世纪将跟4世纪处在同样的层面上——同样像孩子般的天真——而且，他唯一感到惊讶的是，在这两个世纪，知识是如此之少，力量是如此之弱，如何能做这么多事。"

在20世纪中叶，细心观察美国技术惊人进步的人很可能感觉到了跟亚当斯1904年所感觉到的类似的困惑。因为，自亚当斯时代以来，美国生活环境中对能量的应用不仅以令人晕眩的速度增长，而且似乎一直在急剧加速，未来有希望进一步跳跃式前进。在30年代晚期，很多经济学家都得出这样的结论：美国已经到达了一种"成熟经济"；然而，我们正在目睹一场技术革命，它完全比得上蒸汽机引入之后的那场革命，而且速度远远快得多。在1935～1950这15年的时间里，美国技术大阔步向前，至少像当年被亨利·福特的装配线所戏剧化的那种进步一样令人印象深刻；种种迹象表明，这不是一个变革过程的顶点，而只是预备阶段，这场变革必将深刻地改变人们的工作条件和生活条件。

我们在第2部分中已经指出，第二次世界大战的到来是如何解放了美国工业的生产力；美国的制造商们，当国家要求他们走上前来、除了数量和速度之外不要考虑成本或任何其他东西而一心生产的时候，他们是如何爆发出了举世震惊的活力。但我们仅仅是粗略提及了战争刺激创造发明和技术变革的方式。实际上，在战争期间，政府——通过它的"科学研究与发展局"及其他机构——经常说的话是："这项发现是否可能有军事价值。如果是的话，那么就开发它，并把它投入使用，让该死的成本见鬼去吧！"结果被比喻为：一大帮专家搜遍满桌子的科学论文，抽出那些看上去似乎有用的篇章，然后征募各种各样的天才，拨出可能需要的所有款项，把方案转变成有军事价值的商品。

当然，经典的例子是"曼哈顿计划"。在1939年实现原子分裂以及1940年美国的实验证实此事之后，政府不久就以数十亿美元的成本启动了该计划，并把研究、工程与制造试验以及开发压缩到了5年之内，这些工作，如果用别的方式，可能要一代人的时间才能完成。另外还有数不清的例子。比方说，正是在1929年，亚历山大·弗莱明第一次描述了青霉素。多少年过去了，他所发现的东西的可能性才得以实现。直至战争到来，青霉素才适合于医学用途。但接下来的工作，推动得是如此迅速，以至于在战争结束之前，这种药物就得以大规模供应。还有一个例子，是在保护英国免遭德军轰炸的迫切需要下，罗伯特·沃森瓦特和其他英国研究者在研发雷达上所做的开拓性工作，以及他们的发现在美国雷达设备大规模制造中的应用，还有成千上万美国年轻人在电子学的原理和可能性上所接受的教育。

我前面所引述的这些发展，大多是基于国外的科学发现。我们应该记住，我前面所说的比喻性的满桌子论文都是国际性的；战时新产品和新设计赖以产生的基础性工作，很多（即便不是大多数）都是欧洲

雷达在第二
次世界大战
中的应用

人做的。美国最有效率的贡献，是组织研究（尤其是应用科学研究）的能力；是建立红红火火的生产线的能力；以及以最快速度做大事的热情。

战争危机前所未有地让纯科学家、应用科学家、制造业管理者、军事指挥官和政府行政官员走到了一起，并让他们结成了合伙关系，这有力地影响了他们未来的互相理解。一直在大学实验室里深居简出并对自己毫不操心其科学发现的实际应用引以为傲的物理学家或化学家，如今被推入了那种实际得要命的紧急工作，跑到华盛顿去跟将军、官僚、工程师和制造商们协商；如今，这些人对科学家的学术热情有了一种新的尊敬，对他们来说，科学突然变得这样至关重要。有人提出了这样一个问题：不带偏见的理论研究，其品格在这个过程中是否会莫名其妙地受到玷污，尤其是，很多科学天才连续不断地转入政府的特殊项目（这一趋势甚至持续到了1945年之后），是否会减缓我们在纯科学上的前进步伐。但可以肯定的是，在战争期间，科学领域发生了一次刺激相关各方思想的跨领域交流。很多教授因为他们新的接触而被注入了活力，很多企业管理者从华盛顿带回了对科学研究的未来潜能的全新洞察。

总而言之，在战争期间，美国的科学技术经历了一次温室中的成长。

2

与此同时，战争所催生的这次繁荣，在另一个完全不同的层面上加速了科学技术的进步。口袋里叮当作响的现金，让数不清的普通美国人时刻准备在第一时间购买并使用最新式的机器。在对日战争胜利日之后，这股风潮依然在继续。

首先，似乎人人都想要一辆新汽车，这在战争期间很难买到。从装配线上搞到新鲜出炉的新车成了炙手可热的工作；人们在谈论他们"把自己的名字报给"经销商已经有多少个月（或年）；旧车生意很活跃；这是汽车制造商们赶不上需求的那些年的情形。在他们能满足需求之后，仅1950年，他们就卖掉了800多万辆汽车——比整个美国在第一次世界大战结束时的汽车保有量还要多。

但这只是事情的一小部分。在战后那些年里，农民买来了一台新拖拉机、一台玉米采摘机、一台挤奶机；事实上，他和他的邻居装配了一支庞大的农业机械编队，供他们共同使用。农民的妻子得到了她一直想买，但在

1941年生产
的别克汽车

大萧条期间却买不起的一台闪闪发亮的白色电冰箱，一台最新款式的洗衣机，以及一台低温冷藏柜。郊区家庭安装了洗碗机，购买了剪草机。城市家庭成了自助洗衣店的主顾，客厅里有了一台电视机。丈夫的办公室里安装了空调。诸如此类，数不胜数。

这些用于工作和生活的机器基本上很少是新出现的。很多机器早就上市，并被使用了很长时间。本质上，正是繁荣使得这些机器被广泛地使用——繁荣加上各种各样、有时候互相敌对的力量，比如新政的死对头电力工业，以及新政的产物：农村电气化管理局，它们之间的合作至少是美国农业电气化的部分原因。在1935年，只有10%的美国农场通了电；到1950年，这个比例超过了85%。

一位从前的阿肯色州居民，在长期离开家乡之后于20世纪中叶回到费耶特维尔，他说，他在附近农场里看到的最令人目瞪口呆的事情是，它们几乎全都通了电；在他儿时，用电照明的农场非常罕见。大约在同一时期，一份通俗杂志的编辑计划发表一部反映农民妻子日常生活的配图故事，他们后来放弃了这一计划，因为他们的记者和摄影师所遇到的农民妻子拥有如此之多的机械厨房设备，以至于在摄影镜头里很难把她们跟城里的家庭妇女区分开来。1950年，一个英国的"生产力小组"访问美国，研究正在使用的农业方法，并走访了大量的农场，从新泽西到内布拉斯加。他们的兴趣，并不在高度机械化的大农场，而是集中在家庭规模的农场，这些农场由农民和他的家人

机械化彻底改变了农民的生活方式和生产方式（伊利诺伊，1948年）

(多半还雇一个帮手)打理。他们注意到，这些农场不仅广泛地、越来越多地使用诸如机引犁、圆盘耙、种玉米机、摘玉米机、联合收割机、挤奶机、自卸拖车之类的机械设备，而且，在一家接一家农场，为了利用这些机械，工作都被重新组织。农民不再认为机器只不过是骡马或人力的一种富有效率、不知疲倦的替代品，而是把它看作一种让自己能够以新的方式干农活的装置，比方说，使用烘干机以保存牲畜饲料中的维生素。

20世纪50年代，农场工人的数量从950万减少到了800万多一点。然而，农业产出却增长了25%。当然，这部分是因为国内的繁荣和国外的粮食短缺拓宽了市场；但部分原因是因为农民——像其他美国人一样——在他们的日常生活中越来越多地使用机器（既有老的也有新的）。

3

与此同时，美国工厂不断增长的工资也刺激了对省力生产方法的不懈探寻。这些探寻采取了层出不穷、五花八门的形式，其中有些是基于绝对基本的常识——"能不能设计出一台替代非技术工人干活的机器？"或者，"为什么不重新设计工厂的这一工作面，好让工人不必用手把工件从这里举到那里，而是通过传送带平稳地移动它？"——而另外一些则涉及极其复杂的科学公式和机械组装。

常识性的省力装置可以开列一份长长的清单——高架起重机，各种传送装置(重力辊道、滑辊、带式输送机)，抓斗，电驱动手工工具，用于清洁处理的压缩空气，以及诸如此类。就其简单性和重要性而言，最典型的装置大概要算是叉车和货盘：叉车是一台结实的小货车，装备着一把叉子——或者说是一对金属爪——可以用它抓起物品，把它们举到高处，从此处运到彼处；货盘只不过是一个双底浅

盘，纸箱或货包可以堆在上面运送。叉车可以把它的金属指插入货车上的装载货盘的两层之间，举起它，把它运送到工厂里指定的地点，小心地把它放在合适的位置上，然后抽出金属爪，回去运另一件货。全都非常简单，毫无深奥可言。任何人，只要见过在城市的人行道旁费力地卸货——一个人把纸箱从货车里提出来，另一个人在门内接住它，第三个人把它搬到合适的地方——就会认识到，叉车和货盘消除了多少人的工作量。所有这些努力，都被一个人的工作所取代，他开着自己的叉车，以准确的技巧操纵着叉车上的金属爪。这样的机械装置，是整个一类省力设计的象征，在这类工作中，人力被认为是昂贵的，因此必须节省，而用来制造货盘的木材或塑料则是充足的，相比之下是可以消耗的。

任何人都能够懂得叉车的基本原理。但面对1935～1950年间投入使用的那些复杂的电子设备，外行恐怕只能望而生畏——精密度量原材料的机器，或者是监视机器运行并自动纠正其运行中的缺陷的机

机器时代的
工业生产

器。工程师们用来谈论这些机器的语言，对外行来说是无法理解的，其所涉及的操作过程也是如此。但至少，外行能够欣赏它们所实现的奇迹般的结果。它们能计算并检查离开装配线的产品，根据它们是否符合规格让它们通过，或者将它们丢弃。它们能够以令人难以置信的精确度，检查一块钢板的厚度，或者发现一块金属内部的暗疵。它们能以超人的视力监视一台机器的工作，并根据它们所观察到的事实，启动、停止、调节机器。在这里，尽管发挥作用的科学原理远非外行所能理解，但象征意义再一次是清晰的：你不仅可以省掉一个技术工

人(把他在工作中所有可预知的动作整合到一台机器里),而且,你甚至给这台机器配备了更为锐利的眼睛和更为敏捷的反应能力。随着这样一些设备的投入使用,一点也不奇怪,关于今天很多工厂的工作面,最引人注目的事情是:机器的多样性,以及机器看管者的几乎完全缺席。

在这一时期开始投入使用的另一项革新,有着稍微不同的意义。它没有淘汰工人;相反,它使工人成为一个不那么浪费、更负责任的执行者。这就是"质量控制"——它是一套这样的制度:随机抽取一台给定机器所生产的工件样品,把它交给最精密的电子检测仪器,在一份图表上记下它离绝对完美有多少偏差。查阅这份图表的工人于是可以调整他的机器,不是通过连估带猜,而是凭借他准确知道机器如何运转。这一设计——它通过减少缺陷产品的数量,从而为很多工厂节省了大量的钱——通过使工人在某种特殊的意义上成为自己的老板,成为其工作的批评者和法官,从而起到了提高工人地位的作用。

诸如此类五花八门的机械方法的引入,有着怎样的累积效果呢?首先,它急剧减少了对非技术劳工的需求。1900年,美国大约有1,100万"普通劳动者"(包括农场劳工);到1950年,他们的数量不到600万。在光谱的另一端,它极大地增加对工程师和技术员的需求。在20世纪初,据哈佛大学科南特校长说,化学工程尚未发展成一个行业,"现如今(他是在1951年说这话),化学工程师存在严重的不足,尽管有15,000人在过去5年里接受过这方面的训练。"至于一般意义上的工程师,他们的数量从1900年的4万,增长到了1950年的40万,对他们的需求依然是如此旺盛——被朝鲜战争所强化——以至于在1951年,有来自4,000多家公司的人才发掘队,到处搜寻工程学校毕业的学生,一所大学的就业指导办公室宣称:"就连我们最差的学生也至少收到了3份聘用要约。"

经济学家科林·克拉克唤起了人们对下面这个事实的关注:当工业文明变得更先进的时候,便出现了人们从农业向工业转移的趋势,然后再从工业转向他所说的"服务业"——意思是商业、贸易、运输、娱乐、专业技术等等。这一趋势毫无疑问正在美国发生。自1900年以

来，从事农业的美国人的比例有了很大的下降；从事工业的比例总体上变化不大；从事"服务业"的比例大幅度跃升。把这一事实与关于工业内部转移的事实结合起来看，我们就得出了一个一般发现：在20世纪中叶，用自己的双手干活的人越来越少，趴在办公桌上干活的人越来越多；四肢发达的工人越来越少，大脑发达的工人越来越多；只需要有限教育的工作越来越少，需要高等教育的工作越来越多。

美国依然有很多暗无天日的邪恶工厂。依然有很多辛苦费力或单调乏味的工作。就连自动化程度最高的工厂，也不得不雇佣维护人员、清扫工、清洁工；这些人的工作，机械化程度非常之低，他们往往构成了机器时代的一种新型无产阶级。然而，总的趋势是倾向于增进劳动者的尊严。

自从亨利·福特建立他的装配线以来，我们不断听到这样的哀叹：工厂把人变成了机器人，使人成为一台纯粹的机械螺栓紧固器。有人勾画出了这样一幅可怕的图景：在完全机械化的未来，人将被这样的劳动所异化。但实际出现的情况是：一台机器被用来拧紧那些永久性的螺栓，而从前拧螺栓的人，要么在管理着一台更为复杂的机器，要么坐在办公桌旁研究工程报告；与此同时，那些从前汗流浃背举起货包的人，如今正坐在传送装置的控制台前。正在发挥作用的原理是这样的：如果某项工作繁重或单调得让人无法忍受，那就是一个很好的信号，意味着你将会有一台机器来干这项工作。

4

就像走在一支正在行进的部队前面的侦察兵一样，纯科学和应用科学的研究者和工程师们也同时走在前面。一代人以来，化学家和化学工程师们一直在宣告本书前面章节中提到过的一种观念变革，这一观念就是："人造的"物质能够比纯粹的模仿自然做得更好，它们实际上能改进自然。就在第二次世界大战前夕——准确地说，是1939年10月25日——他们拿出了这一观念的最好证明；那是当尼龙长袜第一次投放市场的时候。在20世纪30年代和战争岁月里，另外一些技术先驱成功地把柴油机——被长期忽视的能源——广泛应用于铁路和工业生产。他们开发出了高辛烷石油，使之成为丰富的飞机动力源。他们把合成橡胶的生产带向了一个新的天地，使之不仅充当了战时替代品，而且成为一种对于一个轮子上的国家来说有着持续价值的产品。他们发现了如何把碳化钨用于高速机床的运转。他们通过发现抗生素中所潜藏的可能性，从而改写了医学的历史。

至于原子能——他们最令人难忘的功绩——我们已经展示了它致命的可能性。1935年，除了基于冒险和实验性质的飞行之外，尚没有跨越大洋的飞行；几乎不到12年的时间，对任何一个声称自己将启程前往欧洲的人，人们问他的第一个问题几乎都是："乘飞机去还是坐船去？"到战争结束的时候，我们见证了喷气式飞机的出现；没过几年的时间，据报告，飞机的速度已经突破了据信是不能突破的音障；到1950年，外空探索已经达到了这样的程度，以至于严肃审慎的科学家们都在以务实的口气谈论太空旅行的可能性。

科学研究为技术进步奠定了坚实的基础

在完全不同的领域，你会遇到惊人的证据，证明了科学研究的进步正以何种方式，转变着美国的商业——例如，据康宁玻璃厂的一位管理人员说，他们1950年销售的产品当中，超过50%的产品在10年之前从商业意义上讲根本不存在。

20世纪40年代是化学家和化学工程师们的全盛时期。例如，石油工业高兴地发现——正如卡罗尔·威尔逊所写的那样——"一桶

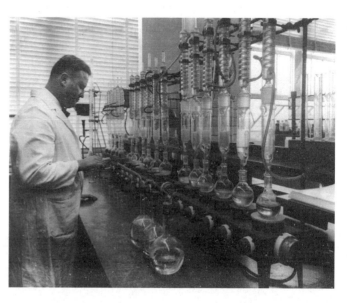

石油中有比燃料更有价值的东西"，而且，大约在1942年初，建成了很多连续流化学工厂，足以媲美H. G. 威尔斯最不着边际的幻想。在这些前所未见的新工厂里，有着闪闪发光的分馏塔和色彩斑斓的管道网，"原料（液体或气体）在一端源源不断地流出，经过复杂的处理，以24小时连续不断的产品流从另一端流出"，《财富》杂志的编辑们在他们1951年出版的《美国，永久革命》（*U.S.A., the Permanent Revolution*）中这样写道。产品的种类是多么的五花八门——从肥料到清洁剂，从化妆品到制冷剂，从合成橡胶到印刷墨水！现如今，石油化学专家们端坐在他们的实验室里，画着那些看上去就像足球比赛赛程图一样的分子排列图，自视为多样化新工业时代的建筑师。

但是，有望在未来做出最惊人发现的，多半不是化学家，而是物理学家；或者是物理学家、化学家、生物学家和数学家的共同努力。1948年，化学给我们带来了可的松（纾解疼痛的使者和医学理论的动摇者）；同一年，物理学带来了晶体管（一个可以代替电子管的小装置）。没用到半个世纪的时间，协同研究便开发出了土壤改良剂。有些讲求实际的人相信，物理学家、化学家和生物学家的共同努力，可以把我们带到实现光合作用奇迹的极致——从光中直接生产食物，就像植物一样。

亨利·亚当斯的预言大概不算太离谱，他说："每一个能活到2000年的美国人都会懂得如何控制无限的能量。"可以肯定的是，在20世纪50年代中叶，事情正在加速。

第14章

人更多，寿更长

1

1932年，一群社会学家完成了一部厚重的研究美国生活的著作，他们称之为《最近的社会变化》(*Recent Social Changes*)，在这部书中，他们当中的有些人对未来美国人口可能的增长做了一些谨慎的估计。该书指出，增长率看来正在放慢，他们估算，"目前趋势的延续"将会使1940年的人口达到1.32亿或1.33亿。结果表明，他们的估算还不算离谱；当1940年过去的时候，实际数字被证明略小一些——想必是由于大萧条的原因——不过也仅仅是小一点点：131,669,275人。但同样是在没有把握的基础上，社会学家们也对1950年作了预测，而这一回，他们错得有些离谱。他们预计，1950年的美国人口将在1.405亿～1.45亿之间(你想必会同意，这个数字已经给误差留下了相当大的余地)。1950年的实际数字是150,697,361人——比他们估算的最高值还要多出500万。有一次巨大的、意料之外的、令人惊讶的增长。

这次增长的主要原因是，20世纪40年代的出生率有一次大幅度跃升。把这仅仅归因于"战争与繁荣"——就像有些人所做的那样——似乎过于简单；因为第一次世界大战并没有带来这么大的膨胀，而且，在更加繁荣的20年代，出生率非但没有上升，反而略有下降。然而不可否认，征兵条例的相关规定(让有孩子的丈夫延期入伍)是一个因素。另一个因素是，年轻人在面对经年累月的分离——甚或是生离死别——的前景时，自然倾向于赶忙结婚。还有一个因素是，从部队的非家庭生活退伍回来的年轻男人，以及一直等待他们的女孩，都热切地希望在退伍安置费和《退伍军人权利法案》的帮助下，尽快开始享受家庭生活。在战争和关于战争的传闻似乎危及一个人的事业、并威胁到他的生命的时候，不仅有极力抓住任何能够得着的满足这样一种人性化的需求，而且还有这样一种渴望：想对未来做出某种贡献，想让自己的血脉永远延续下去——或者，即便不是明显的渴望（因为大多数生育在某种程度上都是意外的），至少是暂时弱化了不延续血脉的决心。

无论如何，在经过一次长期下降之后，出生率在20世纪30年代一直徘徊在17‰或18‰左右，然后增长到了1942年的20.9‰和1943年的21.5‰；接下来下降到了1944年的20.2‰和1945年的19.6‰（此时，有成千上万潜在的父亲身在欧洲，在太平洋诸岛上，或者在茫茫大海上）；再接下来，又突然增长到了1946年的23.3‰和1947年的25.8‰——这之后，又下降到了1948年的24.2‰、1949年的24.1‰和1950年的23.5‰。

战后那些年见证了结婚率的大幅增长

毫无疑问，这里有一种对战争的混乱和杀戮的非常有趣的反应。它出现在这样一个时期，当时，那些更能说会道的知识分子似乎得出了这样的结论：生命的危险，个人在未知命运掌控中的无助，以及对人类努力价值的坚定信念的普遍下降，正把人类逼向绝望。出生率的变化，似乎让人们有理由怀疑，人们是否对未来不抱更乐观的态度。即使是在美国大学毕业生这一群体当中（长期以来他们一直因为不愿意生儿育女而受到指责），生育率的趋势也是向上的；167所大学男女毕业生的记录表明，到1951年，1941届的毕业生所生的孩子，比1936届毕业生在10年之后所生的孩子更多。

家庭制度是否在美国获得了新生呢？这个想法，在有些人看来似乎是古怪的，因为他们那些注意到了下面这个事实：尽管结婚率——大萧条期间一直低落——在战争期间和战后一直增长，直至1946年的最高点，但离婚率也是如此。不过，那时候的很多离婚，部分原因无疑要归因于悠闲时期对战时仓促结合的后悔。如果下面这个说法是对的话：（正如一位愤世嫉俗者所说的那样）亲近和机会是大多数婚姻的

主要原因，那么，缺少亲近和机会太多就是很多婚姻破裂的主要原因了。即便是在40年代余下的那些年里，离婚率依然比战前那些年要高——比方说，1949年的离婚率是2.6‰，相比之下，1946年高达4.3‰，而1940年只有2‰，1930年是1.6‰，1920年是1.6‰，1910年是0.9‰，1900年是0.7‰——这或许证明了"婚姻应该持久"这一信念的不断衰微，但毫无疑问，结婚还是值得要的。

这些数字似乎给我们留下了这样的印象：对于结婚和生儿育女，40年代的大多数美国年轻人并没有像前几十年很多聪明的年轻人所抱有的那样愤世嫉俗的(或者说是幻灭的)保留态度。他们并不想无限度地延长单身冒险的快乐。他们并不把婚姻视为中产阶级的权宜之计，为的是把传统的一夫一妻制强加给自由精神。尽管有很多先兆，预示着文明的崩溃即将到来，但他们并不过度惊慌地看待势必面对这场崩溃的人类总数的增加。不，他们想要结婚并生儿育女，想要生活在一幢农场主式的房屋里，有洗碗机供夫妻俩共同使用，有电视机摆放在家里壁炉旁供他们娱乐。他们历尽沧桑，并认定"金窝、银窝，不如自家的草窝"。

2

20世纪40年代美国人口惊人增长的另一个理由是：死的人更少。国民从未如此健康。

事实上，自1900年以来，这方面的累积变化是巨大的。很多疾病的死亡率，在1900年让人为之胆寒，如今已大幅下降：流感和肺炎的死亡率从181.5(每10万人)下降到了1948年的38.7；肺结核从201.9下降到了30；伤寒和副伤寒从36下降到了0.2；白喉从43.3下降到了0.4；猩红热从11.4下降到了0.1的一小部分——这个数字在1948年代表了全美国仅有68例死亡。既然老天爷不让人类长生不老，到头来总得死于某种原因，那么很自然，像这样一些令人吃惊的降低，应该会伴随着变性疾病死亡率的增长，尤其是心脏病和癌症，这些病取代了肺炎和肺结核从前的位置，成为头号杀手。但最令人影响深刻的，是美国人的平均寿命在1900～1950年间的净改变：从49岁增长到了68岁。

是什么导致了这一奇迹的发生呢？是一系列互相关联的进步：医学知识、医学训练、医学实践、卫生条件、公共卫生措施以及公众对健康原则的一般理解。据艾伦·格雷格博士说："哈佛大学生物化学家劳伦斯·J.亨德森曾指出，大约在1910年前后，美国的医学进步达到了这样的程度，以至于可以说，随便哪位患者，患有随便哪种疾病，去咨询随便

哪位医生，也有超过50%的机会从这种忙打误撞中受益。"从那时到现在，医学职业不仅学会了很多疾病的治疗方法，而且还有了一些格外有效的药物可用，比如磺胺（1935年）、青霉素（1929年发现，但直到40年代初期才投入临床使用）、像金霉素（时间更近）之类的抗生素，以及革命性的促肾上腺皮质激素和可的松（直到1948年才付诸临床应用）。像为防止疟疾而采取的蚊虫控制之类的公共卫生措施是如此有效，以至于在1950年，密西西比州悬赏：任何医生只要找出一例新的疟疾病例，将获得10美元奖金，结果一例报告也没有。我们不要忽视了维生素的发现（始于1913年的维生素A）以及关于维生素的公众教育对一般公共健康的贡献；到20世纪中叶，很少有家庭没有听说过番茄汁、水果汁、绿色蔬菜和沙拉——牛奶就更不用说了——有特殊的功效。

哈佛公共卫生学院的院长西蒙斯准将拿出了一份简洁的统计学比较，它反映了军队医疗服务自年轻的哈维·库欣医生在巴尔的摩遇到

有效的公共卫生服务极大地提高了国民的健康水平

一车西美战争伤寒病人以来在效率上所取得的进步。当年，库欣医生对自己所目睹的污秽和肮脏深感震惊。西蒙斯说："在西美战争中，我国军队中的病死率大约是每年25‰……在第一次世界大战中，这一比例下降到了16‰……在第二次世界大战中……它只有每年0.6‰。"

日益成功的抗击传染病的战争，导致了40年代老人数量的大幅增长，使得人们对退休金计划有了新的兴趣，并且——由于工商企业让雇员在65岁，甚或60岁退休的趋势依然在向前发展——带来了一个严重的问题：超过这一年龄的退休金是否会构成一个太过沉重的负担，使大多数公司承担不起。与此同时，出生率的跃升到1950年开始淹没已经过度拥挤的初等教育系统，并在未来许多年里使之面临越来越严重的威胁。于是，当50年代开始的时候，正当挣钱年龄的美国人面临着这样的前景：他们不得不以这样那样的方式，养活比历史上任何时候都要多的上老下小。

总的来看，美国人不仅更健康了，而且从体格上讲，他们的块头也更大了。仅仅参考两次世界大战的体检记录，恐怕很难证明这一点，因为，第二次世界大战头两年服役的登记征兵者的平均身高，跟第一次世界大战新兵体检的记录完全一样——5英尺7.5英寸，尽管1941～1942年的平均体重比1917～1918年的平均数要高出8磅——150磅对142磅。（由地方征兵局归类为"适于1941～1942年一般兵役"的登记者，其平均身高是5英尺8.1英寸，体重是152磅。）然而，这样的比较注定有点容易让人误解，因为它们涉及根据不同条件所选择的人，以及代表各种血统的不同比例。对古老血统的富裕美国人当中相对可比群体所作的比较，显示了块头上的明显增长。比方说，哈佛大学19世纪70年代及80年代初期的学生，平均身高5英尺8.12英寸，体重138.40磅；20世纪20年代及30年代初期哈佛学生的平均身高比这高出了2英寸——5英尺10.14英寸，体重比这重10磅——149.05磅。瓦萨大学[①]1885级和1940级学生之间的差距跟这几乎一样：1940级的年轻姑娘们的平均身高是5英尺5.1英寸，而1885级是5英尺3.1英寸；平均体重是126.

---

① 瓦萨大学：美国著名的女子大学。

125磅对115.7磅；平均腰围则略微粗一些：25.25英寸对24.875英寸。（顺便说一句，瓦萨大学女生的腰围在1905年最细——23.44英寸，1927年最粗——26.19英寸。）

不管获得精确可比的统计数据有多困难，通过整整半个世纪的普遍观察，可以肯定的是，儿子往往比他们的父亲更高，女儿通常比她们的母亲更高，尤其是年轻姑娘们的鞋子，其尺码往往让她们的母亲目瞪口呆。20世纪40年代，一个从东部女子预科学校毕业的姑娘，回到家乡当教师，她一脸惊讶地对学校主管谈到自己班里

的学生。"他们怎么那么大！"她说。"大么？"主管说，"你见到的是番茄汁一代。等你见到柚子汁一代再瞧吧！"

这一代学生体格上普遍比他们的父母更强壮

到20世纪中期，人口统计数据显示了一次令人印象深刻的向西漂移——尤其是向加利福尼亚和太平洋西北海岸漂移。数据还显示了稳定而连续的迁徙：从农场和小镇向人口中心迁徙。无论有多少人信奉朴素生活有培养品格的价值、悲叹美国生活的城市化，但似乎没有人试图让它停下来。城市化的背后，是经济逻辑，因为农业生产所需要的工人越来越少，服务业在大社区里最繁荣；在它的背后，还有机遇——或者想象出来的机遇——的向心力，这种向心力对于有才能的人来说是不可抗拒的。汽车、电话、通俗杂志、收音机和电视不是让农民和村民们能够保持跟大世界的联系从而提高了他们的生活质量么？是的，但它也给黑格斯敦、帕杜卡或大福克斯的少男少女们带来

了几乎不可抗拒的邀请，邀请他们去品尝洛杉矶、芝加哥或纽约的快乐，在那里，人们的一言一行都是新闻，那里的灯光亮同白昼，那里的魅力有它公认的司令部。

最后，长期以来，民族大熔炉一直在顺利地工作着。由于在20世纪20年代初期移民受到了严格的限制，随着在移民大潮期间乘坐统舱飘扬过海来到美国的男男女女一个接一个地走向了生命的终结，外国出生的美国人的数量就稳步减少。在美国的城市和工业城镇，人们听到的外国话越来越少。移民的儿女们毅然决然地获得了美国的风俗习惯和生活方式；第三代——正如一个意大利裔纽约人所写的那样，他们拥有"父母说英语的巨大优势"——已经像"五月花号"的子孙后代们一样美国化，尽管在后者看来，他们的姓氏依然是外国的。在20年代，体育评论员们习惯于以开玩笑的态度，谈论那些越来越频繁出现在获胜球队阵容里的欧洲姓氏；但是，到1950年，美国人的血统来自五湖四海变得如此理所当然，以至于你会用一句陈词滥调来评论世界职业棒球(最美国化的运动)锦标赛参赛球员那有趣的姓名组合。这里是1950年职业棒球锦标赛第一场比赛中获胜队击球员的上场顺序：伍德林、里兹图、贝拉、迪马吉奥、米泽、布朗、鲍尔、科尔曼、拉斯基——他们全都是美国佬。

The Big Change

第三部

新美国

第15章

全美标准

1

　　在我们进入20世纪下半叶，并停下来估量我们的处境的时候，我们不妨先看看，富人与穷人之间曾经如此之宽的鸿沟如今发生了什么。

　　关于美国人当前的收入分配，任何一个拿出相关数据的人，都不得不提醒读者：它们只不过是近似值。即便是认真负责的经济调查员，不同的团体，基于不同的数据——比如所得税统计表、人口普查统计表和各种专门的调查报告——他们得出的估算往往也大不相同。然而，我们今天的统计学，已经远比世纪之交的时候要精确得多，想当年，没有所得税，安德鲁·卡内基的收入大约是普通美国工人收入的2万倍，贫民窟里挤满了生活在恶臭和污秽当中的悲惨移民，很多爱思考的公民跟埃德温·马卡姆一样，抱有一种朦胧的忧惧：有朝一日，那些辛勤劳作的人——"满脸是时代的空虚"——会揭竿而起，审判这个世界。

　　我在这里引用的数据，是基于美国国会经济报告联合委员会下属的一个小组委员会所报告的数据，这个小组委员会所处理的是1948年的收入分配；它们大致类似于经济顾问委员会1951年1月给总统的报告中所包含的那些数字，多半比较接近事实。

　　据他们说，在最近几年中，大约有10.6%的美国家庭靠一年不到1,000美元的个人收入或家庭收入生活。换句话说，10个家庭当中，大约有1个家庭靠着少得可怜的一点货币收入勉强凑合着过日子。大约14.5%的家庭年收入为1,000～2,000美元。大约20.6%的家庭年收入为2,000～3,000美元。大约33.6%的家庭年收入为3,000～5,000美元。年收入在5,000～10,000美元之间的家庭大约只占17.9%。年收入超过10,000美元的家庭是一个很小的群体，大约只占2.9%。还有很多的个人，不生活在任何家庭；1948年，据估计，他们总共约有800万人。他们的收入或多或少遵循同样的模式，只不过，在最低收入阶层里，他们的比例更大。

现在，让我们稍稍打量一下最低收入群体，也就是那些靠不足1,000美元的年收入生活的(大约)10.6%的家庭，还有个人。他们是谁呢？

首先，他们包括一些刚好碰上坏年头的农民和个体商人——不得不亏本卖掉他们的作物或商品。但其中有些人(或者说大多数人)有足够的存款让他们随波逐流。(在大多数情况下，不会把他们折腾到穷困潦倒的地步。)他们包括很多乡下的穷人：在贫瘠土地上劳作的人，佃户，谷租佃农。(其中很多人——我们不知道究竟有多少——或许能够种植足够的粮食供自己吃，这样一来就可以靠少得可怜的一点收入设法维持下去。)另一个群体——并不那么大——包括那些靠他们微不足道的一点积蓄或收入来维持生活的老人，在某些情况下他们有家人，但在另一些情况下他们独自照料自己，有的人有老年救济，有的人没有。(罗伯特·L. 海尔布伦纳在1950年6月《哈珀斯》杂志上的一篇研究美国贫困的文章中说，在1948年，四分之一的家庭靠上了年纪的人养活，三分之二上了年纪的单身男女不得不靠每周不到20美元的收入生活。)最低收入群体中的另外一些人是破裂家庭的受害者——比方说，那些离婚或被遗弃而又不能完全养活自己的女人。有些人是残疾人——身体残废、精神疾患。(据海尔布伦纳说，这些人当中，有很多人"会得到社区的保护，只要他们活着"。)有些人多半是长期的废人，是社会弃儿，很少人被雇

沦落底层的失败者

佣，即使受雇也干不长。我们还应该补充一句：在乡下穷人、束手无策的老人以及诸如此类的人当中，黑人的数量大得不成比例。

走近次低收入贫困阶层——即家庭或个人年收入在1,000～2,000美元之间的群体——我们发现更多遭遇困境的商人，更多边缘农民，更多老人，更多离婚或被遗弃的妻子，更多残疾人，更多再三被解雇的边缘劳动者，以及更多其他群体的成员：即使是在这段富足时期，这些人的工资也低到了让他们一直在贫困中不断挣扎的程度。在这些群体的大多数人当中，黑人再一次占到了过分大的比例。

关于这两个群体的构成（他们组成了全体国民当中收入最低的三分之一），最令人吃惊的事情大概是：这些人——除了黑人部分外，他们的境况我们已经在第12章中讨论过——并不是"完整的主体"。他们不是无产阶级。他们是一大批处于困境的人，所遇到的困难（经济困难和其他困难）五花八门，各不相同，分布非常广泛。

他们包罗甚众，从那些上了年纪的人（他们的生活过得如此整洁而自重，以至于你根本想不到他们有时候竟然会饿肚子），腰板挺直的农民（他们今年的庄稼被暴风雨所摧毁），到伸手讨钱购买下一杯酒的流浪汉，以及没本事找工作的低能儿。我们用来帮助这些无能者和受苦者的工具，远远谈不上理想——老天爷知道——但它们远比20世纪初的时候要充分得多。说到民众的苦难，规模也不像那个时候那么大。

在大萧条期间，斯图亚特·蔡斯写过一段话，大意是：在一个流动的社会，总是有人在经济的阶梯上往上爬，也总是有人从阶梯上摔下来，但是，如果是一个公平的社会，就该有某种办法，防止后者一头栽到地下室里。如今，由于亲戚朋友的帮助，私营慈善组织的努力，以及全国的城乡救济组织，我们成功地在地板上把他们当中大多数人给接住了。

当我们研究接下来的两三档——这两档代表了年收入2,000～10,000美元的群体——的时候，我们遭遇了眼下这轮繁荣的一个核心事实。这就是：数以百万计的家庭脱离了2,000美元以下和2,000～3,000美元的阶层，向上爬了一两档。这些幸运的家庭从各种不同的机会中挣到了他们的钱；他们当中有农民、上班族、专业人士、半熟练的和熟练的产业工人；但作为一个群体，干得最好的还是产业工人——比如，一个以往靠2,500美元生活的钢铁工人家庭，如今能挣到4,500美元，或者，需要很高技能的机床操作者的家庭，过去他们习惯于靠3,000美元的收入生活，如今能挣到5,500美元，甚至更多。不妨想想一项明显的统计数据：在1950年美国所有的制造业当中，工人的平均工资是每周59.33美元。在过去十年里，在收入增长的同时，不断上涨的物价也紧追其后，但平均起来，收入还是远远走在了前面。

就人的意义而言，这些数字意味着什么呢？它们意味着：生活在美国工业城镇和农场的数百万家庭，已经从贫困（或接近贫困）的状态，提升到了这样一种地位：他们能够享受传统上一直被认为是中产阶级的生活方式：干净整洁的衣服，购买更好汽车的机会，安装一台电冰箱，为家庭主妇提供一间干净体面、富有魅力的厨房，去看牙医，购买保险，以及诸如此类，不可胜数。

这些产业工人、农民及其他各色人等，是不是最有资格在财富上得到提升的人呢，这一点尚无定论。你可能希望，知识分子工作者——比方说教师——应该成为新秩序的主要受益群体之一。（他们当然不是。）然而，缩小通常被称作"低收入阶层"的那个群体，对我们当中其余人的影响，是令人印象深刻的。因为，当那些向上移动了一两个等级的家庭有能力购买更多商品的时候，他们扩大了的购买力就会在总体上给商业带来巨大的提升。通过让穷人越来越不穷，美国也就越来越繁荣。

在梯子的顶端，同样有惊人的变化。在这场经济赛跑中，富人巨大的领先优势有相当程度的减小。

让我们看看处于收入顶端的5%的人——粗略地说也就是年收入超过8,000美元的人，看看他们身上发生了什么。

据国家经济研究局的西蒙·库兹涅茨的精心计算，在两次世界大战的那段时期，这个相对富裕群体中的人占到了国民总收入中的很大一部分——按税前计算不少于30%，税后略多于28%。但到1945年，他们所占的比例，按税前算从30%减少到了19.5%，按税后算从28%

富裕家庭的
厨房（20世
纪50年代）

减少到了17%。自1945年以后，这个上层群体相对有所进步，但进步
不大。

至于最顶端的1%——真正有钱的富人，我们粗略地把他们归类
为年收入16,000美元以上的群体——他们在国民总收入中所占的份额
（按税后计算），到1945年，已经从原先的13%下降到了7%。

问题马上来了。在减少高收入群体的份额、增加低收入群体的份
额这样一个过程中，我们是不是在简单地"劫富济贫"呢？（富人常常
是这么认为的，尤其是在3月15日前后。——注：在1918年至1955年
间，所得税申极截止日为3月15日）

对这个问题的回答是：富人获得了一块更大馅饼的相对较小的份
额。即使在扣除物价上涨的因素之后，你还是会发现，所有美国人总
的可支配收入在1929～1950年之间增长了74%。这是非常可观的增
长。所以，尽管富人在相对意义上吃了一点亏，但我们很难说他们在
绝对意义上吃了亏。

你可以给这一观点加上一个有趣的注脚。我们刚刚说到的工资的
巨大增长，总的来看并没有使利润减少。事实上，当我们把1929年的

数字跟1950年的数字做个比较的时候，就会发现，在这段时间里，总利润的增长虽然不大，但跟总工资比起来，增长得更明显。我们不妨引用"新英格兰理事会"那句恰到好处的口号，叫做"水涨船高"。（富人为什么没有因此而大有斩获呢？因为部分利润被留了下来，用于扩大生意；因为红利分配得更为广泛；当然，还因为税收提高了很多。）

然而，富人在地位上的变化是非常惊人的。有人冷嘲热讽地说，再也没有合法的富人了；只有偷税者和靠报销单过富裕生活的人。这当然不是真的。你完全可以合法地利用联邦所得税法中的资本收益规定，继续留住某些金融交易所产生的大部分利润。石油商人利用所得税法规定的27.5%的损耗，确实挣到了丰厚的利润。依然有一些免税证券，对那些资本足够大的人非常有益，即便利率很低，他们也能凭借大资本而获得丰厚的收益。但总的来说，大宗收入已经被国税局的征税官们给劈成了碎片。

不妨提供一个稍微带点假设的例子。根据证券交易委员会的公开记录，1950年的最高薪水，是通用汽车总裁查尔斯·E. 威尔逊所挣到的626,300美元。其中部分是他在接下来的5年时间里即将陆续到手的股票和现金；但我们不妨假设它们全是现金，在1950年一次性交到他的手里，并且，他必须按照626,300美元缴纳联邦所得税，此外别无其他——没有任何例外的扣除。那么，政府将会拿去其中的大约462,000美元，只留给他164,300美元。这样的收入当然不能叫穷，但也不是那种让人可以存下几百万的收入。

至于有些人，他们拥有继承来的巨额财富，或者是在税收很低的日子里积攒起来的自有财富，并有大公司要维持，而且，到头来还要对那些不怎么富有的亲戚朋友负担起各种各样的道德义务——除此之外，他们还知道，大学、中小学、医院和慈善团体还要依靠像他们这样的人提供可观的捐赠（因为偷税者、赌徒，甚至还包括很多最有钱的新富，都不认可诸如此类的责任和机会）——当税收和物价都增长的时候，他们的困境，常常被概括为他们当中的一个人所说的这样一句话："根本没有阔起来这么回事，只有更大规模地穷下去。"

因此，富人钟情于国债和地方债券(它们收益不大，但免税)；钟情于资本收益税(它比常规所得税要低很多)；钟情于公司股票的额外酬金(它有增值的潜力)；钟情于让酬金能分布在很长时间段里的五花八门的设计。(比方说，你订了一份30年的合同，包括你10年完整服务的酬金，以及这之后"咨询"服务的酬金，这样一来，你就可以在你的有效服务结束很久之后，依然长时间地获得收益。)

因此，很多好胜心强过良心的人，都倾向于靠现金生活，希望躲过收税官的眼睛——如果是新近阔起来的暴发户的话，确实能暂时躲过。(众所周知的富人——财富的继承人和大公司的经营者——很少能做到，因为收税官一直眼巴巴地盯着他们。)我要是国税局调查员的话，我会通过销售账单紧追那些掏钱购买貂皮大衣或钻石的人，但我一点也不奇怪，这些调查员总是通过看报纸来获得珠宝大买家的消息。

因此，近年来，贿赂和变相贿赂收税官的传闻，总在我们的鼻子底下散发着恶臭。

因此，越来越多的人——不仅有最富阶层的成员，而且也有很多自认为只不过是小康的人——部分地靠公司生活。

如果你所需要(或者想要)的每一样东西——住房、运输、娱乐，供你自己、你的家人以及你数不清的宾客享用——都有人免费提供给你的话，你压根就不需要任何工资。很多公司管理人员的生活，多少有点接近于这种令人羡慕的状态。他们出行乘坐公司的汽车，或者——如果需要的话——公司购买的卧铺，或乘坐公司的飞机；要是飞机把他们或他们的客人带到了肯塔基的赛马会上，或者是玫瑰碗体育场的比赛上，那也用不着大惊小怪，因为那是在"增进联络"。他们在风景宜人的度假胜地举行旷日持久的商务会议，有海湾和浴场供他们放松，当然全都由公司买单。他们可以在公司的营地里享受假日，或者在公司的乡村俱乐部里打高尔夫球。如果他们想在一家时尚酒店里举行一场几百人参加的鸡尾酒会的话，公司还是会负担全部费用，因为那也是在"增进联络"。在第二次世界大战期间，纽约一家大酒店的经营者曾对我描述过在他宽敞的厅堂里举行的那些豪华酒会——对

战时来说，它们的奢侈可谓惊人；我问他，是个人买单还是公司买单。他说："嗨，全都是公司买单。"在1950年5月号的《眼力》(*Flair*)杂志上，约翰·奥哈拉描述了他恰如其分地称之为"新式报销单社交"，他说到了南洋酒店对纽约的普通游客来说如何一票难求（除非以荒谬的价格），并补充道："有些顾客出到了每两位100美元，这些顾客都是大公司……大公司对每样东西都有优先权，从饭馆的餐桌，到卧铺的预订席位。"

即使是小人物，也可以靠报销单混得相当不错。在纽约中心区饭店生活中——那里的生意非常好，其最负盛名的是你可以紧挨着名流要人吃吃喝喝，他们有女影星、广告大亨、参议员、闲谈专栏写手、成功的作家、出版家、前体育冠军和电视喜剧演员——有一个广泛的男女圈子，其中有些人收入很一般，他们日复一日地经常靠报销单混午饭甚至晚饭。有时候，他们是招待外地客户，有时候他们只是互相请客。这两种情况下都是由公司买单。我曾经问过两家高档餐馆的经营者，他们这样日复一日靠报销单吃吃喝喝，他们的客人占多大比例。其中一位说，午餐将近一半是客人，在他最受欢迎的包间里用晚

餐的时候也是如此；如果在别的地方用晚餐，客人就更少。另一个人说，午餐的时候客人占四分之三，晚餐更少，夜宵则非常少；但他猜测，在有娱乐表演的夜总会里，比例会更高。完全有可能，很多客户和潜在客户确实是被这样的款待所俘获；但无论如何，正是客户和潜在客户如何被这样的招待所俘获的理论，造成了主客双方至少是部分时间过着花天酒地的生活，而无需自己掏腰包。

比方说克里夫兰一个机床厂的主管，或者匹兹堡一家钢铁公司的经理，过着远比自己家里更阔气的生活，他们的妻子没准会发现，她们家庭的生活水平存在着某种不平衡的东西。"公司把吉姆给宠坏了。"在1952年1月7日的《生活》(Life)杂志上，小威廉·H.怀特引用一个商人妻子的话说：

> 即使当他一年挣7,500美元的时候，他也总是被派到华盛顿去。他走进卧铺车厢的休息室，并且——就像通用公司的J. R. 罗宾逊一样——占一个两房套间。然后，总是有公司的某个高级职员邀请他去公司保留在北方森林里的一间打猎和钓鱼小屋。当他去纽约的时候，他会在"二十一""伏牛花屋"和"尚博堡"娱乐。至于我，这期间我会吃30美分的汉堡包，当我们一起外出度假的时候，我们不得不坐我们的老爷车，或者借我妹夫的车。这种上流社会的生活品味给了他们当中某些人高贵的错觉。

当然，也有很多身居高位的商人，不愿意利用这样的机会。一位年收入超过20万美元(税前)的企业主管曾告诉我，当他在佛罗里达的时候，他总是惊讶于有那么多人花钱大手大脚，其消费水平明显超出了他们的承受能力。至于他本人，他的税额和负担是如此之重，以至于他所能做到的一切，就是保持一年到头不出现赤字。他在佛罗里达见到的男男女女，有些人享受着这样的生活：一年到头50个星期过紧巴巴的日子，2个星期过一掷千金的奢侈生活；另一些人可能是偷税者；但更有可能，他们当中很多人都发现了——并在利用——真正财富的现行替代品：一家乐意买单的公司。

2

　　然而，跟穷人与富人之间收入差距的日渐缩小比起来，更令人印象深刻的，是他们之间生活方式差距的日渐缩小。

　　比方说，不妨想想个人外表这个问题，请记住，在1900年，身着双排扣常礼服、头戴缎面大礼帽的银行家，和他那位一身巴黎行头的妻子，人们老远就能把他们认出来——如果他们胆敢混迹于平民百姓当中的话。四五十年前，乡下人进城一眼就能看出来是个"土老冒"；买便宜男装的人，总是被他的紧腰夹克和鞋子所出卖。现如今，一个钢铁工人(或商店职员)和一名高级主管，他们之间外表上的差别，在漫不经心的人看来已经不太明显。前不久，在一场网球比赛上，我坐在一家世界著名银行的董事会主席的后面，中间隔着两三排，我看着他那顶老兵式的巴拿马草帽，和他那身看起来稀松平常的普通西服，我很想知道，他的周围究竟有多少人会猜到，他是一个在金融界有着重要地位的大人物。有很多这样的人，他们的年收入超过6位数(税前)，手下有数以千计的雇员，尽管跟纽约地铁或跨大陆飞机上身边那些人比起来，他们的衣服或许裁剪得要好一些，但却根本引不起好奇的注意；他们看上去跟其他人没什么两样。

　　至于女人，一个每年在衣服上花5,000美元的女人，和一个每年只花这个数字的零头的女人，她们之间外表上的差别，决不像有良好品味的女人与没品味的女人之间的差别那么显著。阔女人有30套衣服，而穷女人只有3套衣服，这在大街上看不出来；阔女人的衣服，布料和做工当然更好，但这也只有通过专家的眼睛贴近观察才看得出来。样式通常由巴黎决定，通过最昂贵的时装店引进，然后由美国最昂贵的服装制造商加以修改，最后——在6个月至1年的间隔之后——由廉价服装制造商做进一步的修改，结果给改得面目全非。这个过程

20世纪40年
代的女性装
束

如今更快，差别更不明显。除非穷女人穷得异乎寻常——或者穷得不足挂齿——她一般也像阔女人一样有一头烫发——多半是在家里烫的。每一个收入群体的女人都穿尼龙长袜。

不妨比较一下那些长袜。在世纪之交的时候，丝袜是奢侈的标志。1900年，一个有7,500万人口的国家，只生产了155,000双丝袜。而在1949年，美国生产的尼龙长袜——在大多数人看来，它们至少像丝袜一样漂亮，即便不是更漂亮的话——不是155,000双，而是5.43亿双：足以供应全国所有女性(14岁以上)每人9到10双之间。说到用大规模生产的动态逻辑为所有人生产奢侈品，这难道不是一个很好的例子吗？

一代人之前，大的邮购商号为西部农民的妻子和东部的城市女性生产不同的衣服；现如今，不存在这样的差别。我有一位朋友，最近，他乘坐的火车停在俄克拉荷马州的一座小镇上，他注意到站台上的那些年轻姑娘，在外表上跟麦迪逊大道或密歇根大道上的姑娘们实际上没什么区别。如今，几乎可以说，一个女人在穿着上唯一容易看得见的财富标志，就是貂皮大衣了。

对于这一点，或许有必要做一点解释。我所描述的这一趋势，并非倾向于一致。无论是在男人当中，还是在女人当中，服装上都有很大的差异。我所强调的是，差异更多地是个人偏爱的问题，或者是某个地方群体或职业群体的成员当中的风俗习惯问题，而不是经济阶层的问题。

这种在穿着打扮上打破阶层界线的趋势是不是无足轻重呢？我不这样认为。以貌取人的意识容易造成分裂，反之，则有利于消除人与人之间的障碍。

貂皮大衣成了女性衣着上唯一明显的财富标志

让我们从衣着打扮转到日常生活上来。正如H.戈登·海斯教授1947年在《哈珀斯》杂志上所指出的那样，富人跟穷人抽同一种香烟，用同一种剃刀刮胡子，使用同一种类的电话、吸尘器、收音机、电视机，家里拥有同一种照明和加热设备，诸如此类。富人的汽车，跟穷人的汽车差别不大。本质上，它们是同样的引擎，同样的零配件。在20世纪初年，汽车确实分三六九等。高踞顶端的，是诸如劳斯莱斯、奔驰和伊索塔·弗拉斯契尼之类的进口车；拥有一辆这样的车，就是真正有钱的标志。也有像皮尔斯－阿罗、无敌和帕克这样一些美国贵族。接下来，一组接一组逐级递减，直至简单朴素的福特T型车。现如今，除了少数幸存者(比如方头方脑的老式劳斯莱斯)，以及少数奇形怪状的车(比如新型英国跑车)之外，阶层分组相对来说基本上没有了。而且，尽管崭新大汽车的拥有者也许有很高的收入，但他也可能只不过是把微薄的收入精打细算得勉强能够支付他所喜爱汽车的价钱。

就自来水和抽水马桶而言，差别的消除进行得要慢很多，但依然很稳定。诚然，对南方山区人一直存在某种侮辱，他们刚刚见到抽水马桶的时候就认定，应该站在里面洗脚；但现如今，美国的城市里和

小镇上，只有那些破旧不堪的房子没有自来水、浴缸或淋浴以及抽水马桶，这些便利设施很快就被安装在全国各地的乡村农舍里。

与此同时，仆人阶层几乎消失不见了，尤其是在南方和西部，尽管仆人的工资，就其购买力而言，是1900年的5到10倍，甚至更多（而且，如果仆人在主人家寄宿的话，还有存钱的机会）。他们实际上的消失——这使得绝大部分家庭不得不自己动手，干做饭、清洁和洗涤之类的家务杂活——不仅标志着昔日的移民下层阶级被吸收进了整体的美国社会（在这样一个社会里，家政服务一直被认为是低三下四的），而且也消除了富人和穷人之间在生活方式上的另一项差别。今天，那些生活环境舒适的父母，他们的女儿更懂得如何做好饭——而他们的儿子也可能得到一些几乎是必不可少的生活知识。

富人与穷人之间生活方式上的这种趋同，其原因何在呢？正如我们在前面的章节里已经看到的那样，原因很多，而且很复杂。有些原因是经济和政治的，比如所得税和工会的压力，有些是政治和社会的，比如公园和运动场的发展。当然，大规模生产的动态逻辑是主要原因；它解释了为什么某些种类的奢侈品市场几乎消失了，这些奢侈品的生产者和销售者发现，他们毫无希望跟大规模生产优质同类商品的生产者和销售者竞争。比方说，裁缝、鞋匠、衬衫制作者发动了一场与逆境抗争的生存之战。大规模生产支配着我们；大规模生产只允许有限度的差异。

这种变化的另一个重要因素，是教育的普及。1900年，美国达到中学年龄的男孩女孩当中，实际上进入中学念书的不到十分之一；如今这个比例超过了五分之四。这对他们来说不仅意味着书本知识；它还意味着社区里各种家庭不同生活方式上的社会教育。美国的大学和教师培训机构的学生数量也增长了8倍。

这种变化还有一个因素是第二次世界大战，它让几百万年轻人有机会去国外游历，让那些可教的孺子有机会学习另外的生活方式，让其中有些人——比如空军飞行员——有机会过上他们闻所未闻的高标准生活。我记得，在战争期间我曾去一家破旧的小照相馆拍护照相片，听店主说他的儿子是名飞行员，驾驶飞机飞越南大西洋。我倒是

第二次世界
大战中的美
军飞行员

很想知道，两三年之前，这孩子是否梦想过有朝一日自己有机会去巴西和利比里亚，同时享受一名军官的优厚待遇。

我们也不应该忽视大规模传播的杂志、电影、广播、电视的巨大影响，它们把同样的效仿模式强加给了各个收入水平的美国人：换句话说，使他们想要成为某种类型的人。比方说，就以女性杂志和出版业称之为"庇护场"（意思是专注于房子和花园）的那种杂志为例。几十年来，它们一直在月复一月地培训数百万妇女更好的生活技艺——告诉她们如何护理婴儿，如何照看孩子，如何令人愉快地款待宾客，如何准备营养均衡的饭菜，如何漂亮地装饰房子，如何让草坪和花园富有魅力，以及诸如此类。它们的有些建议，在富有经验的人看来，有时候似乎很可笑；有些信息为了讨好广告客户而被故意歪曲，或者是肤浅的、自以为是的；但对那些视野被环境所局限的人，其纯粹的指导性影响是非同寻常的。读者众多的杂志，连同它们在国民中间的传播，也为消除偏狭观念做了很多的工作；让阴暗邋遢的城市公寓里的家庭主妇、在偏远农场或工业小镇上长大成人的男孩女孩们有机会瞥

通俗杂志种类繁多,发行量大得惊人

见他们日常圈子之外的世界。了解一下今日美国有多少人是从通俗杂志上第一次认识——比方说——维生素,没准是件很有意思的事。

此外,这些杂志及其他地方的广告不断提供刺激,激励人们努力工作,以便有能力购买更多的商品。美国也像其他地方一样,有些工人在工资增长的时候会悠着点,理由是,他们如今有这样的经济条件,能够放松放松。但在某种程度上,这并不是一般规律——有些工人会继续苦干,希望能买得起更多的东西——我们可以把大规模广告看作是一个伟大的激励制造者。

这种新闻媒体的大众教育模式纯粹是20世纪的现象。在世纪之交的时候,没有哪份美国杂志有接近100万的发行量;到1947年,发行量超过100万份的杂志多达38种;仅《读者文摘》(Reader's Digest)一种,到1951年,在美国的总发行量就高达950万份。

电影(仅从大约1905年开始)和电台(仅从1920年开始成为大众广播工具)也同样把各个收入水平的男女老少聚集在一起,享受同样的情绪刺激,把它们的胶片和节目塑造成美国经验的一个共同要素。

在电影中,像加里·格兰特、汉弗莱·鲍嘉、格利高里·派克、蒙哥马利·克里夫特和法利·格兰杰这样一些深受欢迎的明星,可能扮演被认为应该是富人或时髦人士的角色,也可能扮演被套在经济绞索上的角色;但无论他扮演什么,他的声望都取决于他是否代表了一种任何美国年轻男性都能欣赏,或者至少是能接近的魅力;换句话说，取决于他是否符合老派人物称之为中产阶级言行标准的那种东西。我更喜欢称之为"无阶级的"，或者是"全美的"，因为它们本质就是那样。好莱坞的女演员们也服从于同样的冲动，在演员表上，她们可能是女王，也可能是奴婢，但她们的推广顾问都知道，要想让公众喜爱她们，就必须在电影胶片上把她们描绘为乐意做沙拉、乐意拖洗厨房地板、乐意晾晒洗好的衣服——做完这些事情之后，可以展示她们在豪华的游泳池旁，穿着裁剪得体的游泳衣，正享受幸运的闲暇时光。

格利高里·派克和奥黛丽·赫本（《罗马假日》剧照）

在收音机里，杰克·本尼(尽管他的收入很高)扮演着这样一个杰克·本尼的角色：他生活在一幢很普通的房子里，拥有一辆呼哧作响的老爷车，有一个万事通帮手作为自己唯一的仆役，跟这个人在一起是他最轻松活泼的时间。奥兹和哈里特·纳尔逊发现自己处在一连串的滑稽情境中，你可能会给他们的境况贴上中产阶级的标签，但对数百万各种收入水平的年轻父母和孩子们的经验来说，它们本质上是稀松平常的。

结果是什么呢？一个富人14岁的儿子，总是试图像汉弗莱·鲍嘉那样说话，从而让他保守的父母惊慌失措；一个卡车司机的儿子，抱有同样的希望；这两个孩子长大成人之后都更像他们的偶像——因此彼此之间也更像。还发生了别的事情。半个世纪之前，一个煤矿工人如果发现自己在一家高档饭店里，他对自己该如何举手投足全无概念；如今，他只要问自己："格利高里·派克是怎么做的？"简言之，美国社会两个极端之间的社会距离正在缩短。

无论何时，只要我想到这一变化，我就会情不自禁地想起不久之前我在纽约城所见到的一幕。一条街道为了修补而被挖开了，几个工

人站在那里等待新设备运到，其中一个工人的手里拿着一根铁棒，推测起来应该是用来撬开探井盖的，他正在享受片刻的放松。我两次看到了他在用那根铁棒做什么。他在练习一个优美的高尔夫击球动作。

3

　　要说富人财力的减少和向全美生活标准靠拢的趋势消灭了"上流社会"，那是夸张。在人类事务中，社会仿效是一股永久性的力量；在任何社群，社会界线总是要画，趋炎附势总是盛行。在大多数集镇和小城，都有一个很容易辨识的、以本地上流社会居于顶端的社会模式，尽管它的构成可能永远在变。但是，当你离开小社群、进入大社群的时候，这个模式如今变得更复杂、更多样、更难以捉摸。它是由于专业和行业分组的多样化而变得复杂，这样的分组，我们可以在更大社群中找到；因为社会声望而变得复杂，这样的声望不仅伴随着成功的商业主管(不管他们的社会地位如何)，而且也伴随着(更加令人眼花缭乱的)演艺人员和那些有新闻价值或容易上镜的人物。

　　在不断发展的郊区，这一社会模式给搞乱了，这一方面是由于人员的快速流动，另一方面也因为人们的注意力在郊区和城市的关切和娱乐之间被分散了。谢里顿夫妇举办的派对是如此令人愉快，可他们去年搬到底特律去了；斯坦利夫妇是一对可爱的人物，但为了他们实际的社会生活而去了城里；年轻的爱德华兹夫妇很有魅力，但在去年，他们的长子刚达到上学年龄，他们便搬出了郊区，如果他们的收入增长的话，可能会搬到别的地方去，但无论如何，只要他们最小的孩子长大成人，他们多半还会搬回到镇上来。社会模式五花八门，让组织化的势力摸不着头脑。

　　上流社会——有大写字母S打头的、老式的上流社会——通常集中在纽约。但正是在纽约，眼下的社会模式达到了其复杂的顶点。在这里，富人高度集中，他们当中绝大多数人只认识极少数其他人。他们组成了一些定义模糊、彼此重叠的群体。例如，有银行家、经纪人和市区律师，以及他们的家人。有出版人、作家、广告人、广播和电视人——一连串的群体，依次与百老汇的一连串群体相重叠。有坚实的商业群体，从事批发和零售业务。有跟不同教派的教会紧密相联的人——本地天主教徒组成了一个格外与众不同的集合，尽管它与那些主要关注政治的团体相重叠。那些与不同种类的慈善和公共服务组织有关系的男男女女，他们之间有熟人的纽带。有些纽约人，他们来自美国的同一个地区，或者，他们的避暑或周末生活让他们在长岛、康涅狄格、新泽西或其他地方的某个社群走到了一起，他们之间存在着进一步的纽带。每一种艺术都有它的热爱者和支持者，互相熟识使他们松散地联系在一起。在这些兴趣的某些领域，犹太人和非犹太人打成一片；而在另外一些领域，犹太人完全是分离的。在任何一场晚餐会或鸡尾酒会上，你很可能遇到你自己群体中的某个人跟其他人在一起，那些人原先你多半不认识，他们跟东道主的交往是基于另外一些共同兴趣的纽带。

上流社会的舞会

要说上流社会在这样鱼龙混杂的场合已经不再是上流社会，那肯定是错的。有很多世系显赫、家境殷实的家庭，在他们看来，这个说法是荒谬可笑的。这个上流社会依然存在，这一点几乎是他们心照不宣的秘密。

上流社会的聚会，以及为新人出场而举行的派对，只吸引了有限的公众关注。他们依然为那些精心选择的初入社交界的女士举行一场简短而热烈的社交舞会，并设法为她们提供精心选择的男性舞伴——对于规模更大的庆典来说，由于需要引入相当数量的大学生（挑选得并不那么严格），选择的过程便稍稍受到了一些损害，这些学生往往来自诸如纽黑文和普林斯顿这样一些年轻精英的老巢。但是，当这些年轻男女年华渐老的时候，他们的其他兴趣便要求他们拿出更多的时间和注意力，以至于他们当中大多数人作为上流社会成员的身份变得有点模糊不清了。尽管上流社会那些更忠诚的长者可能会对那个被称作"咖啡会"的不那么古老的好胜群体嗤之以鼻，对围绕着塔露拉·班克黑德、乔·迪马吉奥或范·约翰逊的让人眼花缭乱的宣传推广嗤之以鼻，但事实上，他们的很多后代依然会把尼克波克、沙丘、小溪或殖民地俱乐部，归类为"鹳鸟俱乐部"和"二十一俱乐部"的服务生们所偏爱的团体。社交专栏往往主要关注"咖啡会"的那群人。过去的上流社会之所以光彩照人，原因之一是他们举办的大型庆宴花费高昂；现如今，大公司可以在华尔道夫酒店举行宴会，很少有私人家庭出得起这个钱。简言之，上流社会尽管依然存在，但它几乎不被一般公众所知，也不被他们所注意。

该轮到广告客户关注这一变化了。1949年，阿格尼斯·罗杰斯写道："我们时代的趋势是，魅力如今被大肆宣传为这样一种东西：所有美国女人都能获得它，非常容易拥有它——你买它一瓶回来就成。如今，少数制造商感觉到了，要想卖掉产品，你就必须让女人能够把自己混同于富人或社交精英。迎合势利眼已经不如迎合魅力那么有效，通过购买正确的产品、通过细心学会如何正确使用它们来实现。任何人都能拥有魅力，不管她是什么背景，只要很少的一点钱，再加上一点点努力。魅力已经被民主化了。"

布雷克斯
庄园

　　至于早年的那些深宅大院，那些巨大的城堡，富人和时髦人士在里面过着王公般的奢华生活，如今大多也因为遗产税和附加税而人去楼空。有些房子依然被人占住着，尤其是在纽波特，在那里，社交精英的保守派顽固地试图我行我素，就好像什么也没发生一样。但在纽约，那些曾经让第五大道成为百万富翁大街的著名宅邸——比如威廉·H.范德比尔特、威廉·K.范德比尔特和科尼利厄斯·范德比尔特的豪宅——已经被夷为平地，让位于商业建筑或公寓大楼。即使在纽波特，"赫石宫"成了一所天主教大学，"布雷克斯庄园"被逐年租出去用作一家博物馆，在那里，你可以看到（如果你愿意的话），全盛时期范德比尔特的一幢房子是什么样子。弗雷德里克·W.范德比尔特在海德公园的房子也成了一家博物馆。在莱诺克斯，亨利·怀特的房子成了一家旅馆。在费城郊外，E.T.斯托特斯伯里那幢有130间房间的"怀特马什庄园"如今是费城制盐公司的研究中心。在棕榈滩，弗拉格勒公馆成了怀特霍尔酒店的一部分。其他几幢豪宅也都成了女修道院、男孩女孩们的寄宿学校、医院。没有什么东西像它们那样建造了很多年，不仅因为以今天的劳动成本要花巨额的维护费用，而且也因

为，如今富人的品味不那么追求王侯般的——或者是冒充王侯般的——生活方式。

你会带着喜忧参半的心情，看待这些私人宫殿的消失。它们从欧洲模仿来的高贵庄严，总有点伪造的意思。你应该想到了，劳动成本的上升，使得它们在今天维护起来是如此之难，其后果是灾难性的，可话说回来，它也给很多男人和女人带来新的舒适和机会。你应该会同意，聚集起大批的侍者和奴仆，对人的尊严有一种微妙的侮辱。然而，在其中有些豪宅的身上，也有某种闪光的东西，这是你在今天的阶层化不那么明显的社会里所见不到的。

去年夏天，我仔细参观过它们当中较小的一幢——就它曾经安顿过的人数而言可谓较小，因为它的主卧室顶多只有8到10间，但那里曾经盛行的生活方式却是奢华的。它空空荡荡地立在那里，等待着买主上门。门廊上高高的柱子，立在用灰泥粉饰过的底座上，如今已经碎裂。边廊上的木柱裂开了，旧油漆正在剥落。屋外的花园里杂草丛生，一条美丽迷人的河谷，河上的风景部分被疯长的灌木丛所阻挡。中央大厅有三层高，大约60英尺长，其雕刻天花板已经部分脱落，这是屋顶漏水的结果，硬木地板上有一堆堆掉下来的灰泥。你几乎不敢相信，曾几何时，夜里客厅和饭厅被几十支蜡烛所照亮，男男女女身着晚装，按照古老的礼仪聚集在一起，其优雅的礼节对今天的社会习俗来说未免有些古怪。你不由得怀疑，这样一种生活方式的消失，是不是民主的代价，而这样的代价，究竟是微不足道，还是过于高昂。

4

现如今，对不拘礼节的崇尚十分普遍。这一趋势的发展已经持续了如此长的时间，以至于你马上会预期一次对优雅的反动；但是，在礼节的方向上每前进一步，不久就会在放松礼仪规矩的方向上迈出两步。不妨看看今天的美国男性。下摆裁成圆角的礼服逐渐被废弃了，除非是借来或租来在婚礼上穿。（在最近的一场婚礼上，我注意到，新郎和男傧相的职责之一就是操心为礼宾司仪租礼服的事。）只有在极少数派对上，极少数穿着考究的年轻人才穿燕尾服；上了年纪的有钱人，很少从衣橱里取出他们早在1926年就拥有的那套大礼服。无尾晚礼服越来越少穿了，男性习惯于为出席晚宴而穿上礼服的家庭，少到几乎没有。浆硬的衣领同样几乎完全消失了。马甲（如果你喜欢的话，也可以称之为背心）正在消失；如果一个40岁以下的男人穿了一件马甲的话，他会被认为是在穿着打扮上有保守倾向。任何种类的帽子都在逐步退却，尤其是夏天戴的帽子。至于硬草帽，它实际上已经成了一件老古董，戴这种帽子的人，主要是一些有着顽固习惯的上了年纪的绅士，或者是热衷于别致古董的年轻人。在全国公务管理协会最近所做的一项调查中，四分之三的公司在回答关于办公室规则的问题时说，它们允许雇员在任何时候脱下他们的外套，另外13%的公司只允许在天气热的时候这样做，超过58%的公司允许穿运动衫。

运动服装逐渐流行，范围从单独的斜纹软呢夹克加法兰绒或卡其布休闲裤，到图案奇特的衬衫加休闲裤（在加利福尼亚与佛罗里达深受青睐）。五花八门的工作服同样因为穿着随意而深受欢迎。年轻人极力避免打领带，除非是在特殊场合作为对礼仪的让步，一个大学生如果跟女子大学的一位姑娘外出一天的话，他的标准行头很可能是一件

穿着轻松随意是一股新潮流，运动装更为年轻人所青睐

衬衫(或T恤衫)加休闲裤，连同羊毛短袜和没有擦亮的皮鞋。如果他愿意遵循非常严格的贵族礼仪的话，他或许会坚持穿一件纯白或纯蓝衬衫，紧扣衣领，而不是穿成夏威夷人的样子，穿脏兮兮的白鞋子，而不是脏兮兮的棕色鞋子；但他不会穿正规的两件套装，系领带，除非是参加晚宴。在很多大学校园，两件套装几乎(虽然不是完全)扮演了20世纪初年无尾晚礼服所扮演的那种角色：它是一个人在正式场合所穿的衣服。在别的场合，幸好有卡其布衬衫或T恤衫、运动衫、针织套衫、伐木工人衫或风衣，组合的选择取决于天气。事实上，消灭从前正统男性装束的战斗进行得如此稳扎稳打，以至于你不由得怀疑，它125年的统治是否在走向终结。

女性当中，服装上不拘礼仪的趋势定义得没有这么清晰。然而，我们饶有兴味地注意到，想象上无所不能的服装业和广告业的巨头们以怎样的热情，时不时地宣告要回归优雅，而他们所取得的胜利是如何短暂，间隔是如何漫长；而与此同时，大多数年轻女性(很多上了年纪的女人也是一样)一年到头都不戴帽子，夏天不穿长袜，穿平跟便鞋或芭蕾舞鞋，戴农民的方头巾。

这种不拘小节很适合两性之间随便交往的流行规则。丈夫和妻子比过去花更多的时间互相陪伴；共同做饭洗碗、照顾孩子，劳动成本的居高不下，实际上迫使丈夫养成了制作橱柜、粉刷厨房、修理家用器具的业余爱好，诸如此类的差事，他们就是想逃也逃不掉了，没有太多的机会彼此为对方精心打扮。随着男女同校的稳定普及，男孩和女孩已经习惯于在工作和在游戏中看到异性，并据此对自己做相应的打扮。男人的俱乐部一家接一家地死于对女士餐室的需求，甚或是死于允许女性进入早年只让男性进入的俱乐部神圣地界的要求。没有一个人表现出这样的担心：女性的眼睛或耳朵会被什么粗野的东西所冒犯；并且，人们有这样一种普遍的感觉：让异性出现在身边是件很有趣的事情。当然，同样，不同的社群或社会团体的风俗习惯之间存在着尖锐的分歧。一般说来，这个群体越老于世故，男女各享其乐的倾向也就越小。但总的趋势是更加无拘无束地交往，这一点似乎是毋庸置疑的。

逐渐地，随着仆人的日益罕见，宾客围桌而坐的宴会，便被自助餐式的砂锅招待所取代。晚餐的时间也变得更加灵活，因为女主人要等到最后一位客人到来，才给这顿晚餐作最后的加工——结果是，那些考虑欠周以至于直到指定时间才出现的人，可能要花很长的时间来喝开胃酒。正式引见——罗宾逊小姐就是以这种方式了解琼斯先生的身份——逐渐让位于简单的介绍：这位是亨利·琼斯，这位是芭芭拉·罗宾逊；对此，他的回答可能是："嗨，芭芭拉。"我曾在一家大城市饭店里听到一位侍者毫不拘束把菜单递给用餐者，说："来点啥，伙计？"很少在私人家里举办舞会；尽管领着一群年轻人去酒店或夜总会跳舞倒是有可能，但这样的娱乐很可能非常拥挤，而且费用不菲，因此，如果年轻人是自掏腰包的话，他们很可能会去一家路边酒馆，在那里，他们可以以合理的费用，在志趣相投的轻松氛围中，喝啤酒或软饮料、跳舞、玩自动唱机、畅谈人生。方块舞——曾经是乡巴佬的运动——在各个不同的经济群体中都非常流行，它越有乡村风味、越是嬉戏喧闹，人们就越喜欢。星期六在郊区，你偶尔会看到一位天主教女孩，穿着牛仔裤，戴着一顶古怪的帽子——那是她所拥有的唯一的帽子——去做忏悔。在美国生活的方方面面，礼仪似乎在一步步地不断退却。

曾经风靡一时的方块舞

　　这是为什么呢？首先，大概是因为在美国人看来，不拘礼仪似乎是民主的、谦逊的、友好的。在富家子弟当中，有一种模糊不清的、难以泯灭的罪疚感，他们局促不安地意识到：在大萧条期间，很多人对他们的生活方式感到愤慨，并怀疑使这种生活方式成为可能的经费的来源。这种罪疚感表现为多种形式，其中之一是偏爱那种看上去不那么装腔作势的娱乐。在某种程度上，商业组织的高层人员也是这样：工会主义者不信任他们，对此，他们知道得非常清楚，以至于在公司的聚会上，他们总是竭力向人们表明，他们并没有错误地自认为是王公贵族。在其他收入阶层的很多人当中，多半有一种神秘的满足，满足那些看上去似乎是民主方式的东西；而在另外一些人当中，仅仅有这样一种感觉：拘泥礼节太烦人，而且是过时的，他们为自己不必费这个劲而松了一口气。

　　不管你怎样看待对不拘礼节的崇尚，它明显是生活和行为的全美标准的一种表现形式。

第16章

新型公司

1

　　最难的事情，莫过于看清自己时代的生活和制度。报纸帮不了什么大忙。因为它们总是记录不同寻常的事情，而不是记录寻常之事。杂志有时候能帮上一点忙，但它们也不得不集中于那些惊人之事；总体上，广播和电视也是如此。摄影师们所搜寻的，往往要么是异乎寻常的东西，要么是生动如画的东西；作为反映最近历史的图文书的生产者，我常常吃惊地发现：表现任何给定时期的事物平凡而日常的一面，或表现被普遍接受的做事方式的图片极其缺乏。即使当我们用自己的眼睛打量我们周围的时候，我们也总是受制于我们头脑里的既有观念，而这些观念，要么来自于父母，要么得之于学校。打量完之后，当我们开始总结归纳我们的观察材料的时候，事情就更糟了，因为，我们用来描述它们的那些词汇，无不承载着过时的历史涵义。

　　比方说，"资本主义"这样的词。我们通常总是说，我们的经济体制是资本主义的；然而，这个词在半个世纪之前所指的，以及在今日欧洲所指的那种做生意的方式，完全不同于眼下的美国方式。或者比照一下"自由企业"和"社会主义"这两个词，它们各自所承载的传统意义，对于定义我们想要传达的今日经济事务和政治事务的准确状态，并没有太大的帮助。

　　就拿"公司"来说吧。美国大多数生意都是公司在做，就规模而言，从一个人的光杆公司，到像通用汽车这样的大型企业——如今它们每年所花掉的钱，超过了美国政府在20世纪20年代通常所花的钱（即使包括陆军和海军的开销）。所有从事有报酬工作的美国人，将近有一半人的名字在公司的薪水册上；如果我们把农民和自由职业者排除在我们的计算之外的话，这个比例还要大很多。然而，自我们当中大多数人第一次听说这个术语以来——或者说，自从最早把公司的概念介绍给我们的那些教科书被写成以来——美国公司的性质发生了如此大的改变，以至于我们很难领会我们在观察它们的时候实际上看到的事实是什么。

这一变化对我们所有人来说都非常重要。因此，我们不妨以新鲜的眼光看看今天的公司制度。

我们先从某些普遍熟悉的事实开始吧：一个公司传统上被认为应该是由出钱创立它并发展它的人来控制；他们取得它的股份，作为股东，他们推选董事替自己照管它的运转，而董事则选择并监督负责实际经营的经理人。因此，在理论上，以及在法律文字上，股东是最终的权威。在大多数年轻的公司，这依然是真的，这些公司需要资本来启动，至少在很多小公司是这样。但在大多数已经长大的成功的美国公司，尤其是在一些非常大的公司(美国的生意，有很大比例是它们之间做成的)，股东不再有任何实际意义上的控制权：在权力和重要性上，他们次于管理层。

定政策、作决定的，正是管理层。诚然，重要的决定必须得到董事会的批准；很多(即便不是大多数的话)董事感觉到了一种沉重的责任感，有证据表明，最近这些年里，这种责任感越来越沉重；然而，对公司的实际运转，他们的贡献往往有点负面，但愿这仅仅是因为他们当中少数人要日复一日地忍受摆在他们面前的难题。至于股东，法律依然说他们必须批准某些种类的重大决定，所以，有一套繁琐的法律手续不得不通过，根据这套手续，股东们会在他们的年会上说一句：OK。但这样的年会通常是一出闹剧。

公司的高级管理人员(总是洋溢着矫揉造作的亲切和蔼)，可能要面对少数令人为难的问题，以及少数反对的言论，但绝大多数股东都寄出了赞成经理层的委托书，抗议者因此被一位站出来投下几百万反对票的绅士给彻底打败。我本人曾出席过一次年会，由于缺乏任何反对派，会议的进程更加干净利索：会议记录提前就准备好了，它们被慢条斯理地宣读，在适当的时刻，不同的董事对不同的暗示作出回应，提出适当的决议并表决通过。由于他们早就知道，摆放在他们面前桌子上的一捆捆委托书，授予了他们充分的法律权力，采取符合股

大变革时代
The Big Change

股东年会

东利益的行动，因此更加巩固了他们的权力。

假如一位股东不喜欢公司的运作方式，结果会怎样呢？只有当他是个怪人，或者是特殊种类的斗士，或者是试图制造轰动的政治家，他才会试图反对一家真正大公司的管理层。否则的话，他所能做的，就是卖掉手里的股票，并且走人。

他手里的通用汽车的股票，或固特异公司的股票，或联合航空公司的股票，对他来说，在绝大多数情况下并不代表这家强大企业的部分所有权和控制权；它所代表的，只是一种获得收入（或利润）的方式，他对这些股票的权利，被他藏在自家保险柜里的一张装饰精美的纸片所证明；他对公司命运的兴趣，很可能主要采取了这样一种形式：时不时地瞧一眼股票市场的公告栏，看看股价是涨是跌。如果他不喜欢他所看到的结果，就卖掉股票。

管理层对他的尊敬，远远超过世纪之交的时候对多数股东的尊敬，那时候，管理层可能根本不告诉他们关于公司发展的任何事情，要么顶多交给他们一大堆冷冰冰的统计数据。如今，他会得到详尽而生动的报告，里面塞满了更形象地显示公司运作的照片，以及各种图表，公司以这样那样的方式花掉的钱，其金额在这些图表上被一堆堆的硬币所代表。我尚未见过一份附有这样一张照片的年报：照片上是一个笑眯眯的、穿着游泳衣的年轻姑娘；但我敢肯定，一定有这样的年报：在20世纪中叶，任何一种推销术的集中努力，如果没有这一标准的快乐符号，都几乎是不可能的。但问题的症结恰恰就在这里。在

256

很大程度上，股东被当作顾客来看待；不是被视为所有者，而是被视为一个要极力巴结的人，唯恐他光顾别的地方。

潜在的反对，通过销售的出口消失了，管理层大权在握——在大多数大公司里，管理层实际上能让自己永远存在下去。在一家大公司——比方说美国电话公司，它的股东超过100万，没有一个人的股份超过总股本的1‰——事情不这样管理的话又能如何呢？

看看美国商业的这一部分，我们差不多会发现，我们眼下的经济制度更适合被称作"管理主义"，而不是"资本主义"。

所有这些，为很多留心多年的观察者所熟悉。但还有一种变化，并没有得到这么广泛的认识，尽管它也被见多识广者认识了很长一段时间。

这就是，今天的公司——尤其是大公司——不仅不由股东管理，而且在大多数情况下也完全不像从前那样依赖于提供钱的人——简言之，就是银行家。从前，公司的经理人都对华尔街毕恭毕敬，那时候，他们需要资金来拯救、重组或扩张他们的企业，而让银行家们掏钱的条件通常包括：他们在公司未来的管理中要有发言权。结果，那些大银行家(小银行家对他们磕头纳拜，投资人对他们敬若神明)变得有点接近于很多美国企业的最高老板。现如今，在对很多企业进行拯救、重组或再融资的时候，确实需要银行家的帮助，而且，他们的帮助可能确实非常有价值，他们的影响力也很强大；但他们趁火打劫、仗势欺人的机会十分有限。首先，他们跟客户做交易的条件受到了法律的严格限制。其次，竞争救助者角色的候选人已经出场，比如政府的复兴金融公司(最近几年，人们发现，它的某些官员对他们所发挥的作用持有高度个人化的观点)。当一家公司需要钱来扩张的时候，它很可能去麦迪逊广场(换句话说，就是去找保险公司)，而不是去华尔街，或者能够吸引那些正在崛起的资本集团——投资信托公司——的兴趣。要么，它可以用自己的钱。

因为，在很大程度上，如今成功的大公司都是自筹经费的。它们让自己的资本滚动起来，只把收入的一部分拿来分红，其余的则用来购买新机器，建造新工厂，开设新的子公司。这种取代银行家的办

法，在世纪之交的大公司当中很少见，但它在20世纪20年代变得非常流行，在今天的大公司中已成为标准。因此，一家资金充足的成功的大公司，其领导人可能有点像对他的私人医生那样对待华尔街：最好是对他客客气气，因为他对你发号施令的那个可怕日子可能会来，无论如何，他偶尔提供的服务和体检总归是有用的；但与此同时，医生并不是你的主人。同样，华尔街上谁也不是成功公司领导人的主人。

那么，成功的大公司是不是它自己的主人呢？完全不是。

首先，它受到了政府的严格限制。正如萨姆纳·H.斯利克特教授所说的那样，在过去50年里，美国所发生的基本变化之一，是"经济从自由企业的经济转变为政府指导型企业的经济……这种新经济赖以运转的原则是：一些基本决定——谁有多少收入，生产什么，以怎样的价格销售产品——都是由公共政策来决定的。"政府通过制定最低限价和最高限价来干涉价格过程；它以许许多多的方式管制如何宣传和销售商品，一家公司被允许买进什么样的企业，给雇员发多少工资；在某些有《公平就业法》的州，政府甚至对谁可以被雇佣有发言权。埃德·廷写道："当一宗生意的价格上涨的时候，第一个问题可能不是'我们该不该干？'而是'根据现有的规章制度，我们能不能干？'"他所说的是银行业，但对很多其他行业同样适用。此外，在公司所得税、预扣赋税、社保费及其他捐税的征收上，政府把一系列错综复杂的簿记任务强加给了公司，在某些情况下，这些任务就像它为了自己的利益而必须承担的那些任务一样繁重。因此，企业的选择既受到了政府的掣肘，也被政府搞得更复杂。

管理层还受到了工会力量的严格限制。这股力量几乎完全是负面的：工会可以把公司牢牢绑起来，却不能让它运转起来，甚或不能执行它与公司之间所缔结合同中的规定：它不得不把这事留给管理层。但是，工会领袖的阻碍力量可能非常大；有人说，就近几年在国民经济中发挥个人力量而言，跟J.P.摩根最接近的人物是约翰·L.刘易斯，这话并不算太离谱。事实上，在那些组建了工会的工厂，一系列的合同起到了这样一种作用：它们构成了被彼得·F.德鲁克准确地描述为"工业车间和办公室的新普通法"，涉及雇佣和解雇、资历权利、

258

冤屈的处理、超时工作、休假，以及其他很多事情。在很多情况下，这部普通法从长远来看既有利于公司，也有利于雇员，但它无疑削弱了管理层的独立性。

最后，管理层在掌控航向的时候必须始终着眼于人们如何看待他们的行动，不仅仅是雇员、股东、消费者和政府如何看待，而且还有一般公众如何看待。小企业的首脑可以从事不必接受公众监督的生意，有时候甚至能侥幸逃脱大窃盗罪的惩罚。大公司的首脑都明白，这样做非常危险。因为他们知道，他们处在严密的监视之下。给证券交易委员会的详细报告，给收税官的详细报告，以及随时被联邦贸易委员会或国会委员会调查的可能性，留给他们的私密感，大抵跟透明鱼缸里的一条金鱼差不多。金鱼必须漂亮。这些人在很大程度上也认识到了深孚众望的商业价值，并觉得，赢得朋友和影响人民，是他们义不容辞的责任。这一义务，也减少了他们做自己喜欢做的事情的机会。

所以，尽管我们公司的管理层继续在有限的限度之内，按照自己的选择去雇佣、解雇、发薪、购买、制造和销售，并在他们达到成功之后在很大程度上不再受股东和金融家的干涉，因此被置于一个完全不同于国有化工业或商业企业经理层的位置上，然而，限制依然是如此众多、如此严厉，以至于要说这些人在搞"自由企业"，那更多的是一种形象的说法，而不是准确的表述。他们所管理的，是在一系列严格规定约束之下运转的私营机构，而且，在这样做的时候还必须着眼于大众的福利。

但那并不是它的地盘。

2

因为公司的性质正在经历一场变革。

如果要挑出一句话来尽可能贴切地描述这场变革的话，你可能会说，商业正在变得专业化，因为，越来越多的商业中人致力于做那种我们习惯于跟专业人士(律师、医生、工程师、教授)联系起来的事情，并且越来越多地以一种类似于专业人士的精神来做这些事情。

在20世纪第一个十年结束的时候，哈佛大学校长在为哈佛工商管理研究院所颁发的学位撰写引言的时候，把商业称为"最古老的艺术和最年轻的专业"，在老顽固们看来这话相当轻佻——不仅仅因为他所使用的语言让人想起最古老职业的身份。他们认为，整个观念是荒谬可笑的。商业，一门专业！一个多么天真的概念。商业是那些首先为自己着想的人之间的一场混战，教授们能够让人们为经商作好准备的观念是胡说八道。事实上，那年头很多粗人出身的企业大亨甚至对雇佣大学毕业生都心存疑虑，他们认为大学生都是些傲慢自负、不切实际的家伙，必须忘掉他们以前学会的一大堆知识，方能适合商业的竞技场。自那时以来所发生的变化，其粗略的程度可以在下面这个事实中得到体现：哈佛大学的这座非常专业的商学院已经从大公司当中赢得了广泛的尊重，也赢得了经济上的支持；而且，很多大公司都自掏腰包，把它们最有前途的高级管理人员（年龄在40岁左右）送到商学院，在高级管理班接受为期13周的培训，为他们扩大了的职责做准备。但这并不意味着，一所伟大的大学背离了它的学术传统，去庇护一所职业学校；毋宁说它意味着，美国商业的重要组成部分——正像如今所运作的那样——需要它的领导者具备本质上属于专业的技巧和才能。

老天知道，有一些这样的商业领域，在那里，一双紧盯快钱的火眼金睛占据着支配地位。有很多这样的商人，对他们来说，挣钱是判定业绩的唯一标准——以牺牲任何人的利益为代价挣钱。然而在今天，大多数重要公司的高级管理人员，不得不应付如此之多的、错综复杂的各种技术难题，不得不如此经常地记住他们跟雇员、政府、消费者和一般公众的连锁关系，不得不如此费劲地把注意力集中在以有效的平衡维持复杂的综合运作上，以至于对那些受过专门训练、有着灵活头脑的人的需求越来越大。

商业正在吸收大量专业或半专业性质的功能。它雇佣大量的工程师。正如《执行行为》（*Executive Action*）一书的作者们所写的那样："再也没有像'工程师'这样的人，而是有大量专门化的工程师，他们的很多技能是不可互换的。"它雇佣统计学家、成本会计师、审计师、经济学家、质量控制专家、动作研究专家、安全工程师、医学总监、人事专家、劳动关系专家、培训主管、公共关系专家、广告专家、市场分析师、研究顾问、外贸顾问、律师、税务专家——这份清单还可以继续开列下去。

就拿现代公司图景中一个要素——研发——来说。在20世纪初，很少公司有自己的研究实验室；即便是在20世纪20年代这样的实验室迅速增加之后，一位老派的公司主管在被问到他的公司是否有研究部门的时候，他答道："是的，我们有，但我们仅仅是把它当作装点门面的摆设来予以资助。"然而，即使在大萧条期间，实验室的增加依然在继续；到1947年，据总统科学资源委员会所发表的"斯蒂尔曼报告"估计，全国137,000名科学家和研究型工程师当中，有30,000人在

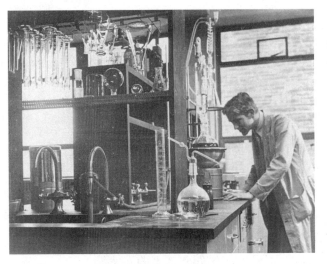

研发实验室日益成为公司的核心部门

为政府工作，50,000人在各大学工作，57,000人——比另外两组人都要多——在企业的研究实验室工作。

再看看这幅图景中的另一个因素：一家公司可能发现自己被种类广泛的责任所拖累，这些责任完全背离了传统的商业责任。沙隆·帕金斯在写到在委内瑞拉经营的美国石油公司时指出，每家公司不得不在每座油田附近建造一座新城镇，然后才能开张营业——那意味着"不得不为每个雇员提供房子，为他们的孩子提供教育，为全家提供医院和医疗服务，铺设街道，建造垃圾收集点、排污系统、能够买到食品（很多食品要亏本销售）的商店、供应电力的发电厂、供应纯净水的系统、洗衣店和制冰厂——甚至还有娱乐中心，包括棒球场、电影院、跳舞和打台球的俱乐部"，而且，"一家石油公司的地区主管在建起一个社区之后，还要负责管理这个文明的社会"。建造和管理这样的小镇，需要一大批有着多方面专业才能的专家。

被一家大公司雇佣的各种不同的专家，在大多数情况下，无论如何都没有跟那些为其他雇主工作的同行们隔离开来。不，他们去参加"全国销售培训主管协会"，或"全国成本会计师协会"，或"美国公司秘书协会"的会议，在会上，他们交换关于各自领域进步的信息，获得新的观念。而且，当其中某个团体聚在一起的时候——比方说，当企业化学家在美国化学协会的会议上遇到政府化学家和大学化学家的时候——他们就在拓宽本专业知识领域上找到了共同点。我手里有一份最近一次关于航空健康问题会议的报告。这次会议由哈佛公共卫生学院（一家私立教学机构）操办，让四方八面的人聚到了一起，他们有：来自哈佛和其他机构的教授，来自海军、空军和美国公共卫生局的代表，以及来自航空公司、飞机制造公司和保险公司的代表。这种合作，全国各地每天都在发生。1945年，J. 罗伯特·奥本海默博士在一个国会委员会面前说："那些凑到一起的科学家们，他们的闲聊就是物理学的生命之血，我想，它也必定是所有其他科学分支的生命之血。"在人事专家、市场分析师和成本会计师那里也是如此，所有对本专业有真正兴趣的其他公司雇员也都是如此。

这种观念的交流，把我们带到了关于今日美国商业的一个最有意义的事实——当欧洲商人（甚至包括英国商人）在面对这一事实的时候总是会大吃一惊，这就是：美国商业中很少有秘密。毋宁说，通过事实和观念的共享，美国商业中有连续不断的异花受精。

此事以多种方式发生。就拿一种高级方式来说。当"制造业化学师协会"（代表了数十家化学制品公司）的理事们每月开会的时候，他们的面前就摆放着一份整个行业的安全记录表——不仅有总表，而且还有一家家公司的记录，这样，来自杜邦或孟山都的人，就可以知道默克或美国氰氨的准确的安全数据。他们为什么要这么做呢？显然是因为，安全是他们共同关注的问题，以至于共享信息（无论什么信息，只要能收集到）的需要优先于竞争的冲动。

类似地，杂志出版人多年前就设立了"发行量稽核局"，定期对每份杂志的发行记录进行详尽的、不带偏见的核查，并详细地公布数据。在其他一些国家，这些数据将会被严格保密；这里有一个假设是：购买版面的广告客户准确了解他所购买的东西对所有人都有利，即使这意味着，本行业竞争的公司将互相知道对方的底细。

信息共享也发生在行业杂志当中。它们的数量非常庞大，每一种杂志都塞满了如何更有效地做生意的观念。有人告诉我（并非毫无道理）：在第二次世界大战期间，意大利的军事航空为什么如此落后，其原因之一是，墨索里尼的法西斯政府禁止从美国和英国进口航空业杂志到意大利，因此使得意大利的工程师没有办法获得我们为所有人提供的大量信息。

不过，美国所有共享信息的制度当中，最典型的还得算是行业会议。据《华尔街日报》（*Wall Street Journal*）说，1930年，美国有4,000家同业公会；如今，你相信也好，不相信也罢，美国的同业公会多达

12,000家——1,500家全国性的，10,500家州或地方性的。这些组织支付给管理人员的薪水是如此之多，以至于一个合乎逻辑的、高潮性的发展发生了：1951年，200名管理人员齐聚芝加哥，共同商议成立一家同业公会经理人的同业公会！

当某个这样的组织举行它的年会或半年会的时候——不管是在纽约的华尔道夫酒店或肯特蒙德饭店，还是在芝加哥的史蒂文斯酒店或海滨大饭店，是在圣路易市的蔡斯酒店，还是在亚特兰大城、弗兰奇利克或怀特萨尔弗——仪式套路几乎是一样的：铺着绿色粗呢的报到桌接待刚刚到达的新来者，在那里，他们将领到一枚领章，以及一份会议和庆宴的日程表；正式会议在普通房间或舞厅举行（有时候上午有很多人缺席）；在正式的晚宴上，本行业的某些大人物将发表演说，演说稿由他的捉刀人撰写，说的无非是自由企业的荣耀，以及社会主义的阴险威胁；勾肩搭背，胡吃海喝，扑克游戏，嬉戏胡闹，让成员们觉得仿佛再一次回到了孩提时代；桥牌或凯纳斯特纸牌是专门给夫人们玩的游戏——倘若她们受到了邀请的话；要是没有邀请她们的话，经理们回到家里那副筋疲力尽的德性，倒像是要坐实老家关于开会地点所发生事情的传说：那里简直是罪恶的渊薮。然而，尽管这些集会的严肃目的有时候被淹没在酒池肉林中，但它依然是至关重要的。信息被共享——关于买的条件、卖的条件、市场的特性、最近的技术进步。这些人都懂得，传递信息符合所有人的长远利益，就像美国历史学会的成员懂得传递信息符合历史科学和历史艺术的长远利益一样。

3

在调查当前的商业情境和现代大型企业管理层所面临的复杂问题之后，《财富》杂志的编辑们在《美国，不断革命》(*U.S.A., the Perma-*

nent Revolution)一书中声称："管理成了一门专业"；在一则广告中，他们甚至更直白地指出："大亨已死……20世纪中叶的生意人不得不去上学——在劳动方面，在政治方面，在社会福利方面。工程师是商人，推销员是经济学家，研究人员懂得广告，金融人士懂得法律。"

大亨死了么？这份报告或许有些夸张。然而，如今在大企业中爬到顶层的人，与早年的那些人之间存在着惊人的差别。

例如，我在第4章中提到过的那8个人，在世纪之交的时候，他们是美国经济事务中最有影响力的人：J. P. 摩根、约翰·D.洛克菲勒、安德鲁·卡内基、爱德华·H.哈里曼、詹姆斯·斯蒂尔曼、乔治·费希尔·贝克、威廉·洛克菲勒、H. H. 罗杰斯。我注意到，他们所有人当中，除了摩根之外，其余的没有一个人上过大学，摩根在德国哥廷根大学呆过两年。现如今，在我们看来有一种情形似乎是十分自然的：绝大部分大公司的管理人员都应该是大学毕业生，很多人在工程学和法学方面接受过训练。

比方说，在汽车工业——被很多人视为相当粗鄙的行业——通用汽车公司首席执行官查尔斯·欧文·威尔逊毕业于卡内基技术学院，最早作为电气工程师开始他的职业生涯。克莱斯勒公司总裁莱斯特·拉姆·科尔伯特上过德克萨斯大学和哈佛法学院，这之后，他成了劳动法方面的专家。虽说福特公司的领导人亨利·福特二世是个特例，他可以说是少数几个子承父业的主要管理者之一（在今天，当出现了远离家族企业的显著趋势的时候，这是一件越来越不寻常的事情），但他好歹在耶鲁呆过几年。

标准石油公司(新泽西)就其总资本来说是美国最大的公司，它的董事长弗兰克·怀特摩尔·艾布拉姆斯是雪城大学1912届的毕业生，并且作为一名工程师受过专门的训练；同一家公司的总裁尤金·霍尔曼拥有德克萨斯大学颁发的硕士学位，最初作为一名地质学家开始他的事业生涯。

在通用电气公司最近的高层管理者当中，查尔斯·爱德华·威尔逊在他1950年接手全国动员的任务之前一直担任通用电气的总裁，就没有上过大学而言，他算是个例外，但董事长菲利普·邓纳姆·里德

企业经理人的学历越来越高了

在威斯康星大学获得了一个工程学学位，在福特汉姆大学获得了一个法学学位；继威尔逊之后担任总裁的拉尔夫·J.科迪纳是惠特曼学院1922届的毕业生。在美国钢铁公司，最近的董事长欧文·S.奥尔兹是耶鲁大学1907届的毕业生、哈佛法学院1910届的毕业生，他还是一位律师。在美国电话电报公司，沃尔特·S.吉福德是哈佛大学1905届的毕业生，他是一位统计学家（后来成了美国驻英国大使），他的继任者勒鲁瓦·威尔逊是罗斯工程学院1922届的毕业生，是个工程师，在他去世之后，他的位置传给了克里奥·F.克雷格，他是密苏里大学1913届的毕业生，是一个电气工程师。

提到吉福德的大使职务，让人想起关于这些人的另一件有趣的事情：他们当中很多人都曾经在某个时期担任过政府的职务。比方说，在我刚才列出的这些人当中，查尔斯·爱德华·威尔逊不仅是1950～1952年间全国动员行动的主要官员，而且，在第二次世界大战中，他还担任过战时生产委员会的执行副主席，科迪纳一度也是这家机构的副主席。里德在1941～1945年间一直为政府工作，承担过不同的任务，其中一个职务达到了内阁部长的级别。霍尔曼在进入石油行业之前，曾在美国地质勘探局工作多年。你还可以附带补充一句：当吉福德去伦敦就任大使之职的时候，他的前任是刘易斯·W.道格拉斯，此人在不同的时期先后担任过国会议员、美国预算总监、麦吉尔大学校长和相互人寿保险公司的董事长（后来是总裁）。

如果我们把斯蒂贝克公司收进这份汽车公司清单的话，我们就会注意到，正是斯蒂贝克公司的领导人保罗·霍夫曼，接手了我们时代最大的一项政治任务：管理马歇尔计划——并成为福特基金会的领导人。说到基金会，应该指出的是，1948年，卡内基基金会(一家广泛跟教授们打交道的基金会)主席德弗罗·C.约瑟夫斯摇身一变，成了纽约人寿保险公司的总裁，该公司的董事长乔治·莱斯利·哈里森受过律师的专门训练，并担任过纽约联邦储备银行(一家半官方组织)的董事长。

沃尔特·S.吉福德是由商界进入政界的典型

这些人都是转变的典型，这种转变在他们的很多下属当中甚至更明显：向(大公司中)更高的地位转变，而政府公职及其他种类的公共服务总是自然而然地落在他们的身上，补充他们专业的和商业的训练，让他们有能力应付今日商业所面对的范围广泛的技术和公共职责。新型公司有了新型领导人。

在这里，我们只需稍停片刻，指出美国人生活的另一个方面，对这一方面，我们当中大多数人都认为是天经地义的事，以至于当欧洲人对它大惊小怪的时候，我们反倒感到惊讶；这个事实就是：美国各地塞满了旨在关照共同利益的各个方面的组织和协会——既有全国性的，也有各州和地方的；而且，在大多数这样的组织中，商人都扮演了积极的、常常还是领导者的角色。

《财富》杂志的编辑们在他们的《美国，不断革命》一书中不断强调这一事实的重要意义，为了让人们理解这一论点，他们展示了这些组织在一座特定的城市——爱荷华州的西达拉皮兹市——是如何运转的：世纪工程公司的执行副总裁基思·邓恩如何主持西达拉皮兹商会(他是该商会的会长)的一次午餐会，接下来马上又赶去参加社区福利基金会的一次会议；担保银行与信托公司董事长范韦克滕·谢弗如何不仅担任了商会协调委员会的领导人，而且还是寇伊学院的董事兼秘书长、西达拉皮兹社区基金会的会长、本地健康委员会的主席，爱荷华州健康委员会以及圣路加医院、本地交响乐团和业余剧院的筹

款人——所有这些职务总共占去了他三分之一的时间，并且，常常还拿出更多时间去从事本地社区服务。商人参与医院、学校董事会或慈善团体董事会，或者，他们的妻子活跃在女子俱乐部及其协会和教师家长联谊会上，都一点也不新鲜。但最近几年在企业支持下发展起来的有些组织，却奏响了这幅图景中的一个稍微有点新意的音符，《基督教科学箴言报》(Christian Science Monitor)的欧文·D. 坎纳姆称之为"志愿集体行动……这种集体主义有着无可匹敌的力量，比马克思主义的集体主义更富动态性"。

有很多这样的组织，我不妨只提一下其中的两个。一个是"经济发展委员会"，这是一个从事经济研究并在研究的基础上提出政治建议的组织，它不仅试图促进企业管理阶层的利益，而且对经济事务持有更宽泛的观点，并让公司领导人和学院派经济学家在它的委员会和研究小组中凑到一起，让老派的企业大亨们惊讶不已。另一个是"广告业理事会"，刘易斯·加兰蒂尔把它描述为"专业人士的志愿组织，向国家捐献了拷贝、设计和专业技能，投入到了我们争取更好学校、道路安全、防火、公债销售、抗击肺结核及其他疾病的公益行动当中"。当你从收音机里听到广告在大谈给中小学提供足够支持的重要性，并得知它是由广告业理事会撰写并分发，又因为鲍勃·霍普①的赞助商觉得掺进这样的广告会增加他们的节目对公众的吸引力从而使之并入了一档花费昂贵的广播节目，这个时候，你的感觉多半就像听到大都会人寿保险公司做治疗关节炎的广告一样："是的，我猜想，在某种意义上这只不过是一笔好买卖——但是，你在哪里可以画出好买卖与促进公共福利之间的分界线呢？"现如今，它们有相当部分是重叠的。

它们不仅重叠，而且人们还持续不断地努力建造沟通二者的桥梁，无论它们之间有怎样的鸿沟。在20世纪中期，对综合与协调——不同科学之间，科学与工业之间，社会学与商业之间，我们的社会中不同成分之间——的渴望普遍存在，而且有传染性。于是，开会成了时尚，会上，美国社会中想象上彼此有差异的利益集团凑到一起，试

---

① 鲍勃·霍普：当时著名的喜剧演员，曾在广播、舞台、电影和电视上红极一时。

图达成共识。最近一次这样的会议，是由广告业理事会组织的，旨在澄清美国生活中那些最不被国外所理解的方方面面。这次会议于1951年4月16日在纽约的华尔道夫－阿斯托里亚酒店举行；座谈小组包括一位作家、一位杂志编辑兼作家、一位外国电台的咨询专家兼作家、一位报纸编辑、一位教授、一位大学校长、一家基金会的负责人、一位制造商，以及一位由制造商转型过来的政治家和基金会领导人。这些人所说的话都很有趣，但更为有趣的是：在20世纪中叶，把这些人弄到一起讨论美国的意义似乎很重要。这是一个样本，从中我们可以看出，从事商业和从事其他行业的人是如何经常凑到一起，就共同利益达成共识。

美国商业中的另一个趋势就是以团队管理取代个人管理。大亨或许并没死，但像美国烟草公司总裁乔治·华盛顿·希尔和蒙哥马利·沃德公司董事长尤厄尔·艾弗里这样一些脾气暴躁的独裁者倒是越来越少见了。一位公司领导人这样总结道：

> 本行业有很多公司都是在20世纪初年从一个人的独角戏开始的：就一个光杆司令，有点想法，有点本钱，生意是他个人的事。接下来，事情发展了，在20年代，销售问题是至高无上的，此人被一位大推销员所接替。稍后，我们开始认识到研究的重要，一位研究人员，或者至少是一位有研究头脑的人，会被选中。但现如今，研究已经变得如此复杂，以至于成了一门专业，你所需要的是一个研究团队，其中每个人熟悉一门或多门专业，领头人所需要的主要就是：他必须有能力保持这个团队像一个均衡单位一样工作。他必须是这个团队的一名好队长。作为主席，我不会假装知道研究人员在干啥，我的工作是保证他们与团队的其他人互相协调，平稳合作。

标准石油公司(新泽西)的组织是个例外，因为它的董事是领薪水的、专职的公司团队成员，董事会每周开一次会，与此同时，由其中5个人所组成的执行委员会每天都开会；不过，它提供了当前强调团队合作的一个有趣——即使有点极端——的实例。C.哈特利·格拉顿在《哈珀斯》杂志上描述了这帮高层人士如何工作：

董事会无可争议地是公司管理的核心。它的决定是集体决定。人们总是寻求一致同意，当出现了尖锐的观点分歧而又不能通过平常的说服方法加以克服的时候，问题就被搁置起来，要求拿出更多的事实。作为董事会成员，总裁以平等的身份参与讨论，董事长也是如此。似乎有可能——董事会成员毕竟也是人——董事长和总裁的观点比普通董事的观点分量更重；但有人强调，这并不会让他们任何一个人控制董事会。他们的地位只不过是primus inter pares（拉丁语：同侪中第一人）。

诸如此类的新型经理人对一般公共利益的态度如何呢？这里，你确实应该谨慎行事，要认识到，公司领导人的讲话有可能是被公共关系部门安排来装点门面的，而且，一般而言，嘴上说出来的善良意图，未必总能当真。然而，有的事情似乎已经发生。

大萧条与此大有关系。美国大公司的高层人士都记得他们在那些日子所遇到的麻烦；尽管一些上了年纪的人脑筋转不过弯来，依然对

企业利益其实与公共利益并不矛盾

华盛顿怀恨在心，而且，今日大权在握的人当中，几乎没有人不曾对政府强加给他们的某些限制咬牙切齿，他们当中年纪更轻、头脑更灵活的人都打心眼里厌恶20世纪20年代的胡闹，打定主意不像他们的前辈那样顶撞生活中的政治和社会现实，最后，好不容易但真心实意地认识到了彼得·F.德鲁克所提出的原则："任何政策，只有当它让社会受益的时候，才有可能让商业本身受益。"战争与这一变化也有点关系，因为战争使得商人、政府人士、劳工领袖、物理学家、社会科学家和五花八门的专业人士在政府的事业中走到了一起，在这个过程中，他们学会了互相欣赏对方的能力和观点。我的意思并不是说我们的企业管理者们戴上了光环；我更喜欢《圣路易邮报》(*St. Louis Post Dispatch*)的拉尔夫·科格伦在1951年的康宁会议上描写这些人的态度时所使用的方式——顺便说一句，这次会议涉及了"生活在工业文明中"的问题，并在为期两天的会议上，让商人、社会学家及其他学者、新闻记者和政府官员凑到了一起，会议由一家商业企业——康宁玻璃公司——举办。科格伦先生说：

在我长大成人的时候，"没有灵魂的"公司是一句很常见的术语……在我的有生之年，就这一点而言，我看到了不同寻常的变化。我不知道是否能说公司已经获得了灵魂，但至少，它们已经获得了聪明才智。

4

今天的美国公司(无论大小)不仅仅是一个经济单位。在某种意义上，它也是一个政治单位：大多数为它工作的人，在他们大多数工作时间里，都更加清楚地意识到，他们是在公司的统治之下，而不是在政府官员的统治之下。老板——无论是总裁、部门领导、主管，还是领班——是比任何州长或市长都更接近他们的行政权威；公司的业务法规——我们已经说到过的那套普通法——在他们看来似乎比市里的法令或州和联邦的法律都更紧迫地决定着他们的生活和财富。因为公司在他们的工作中定义了他们财产权的范围，工作对他们来说意味着比他们所拥有的任何切实的财产更多的东西，公司还在很大程度上决定了这些工作日复一日地给他们带来的满足的总量。这部业务法规，无论是由管理层单独订立，还是由管理层与工会之间的合同所订立，它都不仅控制着他们，而且还间接地控制着他们的家人。所以，当琼斯先生或米勒小姐跳槽的时候，

南方的工业小城

他们的日常生活模式和他们的世界观因此而受到的强烈冲击，就好像他们从一座城市搬迁到另一座城市一样。

公司也是一个社会单位，一个社区。从俄亥俄州的一座小镇来到费城参加工作的女孩实际上清楚地知道，在她的新同事和她的朋友们当中，她或许可以找到自己愿意嫁的男人；当她开始与本部门的其他女孩一起外出吃饭的时候，她就逐步被带进了一个新的社会。从克里夫兰的工厂被调到堪萨斯城的工厂的年轻男人，也清楚地知道，他在堪萨斯城的社会生活，大部分是围绕他在厂内结交的友谊而构建的。

公司在何种程度上组成一个社区，当然取决于多种因素——雇员作为一个群体的社会同质性；公司在其所在的城镇是占支配地位，还是众多单位中的一个小单位；是不是大多数雇员下班之后都各自去郊区不同的宿舍；人们是否觉得与公司团队其他成员的集中交往面临来

自官方的压力。（你或许会记得，纽约公共关系专家、坚信外部联系之重要性的本·桑南伯格的评论：与同事一起吃饭就是"自毁前程"。）但总的说来，我相信，公司内部的社交生活是美国场景中的一个重要因素，比你从大多数小说中所能了解的更重要——创作这些小说的人，很可能是对这种生活并没有直接了解的自由职业者，要么就是这样的人：他们尽管经历过这种生活，但他们都是些与生俱来的个人主义者，以至于总是以怒气难平的眼光看待这种生活。对其重要性的共识，可以解释——至少是部分解释——人们为什么坚定不移地向城市迁徙，在城里，人们模模糊糊地觉得，通过办公室里的接触，他们将会获得某些社交机会——可能比一个小社群所能提供的机会多得多——但不会像他们在一个只有一家公司的小镇上那样完全依赖这些，那样被囚禁在公司的社区之内。

在某些公司，社会模式采取了一些古怪的形式。《财富》杂志在1951年末发表的两篇文章中，涉及了公司主管的妻子们在适应作为主管妻子的严格行为规范时所面临的压力。这两篇文章——后来被整合为一篇文章，发表在《生活》杂志上——揭示，在某些公司，管理人员只有当他们的妻子被认可为公司社群中的合格成员之后才能得到选拔或晋升；人们对这些妻子的期望是：举止从容大方，避免有欠考虑的谈话或在喝酒上的轻率失检，能指导别人的妻子向举止得体看齐，帮助她们的丈夫把公司的利益置于最前。文章还间接地揭示了，这样一种习俗是如何微妙地把一种顺从、等级观念和势利的模式强加给社群，把管理人员中团队合作的观念和公司是一个社群的观念转变成了讽刺漫画。

从这两篇文章所引发的评论可以清楚地看出，在有些公司，这种试图抹杀个性的温和阴谋并没有具体化。然而，无论是管理层还是工会（如果有工会的话），往往都有可能出于他们各自的理由，至少会鼓励雇员们的归属感。

在这个公司社群中，工会如今扮演了一个反常的角色。工会就其本性而言是制造分裂的，需要它去反管理层、反公司、反行业，是一种"为反对而反对"，不需要（或者说不能）担任职务，并显示自己能做

得更好——像政治上的反对党那样。工会领袖处在一个古怪的位置上。他本人没有能力实现他为之奋斗的任何变革，他因为自己所处的位置而被迫充分利用人们的冤屈，煽动不信任，在某些情况下还要维持罢工的威胁，这样的罢工，不仅可能让他所反对的公司或行业陷入瘫痪，而且还可能让很多没有参与争执的其他公司瘫痪。当面临通货膨胀威胁的时候，他所处的位置几乎总是迫使他继续争取涨工资，而工资的增长反过来又会增加通胀的压力；如果他不这样做，他就可能要丢掉自己的工作，让位给某个喊声比他更大、更持续的人。因为分配给他的是圣战者的角色，如果到了不是需要造反，而是需要和解与重建的时候，他就会面临失去地位的危险。此外，他搜寻能干下属的努力，由于管理层总是提拔某些最能干的潜在候选人，而变得复杂。他几乎不可避免地要破坏对公司的忠诚，而这种忠诚，提供了一种对公司工作最深刻的满足感。在他的军械库里，一件真正强有力的武器——罢工——是一件非常钝的武器，它伤到了很多没有装备这一武器的人。

你或许会同意：在一个工业社会中，罢工权依然是基本自由之一。你或许还同意：在提高一般生活水平上，工会及工会领袖们过去扮演过，而且依然在扮演一个至关重要的角色；而且，总体上，被他们写入行业法令全书的业务法规（始终把强加给某些行业的限产超雇法规排除在外），对于促进体面的生活条件曾经做过，而且依然在做着大量的工作。此外，有一点似乎是不可否认的，这就是：在对公司经费支配权的争夺中，找到某种办法，让普通公司雇员获得不卑不亢的代表权，对于我们的普遍福祉来说是必不可少的。然而，在我们的工业生活中，依然存在一种异常，这就是：在一个向美国一般生活水平靠拢的趋势成了这样一股统一力量的时代，这种忠诚的深刻分歧正成为我们生活的组成部分。

在这些环境下，值得注意的是，我们有像今天这么多管理得很好，而且很有责任感的工会，而在劳资关系谈判桌的两边，都能够如此经常地找到耐心和善意。罢工，就像空难一样，成了新闻；而合情合理的协议，就像成千上万安全到达的航班一样，不是什么稀奇事。

在英国生产小组的报告中，经常提到管理层和工会如何通力合作，努力改进生产方法和管理方法。一个理由似乎是，稍有常识的人都会认识到，当他们的忠诚并不产生正面冲突，而是互相重叠的时候，他们的工作就做得更好，而且也更快乐。

罢工本身已经倾向于改变它的性质，以回应这一共识，这一点在最近几年表现得非常明显。尽管有些罢工依然是充满敌意的、猛烈狂暴的，但也有例外；其余的罢工与早年罢工的对比非常强烈。玛丽·希顿·沃尔斯是一位非常同情劳工的新闻记者，她曾近距离观察过1919、1937和1949年的罢工，走访过一些工业小镇，出席过罢工者会议，她对自己在1949年所看到的大为惊讶：完全不存在凶狠残暴的打手队，小镇上的居民普遍同情罢工者，在他们看来，这些罢工者并不是一帮红色革命分子——像他们在1919，甚至在1937年所认为

工会越来越成为一支合作的力量，而不再是"为了反对而反对"

的那样——而是一群值得尊敬的公民，在他们看来，在紧急状态下扩大金融信用是合理的；有些公司高层管理人员甚至给示威者送去咖啡；几乎每个人都对维护秩序表现出明显的兴趣。在最近的另外一些罢工中，与过去的对比甚至更鲜明，罢工期间，当地社群中明显有一种友好的兴奋气氛，就像一场振奋人心的政治运动临近尾声的时候，或一场橄榄球大赛进入高潮的时候那样；在这样一些社群当中，罢工并不被视为阶级斗争，而被看作是两队之间进行的一场比赛，其中一队有人多势众的优势，而另一队则有权威和金钱的优势。

与此同时，到处都有进一步发展的更多迹象：向减少异常发展，向事物的新秩序发展。最近把工资与生产率挂钩的合同就是一个迹象。还有强调生产率的诸如"斯坎伦薪酬制"之类的革新，是另一个迹象。不断扩大的集团公司（它们引入了分红制）又是一个迹象。很多公司高管都强烈地专注于跟雇员和公众沟通的艺术，经常研究工人们对自己的命运满意还是不满，这些同样是值得鼓励的。我们在下一代中看到的变化之一很可能是：工会的性质从一个反忠诚、反强迫的工具，转变为美国商业的组织机构中一个不那么在情绪上制造分裂却同样富有效率的组成部分。因为，如今那样的工会，在一些更开明的行业中，正变得有点不合时宜。

公司已经取得了长足的进步，但在它的前方，依然有很多没有完成的事。

第17章

时代精神

1

已故的哈佛大学校长A. 劳伦斯·洛厄尔是一个如此出类拔萃的即兴演说家，以至于他有本事让一场大型宴会鸦雀无声，聆听最初三位演讲人的演说，然后他自己站起来讲话，对前面演说者的观点发表一番得体的评论，并轻松自如地引出自己雄辩的结束语。他之所以能

A.劳伦斯·洛厄尔

做到这一点，原因之一是，他早已把很多合适的结束语背得滚瓜烂熟，他可以在此基础上稍加变化，使之适合不同的特殊场合。他最喜欢的一段结束语，涉及两个丰富而繁荣的古代文明——希腊和迦太基。他说，其中一种文明一直活在人们的记忆里，影响着我们今天所有人；而另一种文明则在其后的时代里没有留下任何印记。因为，跟希腊比起来，迦太基拥有一种纯粹的商业文明，对知识、哲学和艺术只有很少的尊敬。"美国是否有成为迦太基的危险呢？"洛厄尔问道——接下来，他便开始阐述大学的至关重要而又持续恒久的意义。

今天有很多人——在整个美国历史上一直有很多人——实际上就把美国称作迦太基。有人坚持认为，在过去半个世纪里，尽管越来越多的美国人过上了富裕的生活，但美国也沿着迦太基的方向越走越远；它一直生产着大众文化，在这种文化中，宗教和哲学被冷落，艺术被粗俗的大众娱乐需求所窒息，自由被大众舆论的重负所挤压，按照他们的理解，这根本就不是什么文化；在他们看来，典型的美国人，是一个"金钱之人"，一个粗鲁庸俗、大声嚷嚷的家伙，除了机器

和商业的价值之外，不知道任何别的价值。有很多美国人（老少皆有）都说，心智和灵魂领域的成就，在最近几年里变得越来越困难，这是一个不祥之兆；而且，我们在技术和经济上的胜利是贫瘠的，因为它们并没给我们带来内在的安宁。

对当代美国文化的有些指控，都预先给你留下了打折扣的余地。因此，你可以给有些人的哀叹打折扣，他们年收入20,000美元，却总是抱怨，另外那些年收入从2,000美元增长到了4,000美元的人正在被物质上的成功所腐化；或者给有些人的满腹乡愁打折扣，当他们把过去与现在相比较的时候，他们明显在把自己当年在受到庇护的舒适环境下所度过的青春岁月，跟今天一个包罗更加广泛的群体的行为相比较。你还可以指出欧洲人在评价美国人时反复出现的一个错误：很多欧洲人都习惯于把那些自由旅行、花钱大方的男男女女看作是精英阶层的成员，他们往往会把某些不可否认地粗鲁、庸俗而缺乏想象力的美国游客，跟他们的那些社交训练完全不同的同胞——按照欧洲人的标准，他们属于完全不同的另一个阶级——相比较。对于很多人（无论是国内的还是国外的）来说，很难让自己适应下面这个事实：美国场景的主要特征，是机会的不断扩大，而且，机会扩大所带来的最初成果，可能不是说话轻声细语，不是对陌生习俗的适当尊重。

那么，让我们首先请出一个相信不会落入这些陷阱，但依然对这半个世纪美国所做的事情抱持严厉观点的人，听听他的发言吧。

布鲁斯·布利文在《没有限制的20世纪》（*Twentieth Century Unlimited*）一书的序言中写道：

1950年初，很多报纸和杂志……纷纷刊载对1900年以来这些年的回顾，并配以大量的插图：麦金莱时代的奇装异服，自行车游行，有八字胡的理发店四重唱，以及沿路在深泥潭中挣扎的汽车。就我所知道的而言，无一讨论在我看来是关于半个世纪变化的最重要的事实，这就是：道德风气从压倒性的乐观主义，转变成了非常接近于绝望的那种风气。

半个世纪之前，人类——尤其是美国人——都坚信这一理论：在所有可能存在的世界中，这里是最好的世界，而且，每时每刻都在变得更好……天上有仁慈的上帝，他主要关心的是人类的福祉、快乐和持续不断的改进，尽管他的方式常常是难以理解的。

今天——布利文先生继续写道——我们已经失去了这一信念，被有些东西"吓得要死"：战争，原子弹，以及隐约出现的人类普遍残忍与堕落的前景。

那么，我们是不是已经成了一个没有信仰、没有方向的民族呢？

教会的数据对我们回答这个问题没有什么帮助。数字显示，大多数教会团体的成员数一直在稳步增长，跟人口的增长速度大致相当；但这些数字是值得怀疑的，因为很多在名单上的人除了婚礼和葬礼之外，几乎从不上教堂。我们没有办法知道，在过去几十年里，教会统计数据的汇集者们究竟是越来越严谨，还是越来越马虎。我自己的明确印象是，在这半个世纪的前三四十年里，上教堂的人数稳步减少，对教会及其信条和机构的认同感稳步减少，至少在比较富裕的美国人当中是这样(或许罗马天主教徒除外，他们的纪律格外严格)。在这个国家数量越来越大的殷实公民当中，礼拜日睡懒觉已经成为习惯，起床之后，便拿起分量越来越厚的周日报纸，或者跟人约好了10:30去打高尔夫球，或者驱车去邻居家参加正午鸡尾酒会，或者把家人塞进

孤零零的乡村教堂(堪萨斯，20世纪40年代)

汽车里去海滨或山里远足。几十年来，我自己每年都要做很多次周末拜访，并注意到，随着时间推移，似乎越来越少的主人会在礼拜六早晨询问客人第二天早晨是否打算去教堂；到20世纪20或30年代，人们一般都假定，没人会去上教堂了。尽管我所拜访的家庭可能没有代表性，但至少，他们好歹是整个这一时期的某种类型。现如今，我可以想象，从星期五郊外拥挤的交通来看，礼拜日早晨教堂里应该不会太多人。

我进一步的观察结论是，至少在20世纪的前三四十年里，对教会所代表的信仰的认同感同样在稳步减少。在有些人当中，有这样一种感觉：科学，特别是进化论，让从前的上帝没有了容身之地，而且，很难想象，任何种类的上帝能够与科学所不断证实的那些东西相协调，同时又能在本地的教堂中安之若素。而另一些人，他们在道德上对教会这样的机构越来越不耐烦，它似乎过多地关注洗刷污点的必要性(这些污点是诸如喝酒、抽烟、玩牌和周日高尔夫球这样一些所谓罪恶所留下的)，而过少地关注人类的手足情谊。教会(或者说很多教会)做出了坚定的努力，以回应这一批评，它们正在成为一些复杂的机构，致力于以学校、班级、女性志愿服务者、年轻人团体、运动和戏剧等形式，提供社会服务，传播社会福音。但它们当中举行全体集会的并不多——至少是在礼拜日早晨举行集会的不多。还有一些人觉得，牧师对那些公德有亏却很富有的教区居民过于恭敬，或者太过孤立于生活的主流。很多人有这样一种模糊的感觉：教会代表了老派的生活方式和思考方式，有现代头脑的人正超前于它们的影响力。当强迫感在那些常去教堂做礼拜的人和教会工作者当中变得越来越弱的时候，自然就有很多这样的人：对他们来说，汽车、乡村俱乐部、海滩，或11点钟用早餐，这些简直太惬意了，以至于很难拒绝。

不管这种离正式宗教渐行渐远的趋势是否依然是主流，在20世纪40年代，明显也有一股相反的潮流。在很多男人和女人的身上，这股潮流所表现出来的形式，最明确的莫过于这样一种焦虑不安的确信：有某种东西是他们的生活中所缺少的，他们希望有某种东西可以依靠，有某种信仰可以给他们带来一定程度的内在的平静与安全。像

《圣袍》(*The Robe*)、《红衣主教》(*The Cardinal*)、《内心的宁静》(*Peace of Mind*)和《七重山》(*The Seven Storey Mountain*)这样一些书出现在畅销书榜单上，显示了普遍的饥渴与好奇。有些人回到了教堂——或者破天荒头一遭走进教堂。在各个地方的家庭里，你会注意到一种古怪的颠倒：那些抱着反叛过时的教会习俗的心态抛弃教堂的父母们如今发现，他们的孩子反过来反叛在他们看来也是过时的父母的异教习俗。特别是天主教教会，赢得了很多皈依者(其中许多人就是这种"反反叛者")，他们自始至终在不同的清规戒律之间摇摆。这股后浪是否比前浪更强大呢，这在20世纪中叶依然是谁也说不准的事；但至少，在宗教感情和宗教习惯的潮流当中，一直存在一种混乱。

教堂门前的
抗议

与此同时，在很多家庭，放弃对教会的忠诚，也让孩子失去了一个有时候很有效率地教他们正派行为的老师。有些父母自己能填补这一真空；另外一些父母则没有这样的能力，因此沮丧地发现，他们的子女不仅不懂得引用《圣经》，而且莫名其妙地没有获得清晰的道德准则。这些父母于是四处打量，想找到某个应该对此承担责任的冤大头，他们很可能会盯住公立学校，坚持认为，公立学校除了所有其他的职责之外，还应该加上道德教诲的任务。还有一些父母，他们认真负责地研究过心理学原理(包括弗洛伊德学说)，半通不通地消化了一些进步主义教育家们的观念，因此，对于道德教育应该讲授什么，他们满脑子的糊涂观念，也不管那种清规戒律是不是可能损害年轻人的精神，以至于这些年轻人都成了——至少是暂时成了——特别具有攻击性的毛头小子。即便世界上一直就有毛头小子，但那些研究此类家庭的观察者也不难得出结论：道德行为确实在恶化，而且，篮球丑闻、橄榄球丑闻、青少年犯罪团伙和华盛顿的官场腐败，全都是普遍道德衰退的迹象。

我深信，这个结论的正确性是值得怀疑的。在任何一代人当中，大概总是有一些人怀疑：下一代人是不是正坐着手摇车驶往地狱。有人可能认为，在20世纪中叶，很多青少年的行为举止遭受了父母的严重不信任，但他们的道德标准总的来说比他们的长辈更低，这一说法在我看来的确是值得怀疑的。说到今天的成年人，毋庸置疑，有很多人缺乏与组织化宗教的联系；但每当我想到我相识已久的那些人的时候，我发现，并没有普遍的良心堕落：我今天看到的那些人做过很多这样的事情，这些事情，他们的祖父母会认为是不合适的，但其中只有很少事情，他们会认为是可鄙的，或卑劣的。在这些人当中，正在发生态度上的变化，我相信，这种变化很重要。在这半个世纪里，对"谁是我的邻舍呢？"①这个古老的问题，人们给出的答案越来越宽泛。

依然有一些绅士淑女觉得自己是精英，而他们的大众同胞则是些无足轻重的人；但他们今天的势利，跟"上流社会"还是一个富有魔力的词的时代比起来，已经不那么自鸣得意，却更加目中无人。依然有些企业管理人员对自己在事物发展过程中的价值有一种夸大感，但是，再也看不到（除非在弗兰克·科斯特洛这样一些黑社会大佬们当中）那种"故意装出来的傲慢"——1902年，马克·沙利文曾注意到，煤矿经营者们在面对工会代表和美国总统时流露出了这样的傲慢，那年头的企业大亨们在证人席上也经常表现出这样的傲慢。

我记得，我的一位大学同班同学在1912年说，他认识本阶层500个成员当中的大约100个人，尽管他知道，这话听上去有点势利，但毕竟，那些人难道不都是重要人物么？现如今，像他一样的人可能也会说这样的话，但可以肯定，他会承认，他这样做的时候是在跟公认的看法作对。如今，你如果看到一幢古老豪宅，甚或是20世纪20年代的一幢漂亮公寓中的仆人们的住处，你肯定会吃惊于它们的狭小，你会问自己：那些正派的男人和女人，怎么能这样漠视身边这些男男女女的人性需要呢？

---

① 语出《新约·路加福音》第10章第29节。

志愿者在指挥小学生过马路（新泽西，1951年）

国民收入的观念，衡量这一收入分配的观念，作为整体的国民经济被我们每个人的经济行为所影响的观念，越来越多的人有兴趣对美国各地不同群体的状况进行社会学研究、确信他们的命运唇齿相依，所有这些，全都是在这半个世纪里发展起来的。教育机会平等的理想，此前从未这样被普遍接受。在本书前面的章节中，我已经试图显示：在最近这些年里，人们对我国最贫困的群体——黑人——的态度有一次显著的转变，这一转变，在南方就像在其他地方一样引人注目；而且，对一般公众负有责任的观念，在一些关键企业的管理层当中变得越来越普遍。个人从事最宽泛意义上的善行义举——包括教会工作、医院志愿工作、教师家长联谊会、童子军、红十字会、妇女选民联盟、地方交响乐团、世界联邦主义者协会、退伍军人协会、扶轮国际的服务活动，诸如此类，多不胜数——人们从事这些工作所花的时间，其总量是无法计算的。（据说，在有些社群，参与为教堂筹钱的人，比常去教堂做礼拜的人还要多。）总而言之，我们的公共责任感增强了。

这一变化有它非常有趣的方面。你或许还记得安妮·克里夫兰的一幅漫画。一位瓦萨大学的女孩正跟父母一起用餐，她叫道："当你不断地给我巧克力沙司的时候，我如何能对老爸解释组织化劳工的地位呢？"你可能会想起，你所认识的一位银行家的女儿，在她第一次参加工作的时候就对档案管理员的困境表现出非常浓厚的兴趣，并认为，跟她们帮助公司挣到的钱比起来，这些档案管理员的报酬实在太低了。你或许还记得，拉尔夫·本奇博士[①]在1951年春天接二连三地接受了13个荣誉学位，这么多机构在选择他的时候所表现出来的奇怪一致，部分反映了它们很高兴找到了一个无懈可击的可以向黑人致敬的机会。

同样自然的是，这一变化将会在各地遭遇到强烈抵制。民主的理想给人类的宽容和理解带来了很大的压力。于是，我们发现，一种有意识的、积极的反犹主义正侵袭很多郊区社群，这些社群曾经对自己的同质性深感满意，如今却发现，自己再也不能过那种遗世独立的生活了；或者发现，在那些从前很少见到黑人的工业小镇上，一种野蛮的反黑人情绪越来越强烈。在这里，你或许应该补充一个关于我国武装部队在国外行为的注脚。由于各种难以定义的原因——无疑也包括美国说外语移民作为无产阶级的传统位置——很多美国人当中有这样一种模糊的感觉：对人类尊严原则的接受，止于美国的疆域之内，一个强烈关注美军同胞所遭受明显不公的人，可能会非礼阿拉伯人、粗暴对待朝鲜人、欺骗德国人，而不会因此而有失身份——而且，多半正是在他这样做的时候，他在国会里的代表正拨款数十亿美元，去帮助他如此藐视的那种人。

然而，尽管有这些不利的事实，但我相信，美国有越来越多的人全面接受弗兰克·坦南鲍姆博士所谓的"对平等（精神上的平等）的承诺"。这种越来越强烈的与同胞休戚与共的感觉，是不是应该被贴上宗教的标签——正如坦南鲍姆及1951年4月沃尔多夫圆桌会议上的其他演说者所认为的那样——在我看来，似乎是一个玩弄辞藻的问题。我们是不是——正如小沃尔特·H.惠勒在那次会议上所暗示的那样——"在耗尽我们继承来的精神资本，并靠此为生"，这一点还很难说。然而，无论如何，至少可以说：作为一个民族，我们大多数人即使不像过去那样都热情地遵守第一戒律，但至少，我们一直在谨遵第二戒律。

---

① 拉尔夫·本奇博士：美国第一个获诺贝尔和平奖的黑人。

2

现在，我们开始面对另一个问题。这个问题的答案甚至更具两面性，更没有把握。我们在第15章中专门讨论过的全美标准、全美文化，是不是危及质量？我们是不是在实现大量的二流教育、二流文化、二流思想，并因此把第一流的排挤出去？

指控我们确实在这么干的声音震耳欲聋。在诸多的贤哲当中，我们不妨引用T. S. 艾略特的话："我们可以满怀信心地宣称：我们的这个时期，是一个衰落的时期；文化程度比50年前更低；而且，这种衰退的证据在人类活动的每一个方面都显而易见。"如果说，这似乎是个有点笼统的控告，并没有特别提到美国，那么，我们可以补充一句：艾略特先生给出了充足的证据，表明他不赞成美国的趋势，他宁愿要一个"底层阶级依然存在"的"等级社会"。

对美国趋势的批评，你可以搜集到一大堆引用语，据C. 哈特利·格拉顿说，两个观念上的变化，解释了今日美国作家的困惑：

(1)普遍存在这样一种感觉：人们赖以生活这么多年的价值观，正处在分崩离析的晚期状态，看不到任何可以替代的东西；(2)不管一个人的个人价值观如何，在任何情况下，他都别指望按照这样的价值观行事，因为，在如今的世界上，个人总是受制于那些越来越苛刻、越来越专横的机构。

换句话说，有独创精神的人——作家、画家、音乐家、建筑师、哲学家，或任何特立独行的知识先驱或精神先驱——不仅要面对尤金·奥尼尔所说的"今天的疾病"——按照劳埃德·莫里斯的说法，这种病"源自于老上帝的死亡，以及科学和唯物主义没能给出一个令人满意的新上帝"。——而且还要面对一个这样的世界：在这个世界上，文学创造的最大奖赏，转给了性感服饰浪漫传奇的制造商们；在这个世界上，百老汇的戏剧，在20世纪20年代经历了一个创新的光荣时期之后，如今几乎被人们所抛弃，受制于额外雇工的高成本和电影业的竞争；在这个世界上，电影业在经历了一代人(有的人能吸引数百万观众、带来丰厚回报，有的人其作品的票房价值很不可靠)之后，如今轮到它在电视面前步步退却；

格林威治村
的诗人

在这个世界上，最高的电视喝彩献给了米尔顿·伯利，而不是伯尔·蒂尔斯特罗姆[①]；在这个世界上，诗人发现，他的市场几乎消失了。你可能会以另一种方式概括这一指控，说：大规模生产的动态逻辑，在给我们带来优质汽车和优质尼龙的同时，也把平庸强加给了智力产品的市场。

这是一项非常严厉的指控。但是，在对此加以判断之前，你还有很多的问题要考虑和权衡。

首先是这样一个事实：那些最能言善辩地哀叹有创造才能者的艰难困境的人，主要是一些作家，尤其是先锋派作家以及欣赏他们的批评家，而且，这些人的位置有点特殊。

在第一次世界大战之前的那些年里，美国文学的创新者们都没有这样一种沮丧的心境。正相反，他们享受了一段好时光。在芝加哥，像维切尔·林赛、埃德加·李·马斯特斯、舍伍德·安德森、林·拉德纳和卡尔·桑德伯格这样一些人都在做有趣和大胆的实验。在纽

---

① 前者是喜剧演员，后者是木偶戏演员。

约，格林威治村那些年轻的波希米亚分子，都热烈而粗野地醉心于五花八门的离经叛道，从自由诗、意象派、后印象主义、立体派和"垃圾桶画派"的现实主义，到妇女选举权运动、社会主义和共产主义（跟后来莫斯科发展出来的那种共产主义比起来，格林威治村的共产主义可算是纯洁的理想主义变种）。当阿尔弗雷德·斯蒂格里茨在"291画廊"鼓吹现代派艺术的时候，当"军械库展览会"在1913年举行的时候，当马克斯·伊斯曼和约翰·里德为劳工而战斗的时候，当弗洛伊德·戴尔谈论文学解放的时候，他们看到面前是一个明亮的新世界，在这个新世界里，进步将及时地给像他们这样一些新启蒙先驱们的疯狂观念带来胜利。

但是，第一次世界大战带来了一场巨大的幻灭。太平盛世似乎不再近在眼前。主流心态发生了转变。

"迷惘一代"的小说家们把注意力集中在当代生活的卑劣和残忍上，他们的基调常常是绝望。门肯担任了嘲笑者合唱队的领唱，他们嘲笑美国人的粗俗和多愁善感，不很愤怒，但玩世不恭。当有人问他为什么继续生活在一个他发现如此不值得尊敬的国家时，他反问道："人为什么上动物园？"辛克莱·刘易斯嘲笑布衣街和乔治·F.巴比特；斯科特·菲茨杰拉德强调了那些道貌岸然的家伙如何卑鄙，他们去参加杰伊·盖茨比的豪华派对，而在他需要的时候却弃他而去。很多先锋派以及他们的倾慕者和模仿者都去了巴黎，在那里，格特鲁德·斯坦因说"未来不再重要"，而海明威《太阳照常升起》(*The Sun Also Rises*)中的人物，其行为作派就好像太阳不再升起似的。但是，在一个没有希望的世界上，你依然可以珍爱艺术，那是一件值得留下来的东西，远离政治与商业；你尤其可以珍爱那种政界和商界的庸俗之辈很难理解的艺术。对那些从20世纪的美国逃出来的难民们来说，"难懂本身成了一个主要优点"，正如范怀克·布鲁克斯所言：他们特别尊敬亨利·詹姆斯那种贵族式的苦心经营，隐士马塞尔·普鲁斯特的细腻微妙，艾略特那富有学术品位的隐喻，以及乔伊斯的语言迷宫。模式被建立起来了，完全不同于1910年的模式。所谓有文学良心，就是对美国的生活、一般意义上的人类生活以及世界的发展道路抱持阴郁的观点；也对读者（极少数除外）理解和欣赏真正优秀文学作品的能力抱持阴郁的观点。

这一信条将被证明惊人地持久。在20世纪30年代，它不得不应对另一股情感力量。经济已经崩溃，革命即将发生（或者说在当时很多人看来是这样），很多作家感觉到了一股强大的驱动力，敦促他们去谴责资本主义对待"三分之一国民"的残忍，支持身陷困境的劳工们的事

诗人艾略特和夫人

业。于是他们抛弃了对战斗的绝望。出现了一大批无产阶级小说，它们的作者对产业工人的直接了解非常有限。然而，即使是在那些最勇敢地支持普通百姓的作家和批评家当中，也依然有这样一种确信：敏感而诚实的人不可避免地要用只有非凡之人才能理解的语言写作；于是，我们看到了这样一个有趣的奇观：那些从事高级写作的作家和学者，从为谷租佃农和流动农工的利益而举行的群众集会上回来，潜心钻研亨利·詹姆斯（他对谷租佃农一无所知）和艾略特（他肯定与流动农工不同调合拍）的神秘文字。

在第二次世界大战期间，保卫劳工的冲动，转变成了保卫美国大兵的冲动。把世界描述为一个阴郁之地的古老冲动，转变成了表现战争中的人（常常也包括美国大兵）如何残忍的冲动；过去的信念——除了少数人之外，文学的品质注定不被所有人欣赏——转变成了对文化失败的普遍悲观。

1948年，W. H. 奥登写道："对于健在的美国小说家来说，听人说他们只在两次世界大战之间创作过重要的文学作品，一定是件让人十分尴尬的事（至少我希望是这样）……从欧洲来到这里，我的第一印

象，也是最强烈、最持久的印象是：没有哪个文学团体（无论在何时、不管在何地写作）像美国这样普遍一律地消沉压抑。让我不断感到惊讶的是，这个举世闻名的世界上最乐观、最爱交际、最自由的民族，却通过它最敏感成员的眼睛，把自己看成了这样一个社会：它是由无助的受害者、阴郁消沉者和背井离乡者所组成的……在一部接一部长篇小说中，你所遇到的主人公都是这样一些人：他们没有荣誉，没有历史；他们如此单调地屈从于某种诱惑，而我们其实很难说他们真正受到了这种诱惑的引诱；即使他们在世俗的意义上取得了成功，但他们依然是好运气的被动接受者；他们唯一的道德优点，是忍受痛苦和灾难的坚忍耐性。"

有没有可能，这样的小说家是在遵循更久之前确立的时尚呢？有没有可能，最近这些年小说的销售之所以令人失望，其中一个原因是——正如格拉顿先生所暗示的那样——"当代作家似乎在当代读者准备放弃之前就已经放弃了"，今天的读者已经走在了作者的前面？有没有可能，在很多优秀作家当中一直存在的"只有难懂的作品才是好作品"的观念，导致他们极少关注与多数读者沟通的技艺，而这些读者并不像他们想象的那样愚蠢？有没有可能，今日文学人士当中的一种失败主义传染病，导致人们有所保留地接受了他们关于美国文化现状的不幸结论？

让我们记下他们的哀叹，并稍稍看得更远一些。

3

一个像我这样的人，许多年来为一家杂志工作，而它付给作者的报酬不比10年前更多（因为它要付更多的钱给印刷商和运输商），恐怕不太可能对今日文人的命运感到沾沾自喜。一个觉得自己在为新闻业发动一场艰苦战斗的人——战斗之所以艰苦，是因为不断有瞄准数百万读者的新杂志出现，因为广告客户往往很想影响这数百万人——应该会对文学机构的境况感到满意。在我看来，不可否认的是，大规模发行的杂志所取得的巨大成功，以及团队撰稿杂志的崛起，使得那些缺乏流行感觉，不愿为混饭而粗制滥造，又没有其他稳定收入来源的自由撰稿人要想过上舒适的生活更加困难了。接下来，他在经济上就几乎没有一件事情是容易的。因此可以说，那些有着严格高标准的杂志为什么经营困难，其原因之一是，他们没有垄断高品质的稿源，因为在过去几十年里，越来越多这样的稿件在大众期刊上找到了自己的位置。（随便举两个例子：温斯顿·丘吉尔的回忆录发表在《生活》杂志上，福克纳的短篇小说发表在《星期六晚邮报》上。）此外，通过为大众杂志撰稿挣得很高收入而又不牺牲其丝毫正直的天才作家，其数量比你根据先锋派作家们的谈话所设想的要大得多。这幅图景是一副好坏杂陈的图景。

至于图书，也是如此。那些"原创的"出版商——指的是那些以标准价格、主要通过书店销售新作的人——其产品的市场比战前略大一些，但很明显，价格的增长——反映了更高的劳动成本——吓跑了很多买主。在作家总收入中，少数非常成功的作者所占的份额有所增长；而对那些其著作可能卖不了几千册的人来说（诗人差不多全都属于这样的人），让他们的作品被出版商接受变得比以前更加困难。然而，在这里，情形再一次不像人们所描绘的那么黑暗。我同意伯纳德·德沃托的看法：在一个经营多样化的行业，任何真正有出版价值的书，总会有某个单位出版；并且，我还会补充一句：尽管畅销书榜单上有垃圾，

《生活》杂志
的封面

但大多数跻身其中的书都是当时最好的书，对其作者的钱包来说，也有非常令人愉快的结果。

这远非事情的全部。因为还有很多图书俱乐部，其中至少有两家俱乐部每个月要卖掉成千上万的书。有一家每季出一期会刊的"精华图书"俱乐部被《读者文摘》给买下来了——每期浓缩四五本小说或非小说——这家俱乐部创办于1950年，到1952年初，其销售速度超过每期100万份。还有一些平装重印本出版社，它们的书价格为25或35美分，供报摊和药店销售，销量大得惊人：1950年的总销量高达2.14亿册；1951年，这个数字跃升到了2.31亿册。

图书超市

确实，这些平装书当中，三分之二以上都是长篇小说或神话故事——因此落入了范围太广泛的分类，没法让人对公众的品味感到放心——有些书，即便是按照任何勉强凑和的标准，都可以说是垃圾（正如一位愤世嫉俗者所说的那样，此类商品的出版人已经懂得，只要封面上装饰着一幅暗示性或暴力的图片——最好是两者兼而有之，比如图片上一名持枪歹徒正在撕掉一个性感女孩的衣服——你就能卖掉几乎任何东西）。但是，不妨想想几本平装书的销售数字（到1952年1月为止）：田纳西·威廉斯的《欲望号街车》(*A Streetcar Named Desire*)超过50万册；鲁思·本尼迪克特的《文化模式》(*Patterns of Culture*)销售40万册，以及——引用一个无疑是古典作品的例子——带有抽象封面设计的《奥德赛》(*The Odyssey*)的译本卖了35万册。而且请记住，这些销售数字——大于图书俱乐部的销售和正规书店的销售——是在一个人们如饥似渴地阅读杂志的国家实现的。有一点倒是真的，作者从这种低价书中所得到的经济回报少得可怜：这样的书销售100万册，比以标准价格销售2万册的书给作者带来的收入还要少。然而，这里有一个很有趣的现象。如果书容易买到，价格也在承受范围之内的话，优秀作品在美国有很大的市场。

让我们来看看艺术品市场吧。今天的画家面临两个大的困难。第一个困难是，他的作品总是以很高的价格(如果能卖得出去的话)出售给公众、收藏家或机构，因为他只能卖他的原作，而不能一次卖掉成千上万份；而现金充足的收藏家并不多。第二个困难是，如今更有才能的年轻画家大多数都偏向抽象，这对大多数潜在买家来说，其易于理解的程度大致就像当代诗人差不多。然而，公众所表现出的兴趣是令人吃惊的。福布斯·沃特森有足够的权威陈述下面这个事实：20世纪40年代的油画销售，超过了美国此前历史上的总和；仅1948年，美国的各大博物馆共举办了100场美国艺术展览；那一年参观艺术展览的总人次超过5,000万。你应该还注意到了，地方博物馆的数量有了大幅度的增长，很多大学都积极鼓励学生的艺术兴趣，复制品(以图书或其他形式)的销售不断增长，还有就是，周日业余绘画爱好者的数量最近急剧增长。莱曼·布里森报告，如今美国画画的人数，他所得出的最低估计是30万。商务部说，艺术品的销售额从1939年的400万美元，增长到了1949年的4,000万美元——这是一次巨大的跃升。有人不免要怀疑：这里是否也有着某种振奋人心的东西，而且当代艺术家的困境，就像当代作家的困境一样，部分可能要归因于下面这个事实：其产品的市场尚不能契合潜在的需求。

我们不妨转向音乐——并面对一个令人惊讶的奇观。

一些对美元如饥似渴的欧洲国家，不停地举办各种音乐节，不仅是为了带给美国游客他们在国内听不到的音乐，而且也是为了确保他们因为国内缺少欧洲的音乐而走出国门。爱丁堡、斯特拉斯堡、阿姆斯特丹、佛罗伦萨和艾克斯普罗旺斯的节目，被故意设计得要跟坦格勒伍德、伯利恒、拉维尼亚、辛辛那提动物园和好莱坞露天剧场竞争观众。

史密斯先生引用了进一步的事实：德克萨斯州奥斯汀市交响乐团最近为了举办户外夏季音乐会而接管了一家汽车电影院；当路易斯维

广播电台让交响乐走进了千家万户

尔管弦乐队在伯里亚举行音乐会的时候，打着赤脚的肯塔基山区居民都来了；一场斯特拉文斯基的专场音乐会（由作曲家本人指挥），以它完美的魅力轰动了伊利诺伊州的厄本那市。

这一非凡的局面，很大程度上要归功于广播电台。第一次通过广播网播送的交响音乐会举行于1926年，第一个广播交响乐团成立于1929年，大都会歌剧院在1931年播出了其演出的歌剧，托斯卡尼尼在1937年受雇出任NBC交响乐团的指挥；到1938年，据估算，大约7万所中小学的700万孩子每周收听沃尔特·达姆罗施指挥的"音乐欣赏时间"，由底特律交响乐团担纲的"福特周日夜晚时间"，在所有流行的广播节目中占到了五分之一。年复一年，数以百万计的人获得了各种不同的音乐——流行乐、爵士乐和古典音乐——数量如此之大，以至于那些在几年之前还从未听过交响乐或弦乐四重奏的商人、家庭主妇和中小学生，都有足够多的机会听到自己喜欢的音乐，不管是《滚木桶》，是《一点钟舞会》，还是贝多芬的第七交响乐，他们都耳熟能详。在20世纪40年代晚期，当电视大举入侵电台生意的时候，广播电台的古典音乐生产逐渐衰微；但不久之后，另一种传播音乐的方式登上了突出的位置。

在20世纪20年代，留声机唱片业由于广播电台的出现而面临实际上消亡的威胁。但眼下它却开始扩张：那些对音乐产生了强烈兴趣的人开始想让它符合自己的要求。爵士乐的风行加速了这次扩张，爵士乐的一些更严肃的爱好者很快就认识到，如果你想要成为本尼·古德曼和艾灵顿公爵的作品的一个真正严肃的研究者，你就必须收集老唱片，并成为一个汉迪、贝德贝克和阿姆斯特朗的鉴赏家。到40年代，早些年总是通宵达旦跳舞的年轻人发现，坐在地板上听留声机，再来几瓶啤酒，是一件非常惬意的事。很多人在图书和绘画上的品味都非常有限，但他们不仅有本事凭借最初几个音符就能辨识出最有名的交响乐，而且熟悉那些名不见经传的、跟巴赫同时代的人的作品，有能力比较不同管弦乐队的唱片，并为此感到自豪。关于1951年的唱

唱片再度
流行起来

片销量，《公告牌》(*Billboard*)杂志做过一个非常粗略的估算，得出了总数大约是1.9亿张——美国的男女老少每人一张都不止——"古典"音乐唱片的销售总量大概占到1.9亿的10%到15%；或者说，大约有2,000到3,000万张古典音乐唱片。这里我们不妨给出一个例子：万达·兰多芙斯卡的大键琴唱片《哥尔德堡变奏曲》(*Goldberg Variations*)在发行之后的头三个月就卖掉了20,000张。一位精明的美国文化研究者

曾对我说，在他周游美国各地的时候，不断有人告诉他："咱们镇可有点不同寻常。我想，咱们这里正在发生的最令人兴奋的事情(对我们来说)不是商业上的任何事情，而是我们的交响乐团(或弦乐四重奏乐团，或社区合唱团)。"

实际上，当你观察艺术领域的时候，呈现在你面前的这幅图景是混乱的：公众对艺术有一种令人难以置信的兴趣，就连芭蕾舞(无论是老式的还是新式的)的观众也在不断增长。百老汇戏剧几乎是要死不断气——地方市民剧院和大学剧院看上去正处在前途无量的青春期。电影几十年来被数百万人所热爱(并被满腹经纶的批评家所痛骂)，如今它的观众一点一点地流失到电视(尚未发展成荒谬的粗制滥造)那里去了。建筑已经走出了早期对古老欧洲风格的模仿，正在生产宏伟气派的工业建筑，连同高度实验性的，有时候甚至是荒谬可笑的现代住宅——与此同时，在一些大城市(无论是纽约、芝加哥、圣路易，还是洛杉矶)的外围，乘坐巴士从机场到市区的旅行者几乎看不到任何建筑师手艺的痕迹。这里有秀丽迷人(即使有点单调)的汽车公园大道——沿着其他干线公路，是一连串公路城镇上刺眼的东西(修车厂、汽车旅馆、加油站、广告牌、二手车市场、废品收购站以及更多的广告牌)，相比之下，它们使得汽车公园大道看上去就像是逃避现实者们的世外桃源。

真实的情形或许并不是这样：这里是一个伟大的国家，正在进行一场空前的实验。它让数量惊人的人民变得富足(用从前人们所知道的任何标准衡量，都算得上富足)，他们以前完全不熟悉艺术，跟艺术格格不入，甚至鄙视艺术。这些数量庞大的民众，提供了一个巨大的市场，让你可以把他们能够理解和享受的技艺和娱乐卖给他们。把他们跟其他国家文学艺术的热爱者和研究者相比较，是非常不公平的。他们不是精英，而是完全不同的另一种人。我们可以说：这是新事物，此前从未有过跟它相像的任何东西。

那些愿意看到美国成为希腊而不是迦太基的人，摆在他们面前的工作，就是要发展出这样的娱乐媒介和装备：它们不仅要满足这些人眼下的需求，而且还要满足他们更高的品味，并在他们准备好了接受更有价值的精神食粮的时候，使这些东西就近在手边。这个问题，既是个经济问题，也是个美学问题。它是否能得以解决，谁也说不准。但现如今，尽管很多文人灰心丧气，可世界上很多最优秀的作品依然是在美国完成的；外国学术机构的贫困使得美国的大学不仅仅是学术道路上的追随者，而且还是领头人（不管它们自己愿意不愿意），吸引了来自各个大陆的学生；而且，不管愿不愿意，对世界文化环境负责的重担沉重地落在了美国的肩上，在一个这样的时代，着眼于我们所产生的音乐爱好者的大军，对我们是有利的。因为，如果这就是有利的经济条件给一门伟大的艺术所带来的东西的话，那么，奇迹也有可能在别的方面实现，而且事实将证明，全美文化不是优秀艺术的敌人，而是它的温床。

4

然而，还有一个问题要问。

前些日子，在翻阅我的一些旧稿的时候，我偶然翻到了我曾经发表的一篇毕业典礼演说。它的标题是"在一个理解的时代"，在这篇演说中，我说到了这样一个事实：很多人正在体会"一种末世感，一种大难临头的感觉"。当我重读这篇演说稿的时候，我当时说过的很多话，在我看来，很契合20世纪中叶的氛围。但手稿上的日期是1938年6月——不仅在原子弹和冷战之前，而且在第二次世界大战之前。

比这还早很多，打从很久之前起，很多美国人的头脑里时不时地有一种焦虑不安的紧张感，常常还结合了一种挫折感，一种这样的感觉：一些强大的、难以驾驭的力量可能正在把你带向"即将来临的灾难"，对此，你无计可施。一般而言，你可能把这种精神状态归咎于一个人在情感上很难调整自己，以适应格雷厄姆·沃拉斯所谓的"大社会"中的生活——这是一个复杂的社会，在这个社会中，堪萨斯州

的一位农民或雪域的一位药材商的命运，可能被纽约股市的一次崩盘、华盛顿政府的一个决定或朝鲜的一次入侵所决定。不过，在更特殊的意义上，是1914～1918年间的第一次世界大战，它证实了萨拉热窝——萨拉热窝在什么地方，是个啥玩意儿？——所发生的某件事情能够把美国人的生活彻底搅个底朝天；接下来是大萧条，它击中那些认为个人的勤奋和努力不会没有回报的男男女女的心窝；然后是希特勒主义的进军和第二次世界大战的到来，让年轻人在很多他们此前从未听说过的地方卷入了致命的战斗；再是另一个遥远却难以平息的威胁——苏联——的出现，以及对新的世界大战随时可能爆发的忧惧，加上原子弹所带来的恐怖。在后来所有那些年里，政府的紧急管制措施中始终牵涉到一些不确定的因素，比如征兵，在20世纪中叶的很多美国年轻人看来，义务征兵简直就是对自由意志观念的无情嘲讽。

或许，每个人都曾在某个时候有过这种无助感，就像一架轰鸣着穿过云雾的班机上一个被安全带绑缚在座位上的乘客，对大事完全不能掌控。商人在为来年编制预算，或者在签订一份长期合同；年轻恋人在计划结婚；大学生在琢磨是不是继续上法学院——他们很可能全都觉得：自己所做出的任何决定，都带有一个含蓄的附加条款："除非所有可怕的爆炸物都被拆除了。"任何一个人，只要他提出下面这个论点（就像我在本书中所做的那样）——在过去半个世纪里，我们已经在整体上使得美国成为一个更适合生活的地方，他几乎都能听到一句愤怒的回应："你怎么能说这样的话？在这段时期里，我们所成功地做到的一切，只不过是从一个确信的时代，走向了一个永远紧急的时代。"对世事难料的恐惧，影响了我们所有人的生活——这一情形最严重的，莫过于最近几年。

在1938年那篇毕业典礼演说中，我曾说，我们生活在一个恐慌以及在恐慌中产生的非理性观点的时代，在这段时期，人们总是在寻找替罪羊，以便有目标发泄他们对那些无形力量的怒火，正是这些无形的力量，使他们身陷于危险之中。自从苏联政府的意图对大多数美国人而言变得越来越清楚之后——即大约1946或1947年——这样的事情也在发生。我们在寻找美国的替罪羊，好把我们目前的困境归咎到他们的头上，找出他们，惩罚他们，可能会让我们再次觉得安全。这种寻找是如此恐慌，如此非理性，如此持久，猜疑和恐惧又是如此普遍，以至于激起了人们这样的想法：美国人在20世纪中叶这些年面对着一个让人不安的问题，即在这样的环境下，他们是否能继续维护自由——那曾是他们最有价值的遗产。

这不仅仅是此时此刻的问题。因为，我们大家都知道，我们与有组织的共产主义之间的竞争将有可能持续10年、20年，甚或30年，不管这场竞争的烈焰是否会点燃一场全面战争。有些人说，大多数眼下健在的美国人，可能不得不眼睁睁地看着这场竞争持续他们的余生。那将意味着持续不断的紧张、焦虑、不确定，以及持续不断的对这种紧张作出非理性反应的危险。

我们对替罪羊的搜寻，在近些年里所表现出来的特殊形式，首先要归因于美国共产党独特的历史和特性。在大萧条那些年里，有一些很优秀的、有公益精神的男人和女人接受了美国共产党，在他们看来，它只不过是一个致力于激进行动以解决当时困扰国家的一些问题的组织。就算它跟苏联有什么联系，他们当中的很多人也不会对此感到太大的不安，因为在他们看来，那个时候的苏联几乎是一个可以找到治疗萧条的灵丹妙药的地方；除此之外，在20世纪30年代晚期——直至1939年8月——苏联政府一直在跟民主国家携手合作，反对希特勒。就算美国共产党是一个秘密组织，就算它的成员总是卷入持续不断的欺骗，他们也只不过是把这些当作一个从事无情战斗的团体所必不可少的东西，而天真地接受了。它的信徒并不算多，但他们当中很多人处在战略性的位置上：他们大多是知识分子，能够跻身政府部门或一些"前线"组织中的有影响力的位置，还有一些能够控制工会的劳工领袖。

正如我1940年在《大撕裂时代》一书中所写的那样："事实上，很多年轻的反叛者之所以信奉共产主义——或者至少是跟它打情骂俏——是因为他们把它看作是幻灭之路上的终点站。首先，你看到了现行秩序运转得并不好；接下来，你进而想到了改革……并认定，折中的办法不足以挽救美国；然后，你便抱有了这样的观念：除了革命别无他法；而且，在这段旅程的终点，端坐着卡尔·马克思，要求你付出绝对的忠诚，有共产党在发誓要彻底扫除美国生活中一切可恨的东西。找到路的终点是多么受欢迎的事，把你所讨厌的每件事情都归咎于资本主义是多么容易的事情！"

由于美国的外交政策并没有阻止苏联势力的坐大，也没有阻止中国共产党人打败蒋介石政府，因此，很多生性多疑的人的头脑里不由得产生了疑问：他们所怀疑的那些共产党人，是否应该对美国不安全的困境负责，对他们所有人都生活于其中的这种不确定状态负责？由于大多数共产主义信徒都是激进分子，而且，他们成功地渗透进了激进的或自由主义的组织，因此，在一些缺乏鉴别力的头脑里，猜疑采取了另外的形式：任何一个人，只要他抱有任何在他的左邻右舍看来特别古怪的观点，他都可能是一个共产党人，或者有点像共产党人。由于这些猜疑十分普遍，因此让那些狂热分子以及一些野心勃勃的政客有了放手大干的机会，给很多正派而有良心的公民打上叛国者的烙印，并因此给他们留下此生可能再也洗刷不掉的污名。

美国共产党领导人（纽约，1948年）

它事实上比这走得还要远。因为，各个不同的国会委员会的调查，政府的"忠诚调查"，阿尔杰·希斯的奇怪戏剧，麦卡锡参议员的爆发，由《红色频道》(Red Channels)的发表所带来的对娱乐界的恐怖压制，以及对很多学校教师的指控，这一系列行动所带来的结果是：很多富有创造力的有用之士都被吓得神经紧张，俯首帖耳。如果是一位讲授经济理论的大学老师，在授课过程中触及到了他应该就某些方面做出解释的观点，而在这些方面，卡尔·马克思的经济判断恰好是对的，他都会不由自主地慌乱起来，担心是不是有某个神经过敏的学生会向当局报告：他在讲授马克思主义？如果是个小学教师，她甚至都不会提到苏联，在教师家长联谊会上该以什么样的话开头也让她颇为踌躇。如果一个商人从邮件里得到了要求给欧洲难民筹款的请求，他会忐忑不安地看着信笺的抬头，琢磨着它是否代表了某个他不愿意卷入其中的团体。如果一位政治家为竞选市议员而发动了要求改善住房条件的活动，他知道得很清楚，他的对手们大概会把他的提议称作"共产主义的"，或者至少是"左翼的"——这是一个

麦卡锡参议员在接受采访

内涵广泛的术语，几乎可以用之于任何东西，却有着含糊的骂人的意思，可能让他丢掉成千上万的选票。在美国生活的很多方面，富有冒险精神的、建设性的思考被忧惧所窒息。

在这种焦虑不安地搜寻替罪羊的背后，是生活在一个不安定时代的紧张状态下所产生的挫折感，这一点，在1951年春天麦克阿瑟将军的撤职所引发的骚动期间表现得十分明显。因为，关于这场大争论，最惊人的事情多半不是演说和反演说，也不是国会联合委员会那些没完没了的会议，而是那些原本就不喜欢麦克阿瑟将军的报纸编辑和电台评论员们所收到的雪片般飞来的恶毒信件。几乎就像是接通了某个毒药的源泉。要知道，当时，一般意义上的国际事务和特殊意义上的朝鲜战争，让多少人紧张得忍无可忍：在一场愤怒的爆发中，他们不得不扔点什么东西在某个人的身上。这种深仇大恨的直率表达是短暂的，当博比·汤姆逊击出他的本垒打的时候，当整个社会再一次成为"巨人"队和"道奇"队的球迷的时候，你会再一次认出你所熟悉的美

国民众良好的幽默感。然而，基本问题依然是：在一个必须无限期地在国外担负起沉重而不确定的责任，同时其武装力量毫不松懈的国家，我们如何能够维持互相之间的信任，并维护生气蓬勃的思想自由和表达自由？

我们天生就是一个乐观自信的民族，但是，此前我们从未承受过我们今天所感觉到的那种没完没了的紧张，我们的耐性、幽默感和勇气，正在经受严格的考验。

第18章

我们得到了什么?

1

1951年3月4日，《本周》(*This Week*)杂志(作为读者超过1,000万的周日报纸的一份增刊)的编辑威廉·I.尼古拉斯为该杂志撰写了一篇文章(后来被《读者文摘》转载)，题为《征求："资本主义"的新名称》。文章认为，"资本主义"这个词已经不再适合我们当下的美国制度，因为，在很多人的头脑里，尤其是在世界上其他地区的人的头脑里，"它代表了19世纪的原始经济制度"。尼古拉斯先生问道："我们应该如何描述这一制度呢？——它并不完美，但一直在改进，并总是有能力做进一步的改进——在这一制度下，人们一起前行，一起工作，一起建构，一起生产越来越多的商品，一起分享增产所带来的回报。"他说，他听到过各种不同的建议，比如"新资本主义""民主资本主义""经济资本主义""产业资本主义""分产主义""互助主义"以及"生产主义"，但他拿不定主意：是否还有更好的术语。他请读者把自己的建议写在这份杂志印刷的一张附券上。

15,000张写着建议的附券回到了杂志社。尼古拉斯先生后来说："在我整个编辑经历中，我从未接触过如此鲜活的神经。"

这种不同寻常的反响，其中一个理由或许是：请求读者就一个让他们感到困惑的观念做某件简单而容易的事情，这个想法是新闻记者的一招妙棋。但可以肯定，它也暗示了美国存在着这样一种非常普遍的感觉：我们在这里得到了某种拒绝所有古老标签的东西——某种运转得非常不错(至少是在尽心尽力地运转)的东西。

我猜想，之所以这么多人有这样一种感觉，其中一个理由是，在美国，我们从未构建过一套全新的制度，而是一点一点地在不断补缀、修理和改造一套古老的制度，以便让它运转得更好，正如我在"美国良心的反叛"一章中试图暗示的那样；因此，我们努力实现了一个转型的产物，可以把它比作一辆不断地一边行驶、一边修理的汽车，凭借从任何老汽车上卸下的、看上去适合于修补目的的零配件，结果，到最后，很难说我们所拥有的这辆车到底是一辆别克、一辆卡迪拉克，还是一辆福特。

在本书的不同章节中，我曾试图展示这一修补过程是如何发生的。在19世纪，我们美国有过联邦、州和地方政府的结合——联邦的成分很小，其责任也有限——这样一种结合使得工商企业几乎是按照自己的喜好随心所欲地运作。但是，这些政府许可商人组建被赋予特殊的权利和特权的法人公司，它们带来了另外一些始料不及的影响。它们使得势单力孤的工人（他们的收入取决于"工资铁律"）在雇主面前几乎是孤立无助的；它们把企业成果的巨大份额给了雇主；它们还把巨大的权力赋予给了那些控制着货币供应的人，如果没有他们提供的现金，雇主发现公司很难运转。在世纪之交的时候，美国似乎处在这样一种危险之中：它将成为一个百万富翁越来越多、其余人越来越少

美国依然是一个充满生机和活力的社会（阿肯色，20世纪50年代）

的国家，在这样一个国家，少数金融家不仅牢牢控制着国家的经济机构，而且也牢牢地控制着国家的政治机构。

这伤害了国家的民主精神，伤害了国民的公平竞赛感。于是，我们着手改变事情——不是通过革命，而是通过对体制进行一系列的实验性修补。当它在大萧条中严重崩溃的时候，修补和改造的工作相当激烈，有些工作甚至很愚蠢，但非革命和试验性变革的基本原则依然占上风。这样过了许多年之后，这台机器是否还可以不气喘吁吁、不磕磕碰碰地继续运转，存在着相当大的不确定性。但是，当第二次世界大战发生的时候，我们发现，如果华盛顿使劲扳动加速器，这台机器就开始平稳而飞快地运转。当战争结束的时候，华盛顿松开了加速器，它依然在发出嗡嗡声。究竟发生了什么事情，才导致这一惊人的结果呢？

简而言之，答案是：通过对制度进行一系列的修修补补——税法、最低工资法、补贴、担保和各种规章，加上工会的压力和资方的新姿态——我们终于废除了"工资铁律"。我们实现了收入从富裕者到收入较低者的自动再分配。这并没有让机器停止运转，而是实际上增强了它的力量。正如当个别企业把利润的一部分投入改进的时候它似乎经营得更好一样，作为整体的商业制度也是如此，如果你投入国民收入的某些部分来改进低收入群体的收入和地位，让他们有能力购买更多的商品，并因此扩大了每个人的市场，整个商业制度也就运行得更好。我们发现了一个有待开发的新边疆：穷人的购买力。

在我看来，这就是"美国大发现"的本质。其必然的结果是：如果你把有利的条件带给原先的广大底层民众，他们就会抓住机遇，并基本上会成为负责任的公民。

2

现在，我们有一个很大的、强有力的中央政府。它还在继续扩张，就好像是回应某个不可抗拒的生长规律似的——不仅因为战争和冷战强加给它的那些义务，而且也因为，作为一个越来越都市化的民族，有着越来越复杂的制度，我们也越来越互相依存。政府对商业的管制，采取了数不清的方式，正如我们在第16章中所看到的那样。它不断干涉曾经万能的供求规律(即市场规律)的运转。它提供各种补贴和担保贷款，给那些相信自己需要此类帮助的群体。此外，它还承认了两项重大的责任，对这些责任的承认是在大萧条期间的悲惨岁月里强加给它的。一项责任是：留心注意那些陷入经济困境的人，帮助他们站起来——如果亲戚朋友帮不了他们，地方和州里的救济帮不了他们，那么，在必要的时候就通过联邦救济来帮助他们。另一项责任是：留心注意作为整体的经济体系，别让它崩溃了。

政府因此维持了某些对整体国民经济的控制权；在紧急时期(比如朝鲜战争爆发之后的那段时期)，这些权力被扩大了。但它并不试图管理我们的个体企业(除了某些特殊行业之外，比如原子能工业，为了安全的目的，它始终是私营企业汪洋大海中的一座社会主义孤岛)。因为，我们已经认识到，我们的企业如果留在私人手里会经营得更好。过去十余年的时间，为这一信念的正确性提供了一个强有力的证明。因为这十余年见证了私人经营的美国企业不仅很好地完成了大规模军工生产的工作，而且还促进了种类多得令人吃惊的技术进步。

同样，联邦政府并未接管州政府和地方政府的权力，尽管它资助地方政府做了很多它们不能独自胜任的事情。因此，存在着政府权力的广泛分配。比方说，我们的公路系统部分是州里的，部分是地方

的，只有很少一部分是联邦的。我们的大学系统部分由各州管理，部分是自治的。我们的中小学系统大部分是地方管理（由地方行政当局管理），部分由教会管理，部分是自治的。

志愿组织异常活跃（图为美国女子志愿服务队）

此外，我们还有种类非常广泛，而且一直在不断增加的各种志愿机构、社团和协会，以各自的方式对公共利益做出贡献。不仅有大学、中小学、教堂、医院、博物馆、图书馆和种类繁多的社会机构，而且还有保护或促进几乎每一样事情的各种协会：无论你是想供养欧洲的孩子，还是想保护我们的野鸭，促进分区制，鼓吹给公司更大自由，扩大教会的工作，动员男孩子参加童子军，抑或是挽救红杉树，你都能找到一家致力于这一目的的私营组织，有时候甚至有好几家。还有各种基金会，它们是理想主义和遗产税的产物。还有数不清的各种同业公会、专业协会、校友会、士兵俱乐部和兄弟会。作为一个民族，我们是伟大的参与者和征战者，是志愿团体的帮助者、救助者、革新者、改良者和促进者。让几个志趣相投的美国人凑到一起，你很快就会有一个协会，一个执行秘书，一份全国计划，一次筹款活动。

一边是志愿组织，另一边是企业或政府，我们很难在它们之间划出一条清晰的分界线。如果，一次社区福利基金筹款活动有相当一部分钱来自本地的公司，一家强大基金会的财源是一家汽车公司，私营航班飞行于由联邦政府维护的空中通道，一家大学可能部分由州里支持、部分由私人掏腰包（此外，还有可能为了某项研究工作而接受联

308

邦政府的资助），那么，这样的分界线确实是模糊不清的。而且，正如我们在第16章中所看到的那样，那些分别在私营企业、在私营公共服务组织、在政府以及在州立和私立学术机构中工作的人，他们之间有着持续不断的磋商与合作。

在这样的环境下，可以公正地说，美国的道德力量和智性力量，在很大程度上是建立在这样一些私营组织的基础之上，这些私营组织对待公共责任的观念就像政府组织所能做到的一样神圣，在部分程度上，其所履行的服务跟政府组织几乎没有什么区别，但跟任何可以利用的其他方式比起来，它们同时还提供了更具多样性和更有灵活性的途径，为个人才能和个人兴趣的自由发挥提供了更多的机会。而且，作为整体的美国制度，是一种如此不同的事物的混合体，达到了如此多样化、如此无系统，甚至是即兴的方式，以至于它的力量很可能就潜藏在这样一个事实中：你没法给它贴上一个标签。

对国民经济机器复杂设计的进一步改变，每一项建议都会有激烈的争论。这项措施是否会损害对工作、储蓄、投资和发明的激励？它是否会给华盛顿带来专制的权力？这个群体，或者这个行业，是否真的需要帮助？政府是否能够提供帮助？它是开创一个良好的先例还是一个恶劣的先例？围绕诸如此类的问题，人们总是卷入疯狂的争论——这实在不足为奇，因为，这一新的美国制度的发展是高度实验性的，我们不知道我们是否能继续让它运转。

不妨看看几种不确定性吧。

在战后那些年里，通货膨胀几乎从未间断过——尽管并不剧烈，总体上对我们的经济健康是一个严重威胁。我们不知道，我们是否能在没有连续通胀的情况下维持我们的快速增长。

甚至在朝鲜战争之前我们就已经接近了税收的限度——超过这个限度，负担就会变得如此难以忍受，以至于生产的动力会受到削弱，而偷税漏税就会成为一个大问题，而不是一个小问题。我们不知道，我们能否减小这一负担，或者能否足够快速地增长我们的产量，使之能够担负起这一重担。

就算苏联人能够令人信服地改变他们的政策，使得我们能够减轻

我们的军费支出，我们也还是不知道，我们能否足够快速地提高国内产量，以防止新一轮经济萧条。

就算全面战争即将爆发，我们也不知道，联邦债务会不会成为天文数字，以至于联邦政府的信用会因此而受到动摇。

无论如何，我们不知道，政府是否承担了太多的财政责任——由于它在自己原先拥有的权力之上，又增加了很多从前由华尔街行使的权力——以至于存在这样一种危险：在未来的某个时候，将会爆发一场新的恐慌和金融崩溃——这场恐慌源自于公共财政（而不是私营银行）没有能力维护它曾经承诺担保的价格。我们认为，关于经济学，我们比上一代人所知道的要多得多，但对于我们是否生活在一个"新时代"，我们并不比1929年抱有这种天真信念的华尔街大亨们更有把握。

此外，我们也不知道，究竟是在哪一个关键点上，帮助弱势群体的政策，退化成了让人意志消沉的施舍政策，去救济那些宁愿接受联邦政府的施舍也不愿意竭力自救的人。有些人确信，我们已经越过了这条线，另一些人则确信，我们还没有越过。

幸好，每当我们修补这一实验系统的时候，就一定会有热烈而漫长的争论。

但是，政治活动的狂暴，以及围绕这项或那项国会法案的激烈争论，转移了我们对这样一个显著事实的关注：尽管大家唇枪舌剑、你来我往，但很少有美国人严肃地建议对我们不断进化的美国制度来一次真正大规模

这家小店的大招牌上写着"我是一个美国人"

的变革。(尽管如此,近年来我们最激烈的争论并不是围绕国内政策,而是围绕对外政策,或者是围绕美国共产党人以及他们的朋友和所谓的朋友对外交政策的所谓影响。)对华盛顿本届政府有大量的反感。有很多人意欲约束联邦政府的权力,废除各种如今已成具文的法律,削减官僚机构,把救济最小化。另有一些人想让联邦政府承担新的劳动,接受新的权力,像管理庞大的医疗保险计划那样的事情。然而,绝大多数美国人都同意,联邦政府应该承担维持国民经济良性运转的全面责任;应该继续承担在必要的时候实施救济的责任;应该在某种程度上监督和管制企业;应该在某种程度上为不同的群体提供资助和担保——它应该把它的干涉保持在一定的限度之内,应该让大多数企业继续留在私人的管理之下。最火爆的争论是围绕我们需要多少这个、多少那个,但实际上一致的领域非常广泛,包括让私营企业继续留在私人手里。

因为我们相信,我们已经证明,私营经理人能够更机智、更精明地经营企业;而且,这些私营经理人在大多数(即便不是所有)经营活动中能够充分考量一般公共福祉,以至于他们能够为我们实现政府所有者带给我们的所有东西,外加政府所有者可能会危及的效率、灵活性和冒险精神——并且,没有政府所有者可能招致的暴政。

简而言之,绝大多数美国人都在潜意识里同意:美国并没有在向社会主义演变,而是在超越。

3

我之所以说是在潜意识里同意,乃是因为,在我们显意识的思想中,我们大多数人似乎依然抱有一种古老的观念。这种观念就是:世界上有一种向社会主义发展的必然趋势;因此,那些想让政府做更多事情的人,要么是自由主义者(如果他们对政府客气的话),要么是激

进分子(如果他们对政府不客气的话);而那些想让企业的管理权依然留在私人手里的人,要么是保守派(如果他们对政府客气的话),要么是反动派(如果他们对政府不客气的话)。

从历史上看,有充分的依据证明这一政治光谱所呈现的图景。在过去大约一个世纪的时间里,主要的政治变革是朝着这样一个方向:让政府为了所谓的公共利益做越来越多的事;那些不希望政府采取行动的人,那些想坚持自己的立场、制止政府采取行动的人,被公正地称作保守派。相比之下,那些希望政府全面干预,甚至想让政府接管重要私营企业的所有权和经营权的人,则被公正地称作极端激进分子。但如今,美国正在颇有说服力地证明:运转得最好的制度——结合了政府责任和个人奋斗的大多数优势,同时又避免了它们各自的劣势——是这样一种制度:政府的干涉受到限制,私营企业和私营协会有很大程度的自由;而且,这一制度最强大的优势是:它非常广泛地分散了决策权和参与决策的机会。简言之,如今,前进的方向跟人们过去所料想的已经完全不同。

然而,古老观念依然存在:时代的趋势是向社会主义——甚至多半是向共产主义——发展。尽管,我们的产品,我们的财富,我们的生活标准,都堪称世界的奇迹;尽管,社会党人领导下的英国不得不向我们请求经济援助;尽管,正如伊莎贝尔·伦德伯格在1947年所写的那样,我们有能力向有些国家提供有形的商品和专家级的技术服务,而对这些国家,俄国人尽管一直在高声嚷嚷着物质利益,却连鞋带这样的东西都提供不了;但是,当我们面对外交问题的时候,我们总是本能地认为自己是保守主义天生的盟友,我们的行为往往表现得就好像是要窒息人类对体面生活方式的自然希望似的。我们总是本能地抵制变革。我们总是荒谬地把苏联想象成一个这样的国家,好像它与同盟的狂热者和盲从者都代表了激进主义,代表了事物的这样一种倾向:如果我们不坚决抵制变革的话,我们自己也会随波逐流;好像苏联是不同于专制的中世纪精神的某种东西,而这种中世纪精神,正是从应对19世纪问题的革命努力中发展出来的——这些问题,我们自己早就已经克服了。

20世纪50年代的美国（华盛顿特区）

　　是时候了，我们应该摆脱掉关于苏联的这种观念。是时候了，我们应该认识到，当我们战斗的时候，我们其实是在与过去战斗，而不是与未来战斗。是时候了，我们应该摆脱掉这样一种观念：国内变革的方向是朝着社会主义或共产主义，因此忠诚的美国人一定要坚持住。这种观念是我们生活中的一股让人变得愚蠢的力量。它使得那些善意之人也不由得想象：任何一个抱有非正统观念的人都必定有颠覆意图的嫌疑。它往往把人们自由的想象束缚成了胆小怕事的顺从。它往往挤压了我们作为一个民族的慷慨冲动。结合了对大规模战争——尤其是原子战争——的恐惧，它侵蚀了我们对自己、对我们的命运的大胆信心。

　　我们最好是把这种观念从我们的头脑里清理出去，最好是认识到：我们在世界上的领袖地位，其赖以建立的基础乃是这样一个事

实——我们从不故步自封。我们在20世纪上半叶精心打造的美国生活的变革故事，是一个胜利的故事，无论在此期间我们的某些经历有多么严酷，无论未来的形态有多么模糊。我们最好是把我们迄今为止所取得的成就想象为一段新旅程的开始，接下来，倘若我们能够继续创新、改进和变革——并保持我们的勇气，我们就能在本世纪下半叶取得新的功绩。一个勇敢的民族，就像勇敢的人一样，在想到前方道路两旁的危险的时候，决不会悲伤绝望，而是把它们看作是一条冒险之路上我们所必须面对、必须征服的挑战，并愉快地接受这些挑战。